岩　波　現　代　文　庫

「無罪」を見抜く

裁判官・木谷明の生き方

木谷　明
Akira Kitani

山田隆司・嘉多山 宗［聞き手・編］

社会 320

岩波書店

岩波現代文庫版「はしがき」

私が、『「無罪」を見抜く　裁判官・木谷明の生き方』と題する書物(以下「本書単行本」)を岩波書店から刊行していただいたのは、二〇一三年のことであった。当時、私は、法政ロー・スクール教授の任期が明けて弁護士登録をしたばかりであったが、山田隆司・嘉多山宗両先生からオーラル・ヒストリーの取材を持ちかけられて、ずいぶんと悩み、かつ、迷いに迷った記憶がある。その経過は、単行本の「まえがき」に詳しく記載されている。

ところが、刊行されてみると、本書単行本は意外にも好評であったらしく、岩波の在庫は比較的早い段階でなくなった。しかも、ネットでは大変な高値がついているとも知らされた。

また、刊行直後には、想定外の嬉しい反響もあった。単行本二九六頁以下(文庫三四一頁以下)で紹介した浦和地裁時代の事件(重症のうつ病に罹患した母親が、三人の愛児を手にかけてしまった拡大自殺事件)で無罪判決をした女性から、「図書館で読んだ」として手紙をいただき、二五年ぶりに再会を果たすことができたことである。彼女からは、判決後、病気を完全に克服し、社会人として意義ある人生を送りながら子どもたちへの謝罪に明け暮れる日々を送っている様子を伺った。

このような経験はめったにできることではなく、まさに裁判官冥利に尽きる思いをさせてもらった。同書刊行を支援してくださったすべての人に、感謝するほかない。

これらの点からみると、同書は、それなりに社会のニーズに合った企画であったのかも知れない。そして、もしそうであれば、より入手しやすい形で再度刊行に踏み切るのが私の責務ではないかとも思われてきた。そのような私の率直な気持ちをくみ取ってくれた岩波書店からは、文庫化という新しい方法の提案を受けた。

出版事情がますます厳しいこの時代に、本書文庫版の刊行を快諾してくれた岩波書店に、まず深甚の謝意を表したい。また、本書単行本の刊行に当たり、実に的確な質問で私から「薄れかけていた種々の記憶」を見事に喚起してくださった前記山田・嘉多山両先生と、出版担当として種々有益なご指摘をしてくれた伊藤耕太郎氏、清水御狩氏にも、改めて、心から御礼を申し上げる。

本書単行本の刊行から満六年を経過し、いつしか私も八二歳という高齢に達している。人生の最終盤に突入した結果、体力・気力・記憶力の減退も明らかになってきた。単行本刊行後、事務所を移籍し、現在は無理のない範囲で仕事を続けているが、それがいつまで可能かは「神のみぞ知る」世界に属する。そのような中で、「生きた証」となる本書を残せることは、私にとって大きな喜びである。

本書の内容は、単行本のそれと基本的に変わらないが、今回改めて読み返してみて、記憶違いをしていたと判明した部分、意味がやや取りにくい部分や説明が不足していると思われる部分については、若干の補正をした。登場する人物の肩書きなども基本的に単行本のままにしたことを、最初にお断りしておく。

なお、本書には、前著にない「解説」が付されている。筆者の「永年の戦友」ともいうべき畏友門野博さんが、本書を通読された結果、分かりやすい言葉で「解説」の労を取ってくれたのである。この「解説」は、私が語りたかったことの核心を見事に描き出している。本書を初めて読まれる読者は、まず「解説」を一読されるといっそう理解を深めていただけるのではないかとも思う。私が語りたかったことは、この解説の中に凝縮されている。門野さん、本当にありがとうございました。

二〇二〇年一月

満八二歳の新春を迎えて

木　谷　　明

まえがき

創価大学の山田隆司教授（以下、山田さん）から、「木谷先生のオーラル・ヒストリーを作りたいので協力してほしい」という申し出を受けたのは、二〇一二年秋のことであったが、当初、私は、その意図をよく理解できず戸惑うばかりであった。ごくごく平凡な一裁判官として過ごしたにすぎない私について、その個人的な歴史をたどることに意味があるとは思えなかったからである。

そこで、考えてみた。

後に述べるように、私はもともとけっして人より優れている訳ではなく、裁判に対する崇高な理想に燃えて裁判官になった訳でもない。ごく普通の、つまり平凡な人間である。そのような平凡な人間が、いくつかの幸運が重なって司法試験に合格し裁判官となることができた。そして、民事裁判を希望しながら、運命のいたずらによって定年間近まで刑事裁判官として勤務することになったのである。その結果、私は、今思い起こすと「恐ろしい」としか言いようがないが、夥しい数の国民の運命を決する重大な決断を重ねる結果となった。

ただ、私は、裁判をするに当たって、小手先や要領だけで簡単にすまそうとしたことはない。裁判結果と自分の処遇とを結びつけて考えたこともない。当然のことではあるが、決断するまでには、「本当にこの結論でよいのか」ととことん真剣に考え悩み苦しんできた。その点だけは自信を持って言える。私が三〇件以上の無罪判決をしてそのすべてを確定させることができたのは、裁判に対するそのような「愚直」「鈍重」で「馬鹿正直」ともいえる姿勢・手法の結果ではないかと考えている。当然のことながら、そのような決断をするには、周囲との摩擦や軋轢も経験してきた。

私のような平凡な一人の人間が、刑事裁判という重要かつ困難な仕事の上でなにがしかの実績を残すことができたのは、そのような愚直・鈍重なやり方の故ではなかったかと思う。そして、そうであれば、私が裁判をする上で経験した悩みや苦しみ、さらにはその思考の過程を文字に残しておくことは、後に続く後輩諸君のために意味のないことではないのかもしれない。また、それは、今後裁判員として刑事司法に関与する可能性のある多くの国民にとっても参考になるかもしれない。このように考えると、山田さんのお申し出は、一つのチャンスであるように思われないではない。

しかし、私がこの申し出をお受けするまでには、まだ、乗り越えなければならない大きな壁があった。なぜなら、そのような考えによってこの申し出をお受けした場合、当然、自分のしてきた裁判内容について語ることを求められるだろう。そして、そうなると、勢いの赴くところ、裁判官にとってタブーとされる「合議(評議)の秘密」に触れることになりはしないか、という危惧があったからである。合議(評議)の秘密に触れることによって今後の司法の運営に悪影響を及ぼし、永年お世話になった裁判所にご迷惑をおかけしたりすることになっては申し訳ない。そのような想念が、当然のことながら私の頭をよぎる。

そこで、さらに考えてみた。

そもそも「合議(評議)の秘密」を守ることは、何のために求められるのか。それは、裁判(特に合議・評議)の公正、ひいては司法の独立を担保するためではないのか。具体的事案の公判継続中とか、判決確定後間もない時点などに、合議体の構成員が、「自分は甲意見であったが、A裁判官は乙意見であった」などと触れ回っては収拾がつかない。そういうことでは、その後の合議はやりにくいし、外部からの圧力をも招きかねない。

しかし、私の関与した裁判の大部分は、何十年も前のものである(一番新しいものでも、裁判後十数年が経過している)。それは、既に司法の歴史の一部となっているといってもよい。そのような裁判について、合議体の構成員あるいは最高裁調査官として裁判に関係した者(私)が、仮に合議の成立過程に多少触れることになったとしても、そのことによって、今後の裁判がやりにくくなったりその公正を疑われたりすることはあり得ないし、司法の独立に悪影響があるとも思われない。あるとすれば、具体的な裁判について「あの判決の裏にはそのような事情があったのか」ということを国民が知り、そのことを批判したり評価したりする機会が増えるだけではないか。

そして、そのような機会が増えることは、国民にとって歓迎するべきことではあって嫌悪するべきことではけっしてない。確かに、具体的裁判の形成過程が明らかにされることによって、その裁判の「権威」がなにがしか薄れることはありそうだ。しかし、司法に対する国民の真の信頼は、裁判所が知られたくない事情を隠すことによってではなく、むしろ、そのような事情をもオープンにし国民の批判を仰ぐことによって、初めて得られると考えるべきではないか。現に、最高裁の裁判については、各裁判官が自分の見解を述べることが求められており、実際にも多くの意見が付せられているが、そのことによって、裁判の権威が大きく揺らぐことはない。付せられた意見は、むしろ、その問題に対する議論を深める契機とすらなっている。

以上のように考えた結果、私は、思い切って山田さんの申し出を受けることにした。

聴き取りは、山田さんと弁護士の嘉多山宗さんが当たってくださった。お二人とも、私のした膨大な量に達する判決書や調査官解説等を実に丹念に読み込まれた上、鋭い質問を交えながら終始的確な話題を提供してくださった。裁判内容などについては、記憶の薄れている当の私より正確に理解しておられる場合もあって、恥ずかしい思いをしたことすらある。聴き取りは、年末年始を挟んで合計四回、午後一杯を使って行われたが、である。

また、私のつたない語りをここまでの文章にまとめるには、大変なご苦労があったはず

両先生の熱意とご努力に対し、深甚の敬意と謝意を表するとともに、このような企画を快く引き取り刊行の労を取ってくださった岩波書店に対し心からの御礼を申し上げる。

最後に、先に述べたような動機に基づくものとはいえ、このような形で自分の関係した裁判内容について語るのが異例のことであることは十分理解している。本書の刊行によって、仮に現・元裁判官から顰蹙を買う結果になった場合、当然のことながら、その責任のすべては著者が負うべきものである。

二〇一三年一一月

満七六歳の誕生日を目前にして

木　谷　明

目　次

第一章　古里と疎開――囲碁棋士・木谷實、父からの期待

父は囲碁棋士・木谷實

――木谷先生は、神奈川県平塚市のお生まれです。少年時代のご記憶は、どういったものですか。

木谷　私の家は大家族です。両親と子どもが八人。きょうだいが多いので、お手伝いさんもいました。両親には、子どものことまで、あまり目をかけてもらえないから、お手伝いさんに遊んでもらった、という記憶があります。

父は、囲碁棋士の木谷實《みのる》(一九〇九(明治四二)～一九七五(昭和五〇)年、神戸市出身)です。戦前は実力第一人者のような感じでしたが、ちょうど戦争が挟まって打ち盛りの時に碁を打てませんでした。戦後はだいぶ頑張ったんですけど、途中で病気になってしまって……。昭和三〇年代に最高位戦で二期、高松宮賞で一期タイトルを取った以外、大きなタイトルには縁がありませんでした。しかし、戦前に、後で触れる新布石を呉清源さんと二人で開発したことと、自宅に「木谷道場」を開き、数多くの弟子を養成した点で評

価されています。門下には、大竹英雄、加藤正夫(二〇〇四年没)、石田芳夫、武宮正樹、小林光一、趙治勲らがいます(一門のプロ棋士は現在五〇人以上おり、木谷實は「現代囲碁界の父」と呼ぶべき存在とされている)。

その「木谷道場」を実際に切り盛りしたのが母・美春《みはる》です(一九九一年没。遺著に『木谷道場と七十人の子どもたち』日本放送出版協会)。父より一歳年下で、現在の長野県山ノ内町、信州地獄谷という温泉の出身です。地獄谷温泉は当時、訪れる人も少ない秘境で、そこで若き日の父が呉清源さん(日本棋院名誉客員棋士)と、いわゆる新布石を研究したんです。

碁の戦法は、最初の段階はこういう風に打つものだと体系が完全に出来上がっていました。江戸時代からずっとやってきた碁の戦法、いわゆる旧布石ですが、それを打ち壊すような新しい碁の打ち方を二人で研究し、開発した、ということになっています。その研究結果を大手合(日本棋院の当時の唯一の公式戦)で使って、二人とも勝ち続けた。これで一挙に新布石が大流行した、ということなんです。もっとも、それは一時的でした。その後、新布石に対する対抗手段も現れて、結局、新布石と旧布石を止揚するような形の碁の打ち方(いわゆる「現代碁の打ち方」)ができていった、と言われています。私も碁はあまり強くないから、詳しいことは分かりませんがね。

きょうだいは、合計八人ですが、二番目の姉が夭折し、私が生まれた年にはもういなかったので、実際に、私が知っているきょうだいは、私を含めて七人で、私は、その三番目です。私と一番関係が深いのは、兄・健一とすぐ下の妹・礼子です。

兄の健一(元・東大医学部教授。老化研究で知られた。二〇〇八年没)は、何をやっても一番になるような、とても頭のいい人だったんですね。これが結構、弟をいびるわけですよ。兄とは二歳違いで、口では完全にやられます。いびられて、私はいつも兄に反抗して、最後は泣きながら、むしゃぶりついていく……。兄は知能犯だから、その段階では手出

1941年，3歳の時(姉の和子が7歳，兄の健一が5歳，七五三の写真)．後ろは祖母(父實の母)菊江

父(木谷實)と母(美春) 1971年頃

しないで、私に殴られたみたいな感じになるんですね。そのあと母が現れて、「健ちゃんはいつもおとなしいのに、明ちゃんは一体なんです」と怒られる訳ですよ。そこで、「犯罪には必ず動機がある」と。動機や背景を解明しないで、現象だけ捉えて、評価するのは非常に良くないと、あとあと思いますね。それは、後の裁判に影響します(笑)。母は、後年、そのことが分かったようで、最晩年になってからですが、「すまなかったね。よく分かりもしないで叱ってしまって」と謝ってくれましたけどね。私はむしろいい経験をさせてもらったと思っています。後の裁判に非常に役に立ちました(笑)。

礼子は、二歳違いの妹です(一九九六年没。夫は小林光一九段)。これは後に「碁打ち」(プロの囲碁棋士)になりました。その下に、後に毎日放送のアナウンサーになった妹・吉田智子《ともこ》(二〇〇九年没)らがいます。

古里の記憶

――古里の平塚について、語っていただけますか。

木谷　実家から二〇分も歩けば海、相模湾です。平塚は良いところです。気候が温暖で、東京にもそう遠くない。自然がいっぱいです。家の近くは住宅街ですが、西に花水川、東に相模川(の下流の馬入川)があります。川には、父がよく投網を打ちに連れて行ってくれました。でも、父が投網をいつ、どこで覚えたのか分からないんです。私と同様、何をやっても非常に不器用な人で、機械ものは全然ダメでしたが、投網だけは、どこかで習ったんです。

――お父さまは少年時代に、碁の修業のため上京されたんですね。

木谷　八歳くらいの時、関西で入門しています(久保松勝喜代八段に入門)。その後、先生が何人か変わって、東京へ出てきたのは一二歳です(鈴木為次郎名誉九段の内弟子に)。どこかに投網を教えてくれた人がいたんでしょう。不器用な父にしては意外と上手に網を打つ。投網は難しいんです。網がなかなか開かない。うまく腰を使って、ヒュッと投げなきゃいけない。ただ、父が投網をしても、私は、やりませんでした。見ているだけです(笑)。

父の趣味は、投網のほかは、卓球とマージャン、将棋などの勝負事です。お酒、煙草は一切やりませんでした。祖父が大酒飲みだったらしく、「自分は苦労したから、俺の代で酒は断つ。酒と煙草は自分の代で絶つんだ」と言っていました。「禁酒禁煙我が家の宝」と書いた色紙を額に入れて、茶の間にかけてあるんです。だから、父が健在のうちは、お弟子さんが来ても、お酒は絶対飲ませてもらえませんでした。私も二〇歳になるまでは、つまり父の目が届かなくなるまでは絶対に飲まなかったですね。お酒というのは、非常に良くないものだと、すり込まれていたのでしょう(笑)。煙草は今でものんだことがありません。お酒も大学に入ってコンパなどで最初は飲んだ真似をしたり、一口なめてみたりしたことはありましたけど、ほとんど飲んでなかったですよ。大学三年くらいから次第に飲むようになりましたが。

国民学校に入学

――終戦の前年、一九四四年(昭和一九年)四月、平塚市立第一国民学校に入学されます。小学生時代は、どういう少年でしたか。

木谷　軍国少年です。先生に、「君は大きくなったら何になりますか」と聞かれ、「強い軍人さんになって、御国のために尽くします」と答えて、えらく褒められた。当時は完全にすり込まれていました。教育は恐ろしいですね。

遊び相手は、だいたい家では兄です。二人で紙飛行機を作ったりチャンバラごっこをしたりして遊んでいました。昭和一九年の確か運動会の時に空襲が来たんです。それからは、どんどん空襲が来るようになりました。一年生の頃の遊びというと、戦争ごっこをよくやったのを覚えています。

私は、とりわけボヤっとしていたんです。ぼんやりした子で、ひ弱でした。勉強でも、兄は何も勉強しなくても全優をもらって学年で一番になるような人で、いつも褒められるけど、弟はイマイチだと思われていましたね。

父の応召と空襲

木谷　この年（一九四四年）には、父の応召もありました。父が兵隊に行ったんです。私も詳しいことは分からないんですけど、教育召集だったということです。朝鮮半島へ行き、六か月くらい教育を受けて帰ってきました。

父は私よりもさらに要領の悪い人ですから、いろんな訓練でしょっちゅうヘマをやったそうです。一番よく聞かされたのは、機関銃を持って走る「二人搬送」のことです。機関銃は相当重いのに、「碁石より重い物を持ったことのない」人が機関銃を持って走らされ、すぐへたりこんでしまった。そうすると、連帯責任で相棒も一緒に殴られる訳です。随分と殴られたらしい。だけど、それはうまい具合に半年で解除されて、その後、戦争に行かずにすんだんです。後年、兄が「（軍隊の）上司の人が親父のことを分かっていて、才能がもったいないから、早く除隊できるような方法をとってくれたらしい」と言っていました。どこまで本当のことか知りませんけどね。そんなことで、昭和一九年の秋には、父は帰ってきました。だから、その後は家族と一緒の生活でした。

――で、だんだん空襲が激しく……。

木谷　防空壕に逃げ込んでも、バリバリバリと機銃掃射がありました。日本軍は高射砲を撃っているけど、全然当たらないようでした。ビューンという飛行機の音とか高射砲の音とか、バリバリバリという機銃掃射の音が耳に残っています。怖かった。必死にな

戦災に遭う前の屋敷で近所の出征兵士を送る(出征兵士の隣りが著者)

って逃げていました。学校で授業を受けていても、警戒警報、空襲警報が鳴ると、「授業やめて帰れ」と言われるんです。防空頭巾をかぶって自宅に帰される。ところが、途中に踏切がある。その踏切が閉まっていると、いっぱい子どもが並んでしまう。そんな所へ帰して本当にいいのかなと今思うんですが、「帰れ」と言うから一生懸命に防空頭巾をかぶって帰っていました。そんなことは、しょっちゅうでした。

そんな中、自宅の庭に防空壕が掘られました。自宅は借地なんですが、敷地五五〇坪、建坪一〇〇坪ほどの大きな邸宅でした。そこで大勢の人が生活していました。空襲が来て警戒警報が空襲警報になると防空壕に逃げ込む、という生活です。ところが、小さい妹が三人いて、連れて逃げるのが大変なんです。防空壕に入るのも容易なことではありません。ある時、「そら逃げろ」と防空壕に入ったことがあります。ハッと気がついたら、妹三人の真ん中がいない。外を見ると、屋敷の縁側でワアワア泣いている。でも、「ババババッ」と機銃掃射の最中ですから、助けに行く訳にもいかない。みんな息を潜めて飛行機がいなくなるのを待って、ようやく連れ戻しました。母方の祖母が信州地獄谷から出てきて、母に「お前は自分の子どもを殺す気か」と言った、と後から聞いています。

それで、昭和二〇年初め頃、乳飲み子であった末の妹(信子)を除く妹二人は、疎開のため地獄谷の母の実家に預けられました。五歳と二歳です。残りの家族は五月末頃、山梨県の山中湖畔へ疎開しました。湖畔の旭が丘というところに、父の後援会の会長さん——後の日興証券会長の遠山元一さん——の別荘があり、その別荘を借りられるということで、一家で引っ越したんです。その後、父は、地獄谷から妹二人を連れて帰り、ようやく家族で生活できるようになりました。

疎開暮らし

——疎開暮らしは？

木谷　疎開当時の良い思い出は全然ありません。そりゃ、みじめなものです。大体が田舎ですし、まるで言葉も違います。なかなかなじめませんでした。

学校は、湖畔を四分の一周くらいした山中村という所にありました。普段はバスで行きます。確か、転校初日だったと思いますが、母が学校に連れていってくれて、帰りのバス代として五銭玉か十銭玉を渡してくれたんですけど、帰ろうと思ったらお金がない。途方にくれて、トボトボと歩いて帰りました。その間中、心細くて、家に帰り着くなり、母に「わあ」と泣いて抱きついた。その時だけは、私は母に抱いてもらった記憶があるんです。その後は、母に抱いてもらったという記憶はありません。父が「大竹七段」としてモデルになっている川端康成の小説『名人』では、私は母に抱かれているんですが、この時はゼロ歳児ですから記憶がありません。その後は、子どもがいっぱいいて、ちょっと大きくなった子どもを抱いて可愛がってくれるような状況じゃありませんからね。そういう意味では、親の愛情には飢えて育ちました(笑)。

食べるものは、本当にありませんでした。火山灰地帯で作物ができず、配給も届かない。母は一生懸命に野菜を作ろうとしていましたが、うまくできなくて、だいぶ焦っていました。だから、その頃、ろくなものを食べていません。

——疎開中のお父さまは、どういうお暮らしを?

木谷　対局などはほとんどできませんから、食糧を確保するため、平塚方面と疎開先とを一生懸命に往復していたんでしょうね。食糧を買い出しに行っては持って帰ってくる。一番大切なタンパク源として、その頃からヤギを飼っていたんです。ヤギを何匹も仕入れて、お弟子さんの筒井さん(筒井勝美三段)と二人で平塚からずっと歩いて、山中湖まで二、三匹連れて来た。ヤギが来てからは、その乳が飲めるようになりました。ある時、二人がヤギを連れて歩いている間に空襲が来て、夜でしたが、ヤギは白いから標的になるんです。父が「心配した」と言っていました。

――お弟子さんは一人だけですか。

木谷　いっぱいいましたが、戦争が激しくなった段階でみんな実家に戻してしまって、その頃は、当時一五歳くらいの筒井さんが一人だけでした。

空襲で自宅焼失

木谷　疎開先にいた時、「平塚の自宅が空襲で焼けた」という話を聞きました。昭和二〇年七月一六日の空襲(「平塚大空襲」。市域の戸数の約七割が焼失)で焼けてしまったんです。誰が知らせてくれたのかは分かりません。あと一か月で終戦ですから、惜しいところでした。自宅の近くにあった第二航空廠という軍需工場が狙われたんですね。そこを狙った流れ弾(焼夷弾)が私の家を直撃した。広いので、どこかに当たってしまったんでしょう。消す人はいない。その時、弟子の筒井さんと小山嘉代さんが留守番をしていたそうですが、実家に逃げ帰った。まだ子どもですから無理もありません。それで全焼してしまった。

五月に疎開しましたが、間もなく夏休みになりました。八月には終戦を迎え、その後は学校に行かなくなってしまいました。兄と二人、ずっと疎開先の家で遊んでいました(笑)。

戦後の暮らし

――平塚に戻ったのは?

木谷　終戦の年(一九四五年)の一〇月です。ようやく自宅に戻ることができました。実は、当初自宅が焼けてしまったから帰る場所がない、と母はあきらめていたんです。けれども、近所の奥さんが「ぜひ戻ってらっしゃい。帰れば何とかなる。しばらくウチにいてくれていいから」というふうなことを電話で言ってくれたようです。

――ほう、疎開先に電話があったんですか。

木谷　電話はありました。それで帰る気になったんでしょう。あのまま冬を迎えていたら寒いので大変でした。

一〇月に疎開先を引き上げたんですが、なぜ、そんなに遅くなったかというと、平塚に帰る交通手段がないんです。山中湖から帰ろうとすると、静岡県の御殿場までバスで行って、そこから御殿場線で国府津に出て東海道線に乗るんですけど、御殿場まで行くバスがない。最終的には、そっちの方面に行く空のトラックの運転手を母がつかまえて話をして、家族全員、荷台に乗せてもらって籠坂峠を越え国府津を回って平塚まで戻りました。しかし、荷台ですから、道路も悪いし、みんなゲロゲロ吐いて大変でした。

疎開先から帰ったら、周りの家はほとんど残っているのに、うちだけは空襲で焼けてしまっていた。そんな状況でした。寝る場所がないので、疎開先に電話をかけてくださった石橋さんのお宅にしばらく一家で置いてもらったんです。このお宅は、後に歴史地震研究で有名になった石橋克彦神戸大学名誉教授の祖父母のお宅で、私の家と道路を挟んで向かい側にあります。まだ一番下の弟(一〇歳下の正道)が生まれていないから、子ども六人と両親の合計八人が一週間ほど置いてもらいました。石橋さんが疎開先に声をかけてくださらなければ、あの寒い山中湖畔で冬をこさなければならなかった訳で、石橋さんには本当に感謝しています。

自宅の母屋は焼けてしまいましたが、物置が焼け残っていました。他は床張りですが、三畳間に畳が敷いてあって、そこに一家で寝泊まりするようになりました。三畳によく入ったと思います。姉に聞くと、「父は石橋さん方に引き続きお世話になっていたので、そこに寝泊まりしたのは母子七人だった」と言っています。子どもが多いとはいえ、三畳一間に七人とはよく寝られたものです。食べるものも、ろくすっぽありませんでした。そのうち、復興住宅というか、六畳・三畳の簡易建築が焼け跡に建って、そこに引っ越しました。この時は本当に嬉しかったですね。

——戦争中に、周りで出征された方は？

木谷　近所に息子さんが私より一〇歳上ぐらいのお宅が二軒ありました。一軒は例の石橋さんのお宅です。そこの息子さんたちは皆、戦争に行きました。石橋さんのお宅の次男さんも、もう一軒のお宅の息子さんも戦死されました。私のところは、父は実戦に参加するには歳が行きすぎていたし、子どもらは戦争に行くには幼なすぎるということで、奇跡的に戦争の難は免れました。家が焼けたのは大変だったけど、人的被害がなかったという点では非常に幸運でした。それがどっちかに一〇年ズレていれば、親と子どものどっちかは必ずやられている訳ですから。

国民学校分校に転入

——学校は？

木谷　問題は学校です。この学校が大変なんです。

当時は、以前通っていた第一国民学校は学区外になっていて、逆に西側の花水川の方に第四国民学校の花水分校(後の花水小学校)ができていたんです。まだ国民学校でしたが、そこに二年生の後半から通うようになりました。もっとも、学校といっても何もない。一学年二クラスで、教室は暗幕のカーテンみたいなもので間仕切りするだけなので、隣のクラスでやっていることが全部筒抜けです。叱られている子どもの声は全部分かるし、先生の怒っている声も全部聞こえる。そんな状況でした。当時は混沌とした時代で、こちらも勉強してなかったけれども、他の子どもも大して勉強していません。今だったら勉強の遅れで大騒ぎするところです。ただ、学校は、途中から入ったので、なかなか馴染めませんでした。加えて、家が近いガキ大将の子分の子分にされたりして、大変だった。

家の方では、食糧がないから、母が一生懸命に庭を——立派な日本庭園だったんですが——、全部開墾して畑にしたんです。母は、姉と兄に手伝わせて、芝生を全部はがし大きな庭石もどけて、麦畑やイモ畑を作っていました。それで食糧難をかわそうとしたんでしょうね。他に、ヤギを飼っていて、多い時は四、五匹いました。ヤギというのは乳を出してくれるのはいいんだけど、食料をやらないといけない。草を刈ってきて、とっておいて、そして、食べさせました。鎌を持って大きな背負い籠をしょって、兄と二人で、ずいぶん遠くまで草刈りに行きました。ヤギの世話というのは結構、大変でした。そのお陰でヤギの乳が飲めて、タンパク質の補給になったんでしょうね。それも母が一生懸命やったんだと思います。

「パシリ」生活

——どんな学校生活でしたか。

木谷　ガキ大将のグループに入れられてしまった。I君というんですけど、運動神経もあり、人心掌握術もあって、一種のカリスマでした。子分が何人かいて、これの子分にさせられたんです。要するに、「子分の子分」です。常時、行動を共にしていまして、今で言えば「使いっ走り」、「パシリ」です(笑)。

学校の中ではもちろんそうですけども、学校から帰ってきても何もしないで遊んでいるんです。ガキ大将の仲間に入って遊んでいる。勉強なんてしません。「パシリ」ですから、決して楽しい遊びじゃないんです。

――いじめみたいなものは特に？

木谷　私は、ヒョロヒョロとした子どもでした。ひ弱で首が細くて、その上に当時としてはばかでかい頭がくっついていた。頭でっかちだったんです。たちまち、「でっかち頭」「でっかち」というあだ名を付けられてしまった。何かすると、「なんだ、このでっかち」とか散々言われ、随分バカにされました。私は、一回だけ腕力のケンカをした記憶があります。K君という悪い奴だった。私のことをだいぶおちょくったらしくて、私が堪忍袋の緒を切らして、兄に掛かっていく時と同じようにむしゃぶりついていったんです。でも、アッという間にバン、バン、バーンと顔面に……。相手はケンカが上手でした。鼻血がタラタラと垂れて、そこで完敗ということで引き下がったんです。腕力でのケンカは一回だけですけど、本当にみじめな思いをしています。

――本、読書などは。

木谷　読むような状況ではありません。小学校の二年生、三年生、少し落ち着いてきたのは四年生くらいですか。昭和二〇年、二一年、二二年は、混沌とした時代でした。

その頃、冬休みに「書き初めを書いてこい」という宿題が出ました。書き初めなんかできる状況ではないので、書いていかない子がいっぱいいました。私も書いていきませんでした。当時の先生は代用教員です。旧制中学を出て、じきに軍隊に行ってそこから帰ってきたような若い先生ばかりですよ。それが軍隊調で、平気でビンタを食らわせる訳です。一〇人以上も黒板の前に並ばされて、片っ端から往復ビンタを食らいました。先生に殴られたのは、一生のうちその一回だけですけど、その時の屈辱はよく覚えています。仲間に殴られたのは、そのケンカ一回、先生に殴られたのもその一回。やっぱり、それは良くない。大変な屈辱です。子どもたちは長時間、立たされました。中には、おしっこが出てしまって、床に地図を描いてしまった子がいました。非常にかわいそうです。

思い出の先生

――良い方の思い出に残る先生は。

木谷　小学二年、三年は最悪です。四年は女の先生に代わり、少し優しい先生が来てくれました。そして、五年生から新しい先生として山崎みどり先生――その後、結婚されて内藤みどり先生――が来られたんです。この方は、二〇一二年に亡くなられましたが、大変優しくて立派な素晴らしい先生でした。本当の教育者です。その時、うまい具合に組替えがあって、よく勉強ができる子は隣の組(松組)へ行きました。私が入れられた「竹組」には、割と大人しくて、あんまり威張らない、勉強も程々の子が集まっていて、よくできる子は向こうに行ってしまったんです。だから、そういうクラスの中では私もまずまずだったようで、先生も目をかけてくださって、成績も少し上向きになってきました。

その内藤先生が本当に優しく上手に指導してくれまして、少しずつ勉強するようになったんです。学校の生活も少し明るさが見えてきた。ただ、母は私の成績が伸びないものだから勉強の心配をするようになりました。兄は放っておいて何も勉強しなくても、もともと良い成績が取れるんです。常にクラスで一番、学校で一番を取りますから、私のことが心配だったようです。そういう状況の中で、母が心配して、ご近所に勉強を教えてくださる先生を探してくれた。例の石橋さん、奥様が疎開先に電話してくださった石橋さんのご主人(石橋當二氏)で、地震学者の石橋克彦氏の祖父です。この方は海軍の退役軍人さんで、退役後、小田原中学(後の小田原高校)で教鞭を取っておられたのですが、そのことを知った母が、学校では英語などまだ始まっていない段階から、私に英語と算数(数学)を習わせてくれたんです。兄はちょっと行って、すぐに止めてしまったらしいんだけど、私はクソ真面目に毎週行っていました。算数も、最初は算数ですが、そのうち代数みたいなことを教えてくれて、小学校の間に中学でやるようなことを随分、教えてもらった。

それで中学に入ったら、英語と数学は怖いものなしなんです。学校でやっていることは易しくてしょうがない。そういう効果がありました。成績の方も中学に入った頃からはだいぶ上がった。学校でテストをやっても学年で二番くらいに入るようになりました。美坂佳助君というのが一番なんです。彼は東大の機械工学科を出て、後に住友金属(現在の日本製鐵)の重役になりました。彼は、小学校時代から抜群の優等生で、断然トップを走っているんですけど、それに次いで全然、それまで目立たなかった私が急に二番になったりするものですから――中学二年か三年くらいですけどね――みんながちょっと一目置くようになって、だんだんいじめられなくなりました。

それは、やはり石橋先生のお陰です。だから、第一の恩人が内藤先生で、第二の恩人が石橋先生なんです。石橋先生は、中学二年、三年くらいまで、数学は幾何も教えてくれたのかな。とても役に立ちました。英語も、よく教えてくれました。ただ、発音は「ユー・アール・ア・ボーイ」。ドイツ語式読み方なんです(笑)。でも、文法や文章の構文などはしっかり教えてもらって、お陰で英語は大学受験までずっと楽勝でした。中学、高校の時代は、すごく楽でしたよ。マンツーマンで、家庭教師みたいなものです。

——お兄さんと違って、コツコツとされるタイプ？

木谷　私の取り柄というか、あんまり取り柄はないんだけど、ほんとそうなんですよ。兄は、頭がいいが長続きしないというか(笑)。

囲碁と才能

——囲碁は、小学校の時から？

木谷　小学校の時、囲碁に関してだけは、兄より私の方が少しだけ才能があったらしいですね。だけど、年が二つ違うから、兄の方が強い。それが、だんだん差が詰まってきて、兄が小学校を卒業する頃には、私に追い越されそうになっていたんです。兄は、その段階で父に「碁はもうこれで止めたい。止めさせてくれ」と申し出たら、「いいだろう」と言われて、碁は打たなくなりました。

　私もその後、二歳下の妹・礼子に追いかけられるんです。礼子は強いんですよ。どんどん強くなっていきましてね。私も小学校が終わる頃には危ない状況になってきて、「とてもじゃないけど、このまま打っていてもろくなことはない」ということで、幼いながら判断しているんです。父に、やはり中学にいく段階で「止めさせてくれ」と言ったら、父の言葉が兄に対する言葉と違うんですよ。私には、「お前の碁は、ちょっと面白いところがあるんだからやってみないか」と言った、と私は記憶しています。後年、兄に話をすると、「俺には何も言ってくれなかった」と言われました。私は、その言葉だけは妙に覚えています。だけど、どう考えても、その頃は周りのお弟子さんと比べても才能の違いが歴然としている訳です。そういう人たちと競ってもろくなことになるはずはない、と思ったんでしょう。それで、止めてしまったんです。

――お父さまが先生の囲碁の実力を、可能性を見出されたのは……。

木谷　父は、直接打ってはくれません。近所に安藤陽二先生という素人の結構打たれる方がいまして、アマ五段なんですけど、その先生がようちに来て、みんなに稽古してくれたんです。兄が打って私が打って妹が打つ。でも、いくら打ってもなかなか強くなりませんでした。よくもあんなに弱いところで低迷していたもんだと思うんです。ちっとも強くならないんですから。

囲碁には「アタリ」という概念があります。これは、あと一手で石が取られてしまう状態のことです。アタリを見落とすことはしょっちゅうなので、そういう不注意なところは情けないことながら今でも続いているんですよ(笑)。

父は、たまに見にきた時に、私がそんな碁を打っているのを見て、「不注意な点はあるが、手筋は兄より多少よい」と感じたのかもしれません。

父は、「世の中で囲碁より面白いものはない」と考えていたようです。だけど、私は碁の世界に行かなくて良かった。勝負の世界ですからね。たとえ父が強かったとしても子どもは実力相応にしか評価してもらえない。惨めなものです。そういう血筋などは他の芸事、習い事と違います。私は、その後、大学に入ってから尺八を吹くようになりましたが、尺八の世界では家元の先生があまり上手くなくても「先生、先生」と言われている方がおられました。碁では、なかなかそんなふうにはなりません。

内弟子たち

――内弟子の方が戻ってこられるのは、いつ頃のことなんですか。

木谷　戦前からのお弟子さん、筒井さんは終戦後すぐに戻りました。加田さん(加田克次九段)もいました。終戦後のお弟子さんとしては戸沢昭宣(九段)、大竹英雄(名誉碁聖)が早かった。大竹が入った時、小学校三年なんです。私と五つ違いですから、その時、もう私は中学二年でしょう。その段階で、戸沢が北海道から、大竹が九州から来ました。私は、碁はもう打ってなかったから、実際に彼らと切磋琢磨したことはないですけど、家庭生活の間では兄弟同然の生活でした。

――中学・高校の頃、家の中に同じ歳あるいは年下の内弟子の方が沢山いるというのは、独特の思春期だと思います。先生は、ご家庭の中ではどういうふうな中学・高校生でしたか。

木谷　日常生活ですか。やっぱり勉強していましたね。私が中学二年になったら、兄は高校生でしょ。兄も尻に火が着いて懸命に勉強を始めました。私も引きずられて競争するようになって、一生懸命に勉強していました。勉強といっても、勉強する場所はあんまりないんです。疎開から引き上げて最初に寝泊まりした物置をちょっと改装して、勉強部屋みたいにしてくれました。朝早く起きて勉強するのですが、今みたいに暖房設備もないしバラックですからともかく寒い。いくら平塚といっても、冬の朝は寒いんですよ。でも、朝四時、五時頃に起きて勉強していました。朝なんか本当に手足がかじかんでいました。そんな中、いっぱい着込んで、兄と二人、机をちょっと離して勉強しました。

平塚の茶の間にて．両親と弟子たち，兄弟姉妹

内弟子との生活

――「内弟子は兄弟同然」と先程言われましたけども……。

木谷　ええ、食事は一緒ですからね。彼らは朝、起きてくると、ご飯の前に打ち碁を並べる日課がありました。それで、勉強して、ご飯を一緒に食べて、学校に行きます。後に有名になった大竹英雄や、加藤正夫(名誉王座)とか、石田芳夫(二四世本因坊)がいました。平塚の時代は、大竹が塾頭みたいな感じで、みんなを束ねていました。武宮正樹(九段)とか、趙治勲(名誉本因坊)、小林光一(名誉棋聖・名誉名人・名誉碁聖)などが道場に来たのは、道場が東京の四谷に移ってからです。平塚の時代は、同じ学年のお弟子さんが大竹、石榑《いしぐれ》郁郎(九段)、A君と三人いて、それらが私の二番目の妹・智子と同じ学年なんです。学校で授業参観などがあると母が行くんですけど、母はお弟子さんの方へ行く訳です。智子はちょっと複雑だったみたいでね。私は母がいなくても拗ねたりはしなかったんですけど、妹はやっぱり可愛がって欲しかったんですね。母の愛情に飢えた少女だったようです。すぐ下の妹・礼子は碁を打っていたので、父と非常に近い関係でした。ずーと碁の方に行っていましたから、全然、問題なかったんです。三番目の妹(信子)は、女の子の一番下ですから、やはり親もちょっと可愛がったんですね。だから、女の子が三人いて、真ん中は少し割を食った感じです。

——食事の時、座り方とかは決まっていたんですか。

木谷　父と母の席以外は決まっていませんでした。どう座ってもいいんです。座敷に大きな、一畳ほどの掘り炬燵みたいのがあって、そこで食べます。後に人数が増えてからは、お弟子さんと小さい子どもは広い板の間で食べるようになりました。大体、一緒に

「いただきます」と言って食べはじめます。食べ終わると、自分の食器は自分で流しに持って行って、洗うまでやるんです。けれども、共同の物は一番最後に食べた人の責任なんです。何度やっても素早い子はパッと食べてしまう。のんびりした子は最後まで食べている。加藤正夫が一番おっとりしていまして、共同の食器は大体、彼の責任でしたね。「金メダル」と称していましたが、「金メダルは加藤君」と決まっていました(笑)。

――共通の煮物とか、漬物の皿などは？

木谷　そうそう、大きなお皿とかね。可哀そうでしたよ(笑)。大きなお釜、大なべ、大やかんなど、当時、道場で使っていた道具は現在、平塚市の市民センターのある建物の一画に、「木谷實・星のプラザ」というコーナーが設けられていて、そこに展示されています。

――内弟子の少年たちは、勝負の世界に向けて修業している訳ですが、やはり厳しい雰囲気ですか。それとも、家の中では家庭的という感じですか。

木谷　和気あいあいですけども、お弟子さんの世界はお弟子さんの世界で、また独特のものがあったんでしょうね、私は、そこに入ってないから分からないけども。やっぱり、全国からお弟子さんがいっぱい来ているでしょ。父は各地を巡業して天才少年がいると、「見所がある」と連れてきてしまう。巡業して帰ってくると、大体一人か二人連れて帰ってくるんです。周りの大人たちが、その地方では随一の「天才少年」とチヤホヤしていますから、本人も「自分は天才だ」と思って、その気で来ます。ところが、道場へ来てみると、自分よりも年下なのにバカに強いのがいたりする。前からいる内弟子は、新入りを碁で徹底的にしごきます。最初は滅茶苦茶にやっつけます。大竹が小学三年生で来た時も、小学三年生にしては、べらぼうに強かったんですけど、長年、内弟子の修業をしている筒井さんに打ち込まれてしまった。

「打ち込まれる」というのは分かりますか。一回負けると、ハンディキャップで置き石を一つずつ増やされるんです。だから、最初五目置いて打ったんですけど、一回負けると六目にされる。もう一つ負けると七目、さらに一つ負けると八目です。とうとう八目で負けて、星目《せいもく》まで行った。星目というのは九つです。「これで負けたら、国へ帰すぞ」なんて筒井さんに言われて、もう泣きべそをかきながら打っていました。確か、星目まで行っても負けたんじゃないかな。それで、相当悔しい思いをした。だけども、大竹は才能があったんですね。昭和三一年に妹・礼子が高一で入段した時に、小学生の大竹と中学生の戸沢の二人も一緒に入段した。その時は、一遍に三人入段しました。

プロの試験って難しいんですよ。下の方の級で予選をやって勝ち抜くと、上の級に上げてもらって、そして最後には、「外来」と称する卒業生も一緒になってリーグ戦をやって、その中から下手すると一人、まあ普通二人、いくら多くても三人くらいしか入段できないシステムなんです。その年は、戸沢が本命で断然強くて、一四勝一敗くらいの断トツ。続いて妹が二敗か三敗で割と良かった。その辺までは合格圏。大竹の成績はその下で、例年だったら見送りになったかもしれないが、ある偶然で合格できた。それは、同じ年にリーグ戦を闘った中に妹と同年の女性がいて、この人が大竹と同じ成績で次順位だった。「女性二人入段」という話題性を狙ったのではないかと思うが、その年は、結局異例の四人合格になったのです。大竹は当時、小学校六年生ですよ。

家族より内弟子？

――先生ご自身が囲碁を打たれて一緒に修業しているということではないけれども、リアルタイムでずっと横で見ながら一緒に暮らしていた訳ですね。

木谷　そうそう。私の親の関心はもっぱら誰が入段するかにあって、大学入試なんて二の次なんです(笑)。

――寂しくはなかったですか。

木谷　私はね、少し……本当は寂しがった方がいいんですけど、ポケッとしていたんで、あんまりそういうのを感じていない。心のどこかにあったかもしれないけど、後から思うと、やっぱり母親に抱きしめてもらっていないとか、そういうことは思いますけど、その時、不満に思ったことはなかったんです。バカみたいに勉強ばかりしていました。

――勉強に打ち込むというのは反動ですか。内弟子の子たちは内弟子の子たちで頑張っていますね。それを見ていると……。

木谷　どうなんだろう、その辺はちょっとよく分かりません。まあ、兄がやっていましたから、つられてやったというのもありますね。

――お兄さんは、内弟子の方に対抗されるために勉強した……。

木谷　そうではないでしょうね。果たしてどれだけ本人の意思だったのか。私は、これも母の影響じゃないかと思っているんです。本人は「自分の意思で医学部に行った」と言っていましたけども、私の子どもの頃のおぼろげな記憶では、母が「お医者さん、お医者さん」と盛んに言っていたような気がします。みんな、母の影響力が非常に強いですね。

母のこと

木谷　母の話をちょっとします。母は信州地獄谷の温泉旅館の八人きょうだいの長女なんです。娘が三人続いていて、全員器量よしだった。母も評判の美人だったんです。その当時、父がそこに新布石の研究に行って、そのあとで母を貰いに行ったそうです。その頃、東大の学生さんも、随分、泊まりに来ていたと言います。後から聞くと、後に有名な東大教授になった方たちが次々と母にプロポーズしたらしいんですよ。だけど、母は全然、「うん」と言わなかった。父が鰤を一匹下げて雪道を歩いて行って、母の親に結婚を申し込んだらしいんです。東大生には何とも思わなかった母が、父に対しては行く気になった。結局、それは後から思うと、すごく正しい選択だったんですよ。確かに、母は非常に心の温かい、心の広い人なんです。でも、山家育ちで、行儀作法ができている訳ではない。女学校に行っていない。尋常小学校しか行っていませんから、その時点で教養を問題にされたら全然ダメ。学者の奥さんになったら務まらなかったと思います。恥ずかしい思いをしなくてはいけない。立派な先生の奥さんになっても、結局、上手くいかなかったと思います。

父と結婚して、お弟子さんの世話をするとか、戦後の食糧難を切り抜けていく、人の世話をするということに、非常に活躍の場面があったんですね。自分の生きてきたキャリアで培った実力を、フルに発揮する場面を与えられた訳です。そういう意味で、真に大正解だった。人生というのは不思議なものですね。だから、あらゆる人を受け入れられる。常時、お客さんが多くて、年がら年中、お客さんの世話ばかりでした。家族だけでも沢山いるのに、そこに常時、色んな人が来ます。すると、経済状態も構わず、ありったけの御馳走をするような人だから、みんな喜んで次々来る訳です。私は、そういう家庭に育って、自分の家族だけの生活というのを知らない。親兄弟だけの生活は、一度もしたことがない。二番目の妹は、それが非常に不満だった。私は、そんなに不満と思ったことはないけども、まあやっぱり、家族だけの生活というのにも多少憧れました。

後にお話するように、私が早や早やと結婚したことには、その影響があるかもしれません。

勉強で〝秘密特訓〟

――先生は、小学校卒業の時点で囲碁を止め、中学に進まれます。

木谷　地元の浜岳中学に入りました。進学後は勉強をやったんですが、石橋先生の〝秘密特訓〟の成果がありました。たとえば、英語というのは最初は易しい。誰がやっても、ある程度できます。数学だって簡単なところをやっている。ところが、中学二年、三年ぐらいになると、両科目とも結構、難しくなる。その段階で差がついてくるんです。私は基礎がありますから、学校の試験は英語などで一〇〇点以外とったことなかった。英語と数学は易しかった。

それは、母のお陰です。小学生の時から石橋先生について勉強させてくれた。母は、子どもの教育なんて本当にそっちのけで、意に介していないようだったんですけども、要所要所で目配りはしていたんですね。「このままじゃ、やっぱり明は具合が悪いんじゃないか」というふうに思ったんでしょう。私のことを特にではなくて、子ども全般に目配りをしていたようです。大きな目の配り方をしたんじゃないでしょうか。そういうことができた人なんです。

第二章　法律家を目指して――高校での猛勉強と東大での反動

平塚江南高校へ進学

木谷　一九五三年(昭和二八年)、地元の県立平塚江南高校に進学しました。前身は、県立平塚高女(高等女学校)という名門なんですが、私の兄の一学年上から男子を取り出した。それで共学になります。兄たちが男子としては二回目の生徒だったんです。だけど、その頃、母は、本当は藤沢の湘南高校に私を行かせたかったようです。有名校ですからね。けれども、学区が違うんです。藤沢には藤沢一中という中学がありまして、中学時代に藤沢一中に越境入学しておくと湘南高校に進めたらしい。私にも「藤沢一中に越境入学しないか」という話があったんですけど、小学校の内藤先生とも相談して止めたんです。

もっとも、地元の浜岳中から江南高校に行って結果的には正解だった。前身の平塚高女は高女としての名門校で、地元では「お嫁さんをもらうなら平塚高女から」というぐらいの学校でした。市内には男子高校もあるんですが、これは工業高校なんです。あとは、ろくな学校がない。それで兄の代から平塚の江南へ。浜岳から江南へ進学するようになったのは兄の代からですが、兄がその段階で挫折する。すごい挫折を味わうんです。なぜかというと、兄はそれまで何をやっても勉強では一番だったんですけど、江南に入ったら、周辺からべらぼうによくできる人がズゴッと入ってきた。よくもあんなにそろったものだと思うくらい、よくできる人が女子も含めていっぱい来たんですよ。兄の学年では、ストレートで東大に六人も入った。そのうち一人は女子です。兄が入った時、かつて湘南高校の先生だった人が校長にいまして、「湘南に対抗できるような学校にしたい」という事で、滅茶苦茶、勉強させたんです。いろんな勉強、テスト、テスト。だから、「江南の頃は勉強ばかりで面白くなかった」という人が多いです。毎週「火曜テスト」があって、「月例テスト」があって、それから中間テスト、期末テストときます。毎月、一番から一〇〇番までズラーっと名前と点数が廊下に張り出されます。上の方に張り出された人は気持ちいいですが、下の方に、しかも名前のない人がいっぱいいますから、そういう人にとっては全然、面白くなかったようです。兄の時は入学直前に実力テストがあって、入学式当日にいきなり張り出された。

兄は、そういうのはいつも一番だったのに、その時は一四番だった。相当こたえたようです。とんでもない。二ケタなんです。青天の霹靂でしょう。実際、授業が始まってみると、友だちがべらぼうにできる。その人たちは、みな東大の理一とか理二とか、文一とか文二とかに行きました。研究者になった人が何人もいます。よくできる人がいっぱいいたんですね。その次の学年は、ちょっと落ちて東大に現役で入る人はいなかったんですが、私の学年はまた少し増えて私を含め四人が現役で入りました。そんな学校でした。

入学時成績一番

木谷　私の場合は、兄からそういうふうに聞いていましたから、入学式で成績が張り出されることも事前に試験があることも知っていて準備の勉強をしたら、どういう訳だか私が一番になってしまった。いつも一番の美坂君が二番なんです。浜岳中学から来た者は、大体いつも美坂君が一番で私が二番だということを知っているから、「あれ、一体どうなったんだ」と思うんですが、よその学校から来た者からすると「木谷が一番だ」ということになりました。みんな、最初のうちは私の方ができると思っている。だけど、月例テストが始まると、やっぱり一位と二位は逆転しました。でも、三、四回に一回くらい私の方が上の事がありまして、美坂・木谷、木谷・美坂と、大体そういうふうになっていました。

――ライバルですね。

木谷　ライバルというと、向こうにとってやや不満でしょう。だけど、同じ花水小、浜岳中で、家も近くですから、よく一緒に勉強もしました。

――仲も良かったんですか。

木谷　小学校の頃、向こうははるか雲の上の存在、ボスというか、ガキ大将ではないけど、腕力も勉強の実力も運動能力も抜群ですから、皆が一目も二目も置いていた。統率力もある。彼にとって、私がライバルだといわれたら、かなり心外でしょう。でも、高校時代は仲良くつき合っていました。当時、私も一生懸命、勉強していましたから、一緒に勉強して難しい数学の問題を出し合ったりしました。「切磋琢磨」はしたと思います。

――高校生の時は、勉強一筋という生活ですか。

木谷　そうですね。勉強はしていました。「真面目に勉強する模範生」といったところです。遊びはあまりしなかった。それがちょっと残念です。今、「文武両道」なんて聞くと、とても羨ましい。ただ、読書はしました。学校の図書室に行って色んな文学全集を読みました。日本のものだったら漱石、鷗外、芥川をはじめ、名前の通った日本の作家の著作はずいぶん読みました。外国のものもドストエフスキーとかトルストイとかも一応、洗礼を受けています。名著と言われるものです。図書室で本を借りると大体、兄の学年の良くできる人の名前が書いてありました。貸し出しカードに借りた人の名前が書いてあるんです。凄いものだなと思いました。どんな本を借りても、みんな読んでいる。そういう人たちは勉強だけじゃなく、本も、みんな読んでしまっている。私は、英語と数学は怖いものがなかったんですけど、国語は弱いんですよ。国語というのは、なかなか得体が知れないじゃないですか(笑)。

――テストで「筆者の気持ちはどれか」とか聞かれる。

木谷　そうそう、それです。特に現代文がまずかった。英語と数学だけだったら、高校二年の段階で東大合格のランクに入っていましたが、国語は、そこまでいかなかった。でも、全体としては結構いい線まで行っていたんです。だから、大学入試はあまり心配しませんでした。当時は何校も併願するなんてことはなくて、兄もそうでしたけど、受けるのは東大だけで、東大がダメなら浪人するという覚悟だったんです。幸い、浪人しないですみました。他の大学を受けるという気持ちは全然なかった。あとから思うと、早稲田とか慶応とかを受けても良かったんじゃないかと思うけれども、一つも受けなかったですね。

――それはもう、大学といえば東大、というふうに？

木谷　うーん、そういうふうにもう……高校の指導もそうだったのかもしれません。他の大学は大学じゃない、ぐらいに思っていましたから。バカですね(笑)。

――ご両親は、どんな感じだったんですか。

木谷　両親は、教育のことはあまり分かっていません。碁のことしか頭にないから。

――ということは、高校を選ばれたのが人生を決定づけた、と?

木谷　そうですね……選んだというのじゃないんです。あそこしか行くところがなかった(笑)。だから、石橋先生です。高校に入って、石橋先生が「君にはもう教えることがなくなった」と言われた。その頃、近所に湘南高校の英語の先生が住んでいました。武藤先生といいます。そこに兄が通いだした。兄が高校に入学した段階で惨めな成績だったということで、母が焦ったんでしょう。「武藤先生は良い先生だ」と聞いてきたんです。それで、私も高校に入った段階で、武藤先生に頼んでくれました。武藤先生は教え方が上手だった。お陰でその段階で英語は怖いものなしになりました。三人ぐらいのグループで、週に一回、夜二時間ほど教わるんです。私は一学年上の人と同じグループに入れてもらって、三年間通いました。だから、すごく受験英語は得しました。入試でも怖いものはなかった。ところが、大学に入って英語は、すっかりやらなくなってしまった。せっかくあれだけ勉強したのにもったいないことをしました。

――当時の世相からしますと、個別塾のようなところに行かせてもらえるのは結構……。

木谷　恵まれていたと思います。だから、結構インチキですよ。大学受験にあたり、他の人は受けていない個人指導を受けている訳ですから、有利なのは当たり前です。大学に入っても偉くもなんともない。随分インチキしたなあ、と思います。

――どちらかというと理数系がお得意だったのが、文一に……。

木谷　そうですね。英語と数学は同じように得意でした。ただ、理数系といっても理科は得意じゃなかったんです。数学は勉強していたからできましたが、理科はあまり点が取れなかった。兄は早くから医学部と決めていたんですが、私はなかなか志望が決まらない。結局、理数系じゃない、文学もちょっと無理だ、ということで「一番つぶしの利く文一へ行け」ということになった。まあ何になるかは別として、ともかく、つぶしが利くという話で、文一を受けることになりました。

――理科は好きでなかった？

木谷　実験がうまくできない。化学の実験は大体、グループでやるじゃないですか。私は責任者にされてしまうんだけど、私のグループは大体、うまく色が変わらなかったり、何か失敗したり。書物でやることはかなりできるんだけど、実験がダメで、たいてい失敗するんです。

――他方、文一だと、国語力が問われそうな……。

木谷　国語は得意ではありませんでした。でも、不思議なもので、その後の人生では英語も数学も使わなかったけど、国語は使います。一番不得意だった国語で生きているようなものです(笑)。変なものですね。特別に才能がなくても、法律家はやっていけるんです。国語も一通りのことができれば生きていける。

――やはり、文一は「つぶしが利く」というのがキーワードでしたか。

1956年，東大合格．兄も医学部に合格した際の記念写真

木谷　情けないですが、そういうことなんです。まあ、ごく漠然と裁判官も頭にあったような気もします。だから法学部のある文一へ、というふうに思ったのではないでしょうか。

東大に合格

木谷　当時、東大は文科系と理科系で試験問題の区別がありませんでした。学部も理一、理二、文一、文二の四つしかない。理三、文三はないんですよ。法学と経済が一緒で、文一。理二というのは医学部と農学部が一緒です。兄は理二に入りました。だけど、当時は酷い。理二に入っても、医学部の選抜試験で八〇人くらいしか取らないんです。理二には学生が三〇〇人くらいいる訳で、選抜試験に受からないと、「医学部以外には行かない」という人は退学になってしまう。これは「医退」コースです。他方、「医農」というコースもあって、「医学部がダメなら農学部でいい」という人は残れる。兄は大学に入っても予断を許さない状態でした。ちょうど二つ違いですから、私の受験と、兄の医学部進学とが重なりました。

結局、兄は医学部に進むことができ、私も文一に受かったんです。その昭和三一年は非常にいい年でした。私の大学入学と、兄の医学部進学と、それから妹・礼子が高一でプロ棋士の試験に合格しまして、初段になったんです。その上、父の最高位戦挑戦権獲得とビッグニュースが四つも重なって、非常にいい年でした。木谷家の全盛時代です（笑）。

猛勉強の反動

――東大の文一に入学後、最初は、あまり勉強されなかったとおっしゃいましたけど……。

木谷　そうです。一九五六年四月、東京大学に入学しました。文科一類です。現役合格しましたが、大学合格まで一生懸命、受験勉強をしすぎた反動もあって、文科一類の二年間はほとんど何もしないうちに過ぎてしまいました。裁判官になるには、司法試験を通らなきゃいけない。これは滅法難しい試験だと聞いていたから、大学に入っても自分がそういう試験を受ける気になかなかなれなくて、勉強しなかったんですね。

最初二年間は下宿せず、平塚から通っていたので通学も大変だったんです。平塚から通うと、朝六時半頃に電車に乗って、帰りは夜になります。なかなかクラブ活動もできません。空手部に入ろうと思って、人よりも少し遅れて五月か六月頃に入部しました。型をやっているうちは良かった。ところが、組手が始まると、バーンと入ってしまうんです。止めることになっているのに、バーンと入ってしまう。寸止めがうまくいかないんです。最初は一生懸命やる気で、自宅の庭に巻藁を立てて、随分やったんです。随分と手の甲が強くなりました。だけど、自由組手が始まったらダメですね。夏合宿へ行かずに退部してしまいました。その後もクラブ活動はやり損なって、ブラブラして映画を観たりダベったりして過ごしてしまった。駒場の一年目は、ほとんど大したことなく終わってしまいました。

二年の後半から、法学部の専門の授業として憲法、民法と刑法が始まったんです。でも、「正解探し」中心の受験勉強に毒されていたため、「正解のない法解釈」に一向に興味が持てない。さっぱり面白くない。勉強する気もない。その段階で尺八部に入りました。それからもう一つ、「法学部山の会」にも入りました。専門の学科が始まる秋に新人の勧誘があって、尺八と山登りと二つに入ってしまったのです。遅まきながら文武両道です(笑)。

「山の会」と「尺八部」の二股をかけるようになり、両方にのめり込んじゃった。正式に法学部に進学した三年の春からは、授業そっちのけでこの二つの趣味にうつつを抜かしました。勉強はさっぱり進みません。尺八(琴古流)は最初、全然ダメでしたが、やりだすと、のめり込むんです。魔力がある。後輩でセミプロですが尺八の演奏家になった人もいるほどです。私は、そこまではできませんでしたが、やっぱり合宿に行ったりしました。

――先生も芸名をお持ちですね。

木谷　それは後なんです。大阪に単身赴任する前の調査官時代に二五年ぶりに復活して、大阪でしっかり修行しました。その後、東京に帰ってきてから師範の免許をもらって、「楓盟《ふうめい》」という芸名をいただきました。師匠は、山口五郎先生という人間国宝の先生です。その先生がまだ若い時、駒場や本郷に教えに来てくれていて。竹盟社という団体なんです。尺八は本当にのめり込みましたね。

――その頃には、もう下宿をされて……。

木谷　三年の時に、専門が始まる時に、「勉強も忙しくなるから」という名目で、下宿させてもらったんですよ。本郷の林町(現・文京区千石)です。私、その頃、「セツルメント法律相談部」というのもやりました。忙しかったですね。やりだしたら三つやってしまったんです。

セツルメント法律相談部は、法律をろくに勉強していないから、あまり戦力になれなくて、じきに辞めてしまいましたが、そのコンパで先輩が「下宿を出るから、誰か譲り受けろ」と言う。「探すのが大変だな」と思っていた時だから、渡りに船で入れてもらったんです。その下宿先とは後から色々と縁ができて、立派なお宅だったので助かりました。下宿をしたら、これまた自由で快適なんです。「勉強が忙しくなる」という名目で入ったにもかかわらず、山と尺八にうつつを抜かして、遊び暮らすようになってしまったんですよ(笑)。

――どんな遊びを?

木谷　遊びといってもクラブ活動です。尺八の合宿に行ったりしました。山は、ほとんど毎月行きますが、夏は合宿で、北アルプスとか南アルプスの縦走です。難しい山は行きませんが、三〇キロくらいの重さの荷物を背負って、一日一〇時間くらい歩く訳ですから結構大変です。得難い経験もしました。その人たちとは今でもつき合いがあります。私の学生時代で一番楽しかった時期ですね。

――授業はどうだったんですか。

木谷　授業は苦痛でした(笑)。法学部は出席をとりません。そんなにサボったという記憶はないんですけど、休み時間は大体、部室にいる。法学部の先生の部屋に「山の会」の部室があったんです。

――研究室が部室なんですか。

木谷　そうなんです。研究室といっても、その先生は、助教授という肩書きですけど、授業を持っていない就職担当の先生でした。もともと、そういう資格のある人ではなくて、事務から来た人のようでしたね。非常に大学に貢献したということで、「オンケル、オンケル」と言われていた。オンケルとは、ドイツ語で「おじさん」です。苦学して東大に入った人で、学生の頃からオンケルだったらしい。それで、大学の事務を随分担当して、そして就職の関係を、すごく学生の面倒を見たということで、一部屋もらっていました。そこに学生がたむろして、しょっちゅうダべっている。昼休みには、夏の合宿のためにトレーニングをやる。研究室で着替えて、上野の山をグルッと一周するんです。龍岡門から出て池之端を周って、動物園から上野の芸術大学の前を通って根津の坂に出て、それで帰ってくると、大体四キロぐらいあります。それを一七、八分で周るんです。階段もあるし、坂もある。結構、大変なんですけど、一緒になって走りました。授業に行っても眠くなりますよ(笑)。授業は本当に面白くなかったね。

法学部の教授陣

――先生は、どういう方がいらっしゃいましたか。

木谷　立派な先生がいっぱいいました。憲法は宮沢俊義先生。刑法総論は団藤重光先生で、刑法各論と刑事訴訟法は平野龍一先生です。民法は来栖三郎先生でしたが、その後、加藤一郎先生になりました。民事訴訟法は、三ケ月章先生の処女講義でした。その中で感銘を受けたのは三ケ月先生の講義です。素晴らしかった。商法は石井照久先生です。

それから労働法は石川吉右衛門先生。行政法は後に最高裁判事になられた田中二郎先生。あの先生の授業は硬くて面白くない。こちらが不勉強のせいもあるけど、この授業は苦痛でした。あの頃を思い出すと、大学の先生というのは、もう少し上手に教えられないのかなと思います。

——たとえば、宮沢先生だったら……。

木谷　宮沢先生の授業は面白かった。面白かったと表現できるのは、この先生だけでした。ユーモアがある。ワハハと笑ってしまうような話を次々とされる。最初から最後まで憲法の漫談です。持ちネタが多い。毎回毎回、何も見ずに、です。あっという間に授業が終わる。ゲラゲラ笑っているうちに一時間半が終わってしまうんです。話術が実に巧みで、統帥権の話とか、色んな話を聞きました。みんな頭に残っていませんけどね。教室には六〇〇人くらい入ります。宮沢先生の授業は聴講する学生がかなり多く、二五番とか三一番とかいう教室にいっぱい入る。

宮沢先生の『憲法Ⅱ』(有斐閣)という名著は法律学の本らしくなくて、法律が好きでなかった私でもスーッと読める。ただ、一生懸命に読みましたが、司法試験には向かない。反対に、清宮四郎先生の『憲法Ⅰ』は司法試験に非常に役に立つ。「人権」に関しては結局、どの本で勉強したのか忘れてしまいました。

団藤先生や平野先生の授業は、私には難しかったですね。団藤先生の刑法総論の授業は駒場で聞きました。その後、団藤先生はドイツに行かれたので、刑法各論と刑訴は平野先生の授業を受けました。平野先生は本当にムスッとした先生でね。下を向いてノートを見ながらブツブツ話されて、時々ひょこっと顔を上げられる。不勉強な私には中々ついて行けない授業でした。ただ、先生の教科書（『刑事訴訟法』有斐閣）に、その頃した書き込みをみると、内容的にはすごく高度な話をしておられるのですね。当時、私も一生懸命、本に書き込みをしました。今でも、その本は持っています。

学生の時は、平野先生の偉大さが全然分かりませんでした。だけど、後に実務に入って何か新しい問題にぶつかると、他の本には書いていなくても、この本に帰ってくると、参考になる、ヒントになることが何か書いてある。すごいものだと思いました。平野先生は留学から帰って来られたばかりで、まだ三〇代です。それで、ここまでのものを作ってしまわれた。団藤先生は旧刑訴の時代に体系書を書いておられるから、旧刑訴との整合性もあって、そんなに大きな理論的展開はできていないんです。団藤先生の刑訴法には限界がある。これに対し、平野先生は、全く新しい立場で弾劾的捜査観などをバーンと打ち出していましたので、非常にアンチ団藤だけど、インパクトがあるんです。その後の実務の流れを作り、学者の後継者もいっぱい養成された。その偉さが学生時代は分からなかったのですね。

――大学の頃、学生運動についてはどのような……。

木谷　かなり一生懸命、デモに行きました。当時は六〇年安保の前段階の時期です。私が司法試験で留年している年が、六〇年安保だった。デモはその前からかなり激しかった。でも、受験勉強を始めてからは行かなかった。それまでは、クラブ活動の山とか尺八とかする他に、デモがあれば結構、熱心に行っていました。駒場の時も行っていました。渋谷の道玄坂に向けて練り歩いたことも結構あります。

——参加されたということは共鳴、共感されて……。

木谷　そうですね。クラスにアジテーターがいて、アジられて一緒に行きました。当時はデモ行進だけで、石を投げたりはしていません。私が留年した六〇年になってからは、デモが激しさを増した。その頃は、「デモに行っていたら、試験に受からないぞ」と必死に勉強しました。

司法試験に挑む

——法律は、「最初、全然つまらなかった」ということでしたが、いつ頃「面白いな」と？

木谷　学生時代は「面白いな」と思ったことは一度もないんです(笑)。

法律の解釈は裁判官になってもなかなか興味を持てませんでした。興味を持つようになったのは、後に最高裁調査官として各種判例の形成に関与し、自分の考えが判例になり得るということを実感してからです。司法試験の受験勉強はやむを得ずにしただけで、法律に興味があったからしたのではありません。法律家になろうと思ったから、やむなく勉強したんですけど、「法律学が面白い」とは学生時代は全然思えなかった。なぜか、ということを後から考えました。

大学受験の時は、勉強は割と良くできましたが、その時の勉強は英語にしたって、きちんと作文できれば満点がもらえる。全部正解がある。数学の問題を解いていくと、綺麗な答えが出る。解いていく過程が楽しいし、最後に正解に達した時の喜びがすごくある。ところが、法律という奴は何も正解がない(笑)。何が正しいんだか全然分からない。だから、受験勉強に毒されている頭では法律の面白さが理解できないんです。こういう問題がある、こういう見解がある、これはやっぱりおかしい、とかね。色んなことがあって何が何だか分からなくなってしまう。

まあ、それが、後から思えば法律の面白さなんですけど、当時は、それが理解できない。それで逃げた。やたらと本を読まされるけど、よく分からなくて、消化不良のまま試験を受けるから全然「優」が取れないんです。大して授業に出てない奴が、人のノートを借りていって優を取ってくるでしょ。私はきちんと出ていて、たまにはノートを貸すんですけど、こっちは優が取れないんです。情けなくてね(笑)。

――コツみたいなものが……。

木谷　あるんでしょうね。答案の書き方が分からない。数学の問題の解き方は分かるが、論述答案の書き方は全然分からない。全然ダメでした。

文一から法学部に行く時、進学振り分け(東大独自の制度。文一・理一などの科類に分かれて入学し、一年・二年は全員教養学部に属するが、三年から法・医など専門の学部に「進学」する仕組み)がありました。駒場の文一は八〇〇人です。そのうち五〇〇番あたりまでにいないと安心して法学部には行けない。もともと経済学部を志望している人もいるけど、大体、法学部を希望しているから、成績が悪いと行けない。教養学部は受験勉強の延長だったので、英語もドイツ語も、ある程度できました。ところが、本格的に専門科目が始まると全然ダメで、まず憲法、民法、刑法の三科目で優は一つもない。当時はいわゆる一行問題で、「原因において自由な行為を論じよ」とかですが、答案をどう書いたらいいか全然分からない。要領が悪い。本当に要領が悪かったと思います。

——ということは法律に関心を持つ前に、まず法律家を目指そうと思って、やむを得ず法律を勉強した、と。

木谷　そうです。しかも、最初から法律家を目指す気になったのではありません。大学四年の夏まで遊び暮らすうちに、いつしか就職の季節が来て、友人たちは、どんどん就職活動を始めました。そして、一緒に遊んでいた奴がみんな就職していく訳です。その段階で自分の成績を見ると、これではろくな会社に行けない。私はそこで戸惑った。

「果たしてこのまま就職してしまって学生生活に悔いは残らないか」と自問自答し、結局、一年留年して司法試験に挑戦することを決断しました。「どうしても裁判官に」とか「ぜひとも法律家になって社会に役立ちたい」というような崇高な目的意識があった訳ではありません。単に「このままでは人生に悔いが残るのではないか」と考えたことが最大の動機でした。それが、司法試験を受けるきっかけなんです。情けないですね。

なぜ裁判官を志望?

――ご親戚とか身近な方で裁判官はおられますか。

木谷　一人もいません。裁判官はおろか弁護士も検事もいません。ただ、ちょっと不思議なことに、うんと小さい小学校の頃、母に何か言われたような気もします。母から、「将来、何になるか、決めなきゃいけない」「裁判官という仕事がある」なんていうことを言われた記憶があるんです。私は音楽が得意だったから、「裁判官になるか、指揮者になるか」という選択肢を与えられた記憶があります。

――お母さまは、どうして裁判官と言われたのでしょうか。

木谷　全然分かりません。その後、裁判官の話は一回も出たことがありません。母から、その話は聞き損ないました。なぜ、母はそんなことを言ったんでしょうね。私が小学生の時ですから、母は三〇代後半か四〇歳ほどでしょうか。聞いときゃよかった。惜しいことをしました。あの世に行ったら聞いてみます(笑)。

──文一の時、裁判官が頭に思い浮かんだということでしたが、官僚などは?

木谷 それは全然なかった。公務員試験を受けるという人も周りにいましたけど、私は受ける気はなかった。どうしてか、その世界に目は向いていませんでしたね。今思うと、世の中のことを何も分かってなかった。当時は官僚になる人自体が少なかった。私は昭和三一年の入学で、本来なら三五年に卒業する訳です。その頃、日本経済は高度成長の花が開こうとしている時代で、民間へ民間へという時代だった。官僚になるとか、司法試験を受けるなんて、「お前バカじゃないか」という感じでした。特に留年して受けるなんて「本当にバカじゃないか」と言われました。

司法試験の論文試験は七月です。その頃、父に頭を下げて「一年留年させてほしい。司法試験を受けたいから」と言ったら、「まあ、いいだろう」と言ってくれたので、高校生以来の受験勉強に戻りました。四年生の七月から翌年七月まで一年間は、脇目も振らずに勉強する生活です。散々遊んだから、もういい。お酒も飲まないし、コンパにも行かない。朝、図書館に行って、夕方五時に帰ってきて、下宿でご飯を食べさせてもらって、午後七時半から一一時半までまた机に向かうという生活を一年間やった。それは要領の悪い勉強だけど、それなりにやりました。

──勉強方法は……。

木谷　基本書を読み込むだけです。それと、サブノートを作りました。唯一あった受験指導機関が中央大学の真法会。でも、入会試験を受けに行ったら落とされてしまったんです。一緒に留年した男がいまして、H君というんですけど、この人は真法会の試験に受かったので行っていました。私は落ちてしまったので行っていない。もう時効だからいいんでしょうけど、H君が真法会の答案練習を受けられない日があったんです。それで、H君の名前を書いて代わりに受けた。そしたら出来が全然悪くて酷評されました。いい成績を取れなくて心配しましたが、よくもまあ、あんな成績で司法試験を受けようと思ったなと今、思います。相当悪い成績でした。

それを言うと、今、所属している弁護士事務所（新東京総合法律事務所）の佐藤博史先生は、もっと熱心にデモにも行っていたけど、学校の成績は大変良く、「大学院に行こう」と思ったらしいんです。藤木英雄先生のところに相談に行ったら、「助手に採ってやる」と言われて、藤木先生の助手になった。大学院に行くと授業料を払うところが、助手になると月給をもらえる。それで、藤木先生の助手になったんですが、司法試験を受けるからと言ってさっさと辞めてしまい、その年に受かったんです。私が「優を取れなかった」と言うと、不思議そうな顔をしていますよ。ハハハ。私から見ると、助手になれるような人は、当時同じ人間と思えなかった。佐藤先生は、やっぱり頭がいいし実力がある。すごいと思う。ちょっと超人ですよね。

――先生も一回で合格されている訳ですよね。

木谷　え、私？　うん、だから、不思議と受かったんだよね。何が勝利の秘訣だったのかは分かりません。

――手応えはあったんですか。

木谷　それまでは非常に悪かったんですけど、論文試験が終わった段階では、「まずまず書けた」という気はした。ところが、八月くらいになって、刑訴の問題で題意を取り違えたことに気づいてしまったんです。気づかなきゃいいものをね。「ああ、これはダメだ」と思って、本当に「落ちた」と思いました。

大手銀行に内定

木谷　私は、留年は一年と決めていた。父にも「一年」と言っていましたから。それで、八月くらいに「落ちた」と確信した段階で、「これはもう退くしかない」と決めた。その段階では、最初よりいくらか大学の成績が上がっているんです。優が三分の一くらいありました。その成績だったら企業が採ってくれるだろうと思い、三菱銀行(現在の三菱ＵＦＪ銀行)に行きました。採用面接をしてもらって、一応内定をもらったんです。

でも、「君は留年しているだろ。司法試験に受かったら、向こうに行っちゃうだろ」と言われて、困ってしまった。「落ちたと確信しているから戻る気はありません」と言って帰ったんです。そしたら、司法試験に受かってしまい、困ってしまった。もし「司法試験の方に行く」なんて言ったら、嘘をついたことになりますからね。でも、受かってみると、留年してまで受験したんですから、やっぱり行きたくなりますよね。それで、人事部長に断らないといけないんですけど、口で断る勇気がなくて手紙を書きました。「あの時は、そう思わなかったんだけど、受かってみたら未練が出てきました」と申し上げたんです。その人事部長は偉い人で、了解してくれました。そうは言っても、当時、まだ口述という難関がありましたから、「じゃあ口述に落ちたら、もう一遍来てみなさい」と言ってくれました。本当に大きな心の余裕をもらいましたね。それで、口述試験を受けた。真法会に合格していた友人のH君は口述で落ちてしまったんです。よくできる人でも、そういうことがある。彼も受験を一年で辞めて、富士通(当時は富士通信機)に就職してしまった。私も落ちたら、銀行に行ったはずでした。

――どうして、三菱銀行を考えられたんですか。

木谷　それは、さしたる根拠はないです。もう、就職戦線が大分始まっていたから、「銀行もいいのかな」と思いましてね。友だちでも、覇気のあるバリバリやるタイプの人は民間に行きました。当時、八幡製鐵や富士製鐵(現在の日本製鐵)は抜群の優良企業で、全優とか良が二つか三つぐらいでないと受からない。そんなところには行けるはずがない。当時は鉄の全盛時代、「鉄は国家なり」の時代ですからね。それで、民間会社、普通の一般会社(メーカー)は、どちらかというと、本当にバリバリのやり手が行くところだと考えました。銀行員は少し大人しくても務まるような感じがしました。だから、私みたいにどっちかというと、あまり出しゃばらない大人しい奴は銀行ぐらいがいいのかな、という気がして銀行を受けたんです。

司法試験合格

木谷　そうこうしているうちに、司法試験の最終発表を迎えました。題意を完全に取り違えていたから、怖くてですね。当時は、今みたいにインターネットではなく、会場に名前を張り出すんです。だから、誰が落ちたか一目瞭然。それを見に行くのが怖くて、嫌なんですよ。発表当日、明るいうちに行くと、先に見た奴に「お前の名前はなかったぞ」と言われる気がして嫌だったから、暗くなってから行こうと思ったんです。だけど、東京にいると気になる。居ても立ってもいられなくなる。それで、その前の一晩か二晩、姉を誘って、北八ヶ岳に行きました。山に登って、発表の日、暗くなってから下宿に帰ってきたら、下宿のおばさんが「木谷さん、一体どこに行っていたのよ」「よっぽど自信があったのね」と言うんです。とんでもない誤解をしていました。江南高校の一年先輩で、一年浪人して私と大学で同期になった人が見に行ってくれて、「合格した」と下宿に電話してくれたらしいんです。

司法修習時代に結婚

――その後、司法修習に行かれました。当時の研修所は……。

木谷　東京・千代田区の紀尾井町にありました。出版社の文藝春秋のすぐ近くです。

――研修所での思い出はいかがですか。

木谷　研修所は当時とてもいい時代でした。二年間ずっと月給をくれて、ゆっくり教育してくれました。研修には非常に意味があったんですけど、家内と知り合って秋くらいからつき合いだしたので、あんまり勉強しませんでした(笑)。実務修習が東京で、だからつき合いができた訳です。

司法修習生となる．1961 年，23 歳

――馴れ初めは？

木谷　当時は木造校舎で、二階の私たちの部屋は、裁判官が研修を受ける特別な部屋だったんです。その脇のちょっとしたフロアーに卓球台が置いてあって、昼休みに職員の人が卓球をしていました。私、大変な運動音痴なんですが、卓球だけはちょっと上手でした。平塚の時代、

庭に据え付けの卓球台を置いて父も卓球をやっていた。そこで、職員の仲間に加えていただいたのですが、その中に気になる子がいて、それで意識しました。

——どういうところが。

木谷　控えめで品が良い。仲間に「どういう人だ」と聞いたら、刑事教官室の係の人だと教えてくれた。ある時、教官に質問するふりをして部屋の前に行った。名前も知りません。廊下から手招きしたら出てきてくれたので、「喫茶店で会って」と言ったら、受けてくれた。何日かして会った時、こちらも名乗って、向こうの名前も教えてもらって、ときどきつき合いをするようになったんですね。

——修習同期で、かなり話題になったんじゃないですか。

木谷　でも、最初は誰も気づいてないんですよ。私は、後に最高裁判事になった上田豊三君と当時、仲が良かった。彼には言ってありました。その夏、上田君、本林徹君（後の日弁連会長）と三人で北アルプスを縦走した。北アルプスの表銀座から槍・穂高の縦走に私が連れて行った。帰ってきたら、上田君が九月の連休に「彼女を誘って三人で尾瀬に行ったらどうか」と提案してくれた。「じゃあ、誘ってみようか」ということになって話したら、彼女も「行く」と。約束して上野駅で待っていたら、彼女は現れたけど、山の支度をしていない。「どうしたの」と聞いたら、「親に叱られた。男二人と山なんかに行くもんじゃない」と。しょうがないから、上田と二人、秋の尾瀬に行ってきました

（笑）。

今から思えば、自分の娘が婚約もしていない男と「泊りがけで山に行く」なんて言ったら止めますね。随分、無責任なことをしたと思います。その後、秋にプロポーズ。だけど、彼女には木谷の家が別の世界のように思えたらしい。でも、嫌とは言わなかった。「家族に会わせましょう」と家に、四谷の木谷道場に来てもらいました。両親も含めて、一緒にトランプしたり、遊んで食事もして、雰囲気を見てもらって帰ってもらった。その後、OKが出た。向こうの親御さんは、サラリーマンですから、やっぱり最後まで心配していました。だけど、それは当然でしょう、大家族の嫁になる。父親の職業が特別だし、度胸のいい人だったら問題ないけど、家内は四人姉妹の長女で、両親がいて、それだけの家族だから、まごついたと思います。

——研修所で噂が広まるきっかけは。

木谷　翌年の五月に結婚しました。その時には皆が知ります。「大人しい木谷」が最初に結婚するというのはショッキングなことだったらしいですよ。

進路を考える

——結婚された段階で、進路は裁判官と決めていた？

木谷　うーん。結婚した段階では、まだ決まっていません。研修所の同期同クラスに、優秀な勉強仲間がいて、引っ張られるように勉強しました。ただ、本当に主体性のない話で、聞かれると恥ずかしいですけど、裁判官を選んだのは消去法です。検事ダメ、弁護士ダメ、裁判官だと。

——どういうふうに……。

木谷 弁護修習についたW先生は〝商売人〟なんです。事務所に行くと、顧客名簿があって、「金蘭帳」と書いてありました。三人のイソ弁(勤務弁護士)は、一生懸命、仕事をしていました。ある時、先生から大手都市銀行のU支店に行くからついてこいと言われ、一緒に行った。先生は支店長を呼んで話をして、内容は覚えていませんが、「不正があったはずだ」と言う。銀行側は「そんなことない」と言うが、「こっちは分かっている。大蔵省の銀行局長あての上申書を書いてある」と言って胸の内ポケットを示すんですよ。こりゃ、すごいなと思った。向こうは否認していたけど、「二、三日したら絶対何か言ってくるぞ」と言う。結末がどうなったか、支店長がどういう動きをしたか分かりません。しかし、そういうこともあって、「私に弁護士は到底、務まらない」と思い、弁護士を諦めました。

——検察官は?

木谷 検察は、ちょっとなりたかったことがあるんです。というのは、検察は指導官に非常に魅力的な人を置いている。非常にざっくばらんで、お酒も飲ませてくれて、とても楽しい。検察はいいところだと思って、最初は検察希望でした。心が動いた。でも、「最後まで終わってから決めよう」と思ったから、検察に希望を出した訳じゃありません。

司法修習は検察、弁護、刑事裁判、民事裁判の順でした。このうちでは民事裁判がよかった。刑事裁判は全然、面白くなかった。最低だった。こんな面白くないものやる気ないよ、という感じです。全然、被告人を相手にしないし、主張は平気で排斥するし、面白くない。これに対し、民事は面白かった。実務修習(民事裁判修習)でついた指導裁判官は、柳川真佐夫さん(東京地裁民事一六部の裁判長)といって保全処分に関する立派な本をたくさん書いている、非常に地味ですけど、いかにも民事裁判官という人でした。一回だけ家にも呼んでくれた。その人の判決の下書きをしたりしていました。じっくり考える人で、いろいろ教えてもらいました。その人のところでやっているうちに、民事裁判が性に合っている、民事裁判官になろう、と思って希望したんです。

――その後の人生とは全然、違いますね。

木谷　全然、変わってしまった。人生というのは不思議なもんです。

研修所の同期

――研修所の同期の方を紹介していただければ。

木谷　同期(一五期)は、同じクラス(一組)に優秀な人がいっぱいいました。一クラス四八人で、このクラスから先ほどの上田豊三君と、弁護士から最高裁判事になった滝井繁男君と、最高裁判事が二人出ているんです。後に日弁連会長になった本林徹君もいます。それから熊本典道君というのもすごいんです。彼は、一四期の筆記試験を現役で合格したが、口述試験で落とされた。どうも口述試験というのは、よくできる人を落とす。試験官を言い負かすと落とされるらしいんです。だから、熊本君も口述試験で落とされてしまった。口述で落とされた人は、翌年、筆記が免除になるんですけど、彼は、その特権を使わずに筆記から受け直して今度は一番になった。確かに凄い。勉強しているし、頭の回転も早い。それから柏木邦良君。途中で裁判官を辞め、民訴の研究者になって、本をいっぱい書いています。あと、後に滝井君と結婚した野口朋子さん(現・弁護士)、他のクラスの青山正明君(後の福岡高裁長官)と結婚した磯部緑さん(現・弁護士)、女性検事の草分け的存在になった渡辺靖子さんなど、女性軍も優秀でした。

――司法研修所のクラスは成績で分けるんですか。

木谷　いや、そんなことはないでしょう。

――じゃあ、偶然、優秀な方が固まった。

木谷　そうなんですね。そういうクラスに入ったのが幸運でした。滝井君と朋子さんは、京大の平場安治ゼミで同じゼミ生だったそうです。そういえば、平場ゼミには元最高裁判事の泉徳治君もいたそうです。滝井君と朋子さんは研修所に行った時には、もうつるんでいました。朋子さんは大変可愛らしく、小柄でチャーミングな方なんです。滝井君とつるんでいると知らないまま何人かがモーションを掛けたけど振られた、という噂を聞いています。

――クラスで色々と思い出みたいものはありますか。

木谷　クラスでは勉強好きがいたので、前期修習のうちから勉強会をやっていました。上田、滝井、本林、柏木、――野口朋子さんと柏木君は実務修習地が東京ではなかったので実務修習の間は抜けました――あと、川辺直泰君と、磯部緑さん。私を含め、七、八人です。週に一遍、勉強会をやっていました。当時は昭和三六、七年ですから最高裁の判例もそう多くはなかった。そこで、最高裁の判例解説を全部読んでしまおうということで、レポーターを決めて、毎週一回集まって勉強しました。上田あたりが言いだしたのかもしれません。勉強会はよく続きまして、実務修習の間もズーッとやった。会場は四谷の木谷道場の一部屋を借りました。だから、皆、私の母には愛着を持ってくれました。週に一回、毎回木曜。で、「木曜会」と言います。滝井は、後に、日本経済新聞のコラム（交友抄）に木曜会のことを書いていました。

――裁判官候補には、教官の方から声をかけるんでしょうか。

木谷　当時は、そんな声かけなどなかったんじゃないですか。今は裁判官希望者がすごく多くて選ぶ時代になったようですけど、当時は裁判官希望者は非常に少なかったんです。だから、希望すれば大体なれた。うちのクラスは勉強好きの人が多くて、裁判官には二〇人くらいがなりました。クラスの四八人の半分近くが裁判官になった。検事には四人くらいがなりましたかね。

――では、「官」のほうに、半数が？

木谷　そうです。その年は希望者が多くて、同期全体(三三〇人余り)で八八人が裁判官になりました。それで「お前たち、よく希望してなってくれた」と随分、褒められたんです。前の一四期は五〇人くらいでしたか。褒められたけど、後になって考えると、同期が多いというのは決して良いことじゃないんです(笑)。将来、ポストが足りなくなりますからね。ともかく、非常に優秀な人が多かったことは事実です。

――教官は？

木谷　立派な教官がいました。民事裁判は松永信和さんという方で、地味ですけど、理論がしっかりしていた。刑事裁判は河村澄夫さんといって、本当に秀才のタイプです。とっても理論のすっきりした人で、びっくりするくらい色んなことを教えてもらいました。検察は山室章さんといって、山室恵君(元裁判官)のお父さん。立派な人でした。熱血検事で、すごく修習生の心を摑んでいました。弁護教官の中では、菅野勘助さんという刑事弁護教官――「昭和の巌窟王事件」の弁護をやった人です――は、人格的に、非常に影響力がありました。あとあと亡くなるまで時折、お宅にうかがったりしていました。立派な人でした。

第三章　師との出会い、人生の転機に——裁判官の基本を磨く

判事補任官、刑事部へ

——一九六三年(昭和三八年)四月に判事補に任官され、最初に東京地裁の刑事部に配属されます。

木谷　一〇人が東京で任官しました。その際の民・刑振り分けの経緯に関して、皆の意見が分かれているんです。私の記憶では、次のような経緯だったと思います。一〇人そろって、当時地裁の所長代行だった岸盛一さん(後の最高裁判事)のところに行ったら、岸さんが「一〇人のうち、民事六人、刑事四人だ。話し合って決めなさい」と言われた。民事希望が多くて、刑事希望だったのは泉徳治君(後の最高裁判事)一人だけ。あとは皆、民事希望です。当然のことですが、容易に話合いがつかず、「ジャンケンをして勝ったら民事、負けたら刑事」ということになりました。私は勝った。そしたら、石井健吾君(後の東京高裁判事)が「どうしても刑事は嫌だ」と言う。民事裁判以外やりそうもない人で、「代わってくれ」と言われ、私は民事希望だったけど、代わってあげた、こういう

ことなんです。

――どうして民事が人気だったのでしょうか。

木谷　理屈の世界ですから、民事の方が面白い。要件事実とか、いかにも法律をやっている気分になるんです。色んな判決とか法律論とかでも、一応、理屈で勝負できる世界です。これに引き替え刑事というのは、大体の事件は被告人が認めて量刑だけが問題です。事実認定は本当は難しいんだけど、事実認定の難しい事件なんて、そう多くありませんからね。仮にあっても検事の主張通りに認定してしまう訳だし、法律論なんか滅多に出てこない。だから面白くないんです。それで刑事はダメ。皆そうだった。民事は緻密で知的興味を惹く。その点、みんな惹かれるんです。

ところが、同期生の記憶が皆、違うんです。私は後にその経緯を『刑事裁判の心』(法律文化社)に書きました(一三頁)。それに対して、後に最高裁判事になった上田豊三君が「俺はジャンケンなんかした覚えがない」と言うんです。彼は、そのことを、雑誌『法曹』に書いていますが、私と記憶が全然違う。彼が残りの者にアンケートをとったら、「アイウエオ順だった」とか、「裁判所から指定された」とか、そもそも一〇人で行った先は岸代行のところではなく民事の所長代行(長谷部茂吉さん)のところだったなど、みんなが色んなことを言うんです。私が代わってあげたつもりの石井健吾君などは、「最初から民事に決まった」というようなことを言って、私に代わってもらったなんて事は覚えてないんですよ。

――説が分かれているんですね。

木谷　全然、バラバラ(笑)。それで上田君の結論は「藪の中だ」と。真相は分かりません。でも、私の説の支持者もいました。ジャンケンをしたという人が渡辺忠嗣君。それから、熊本典道君。袴田事件で「俺は無罪だと思った」と告白した人です。その熊本君が私に電話をかけてきて、「あれは木谷君の言う通りだ。俺もジャンケンに勝ったけど、加藤和夫君(元・札幌高裁長官、故人)に代わってやった」と言う。「上田があんなこと言うのはおかしい」と全面的に私の説に賛成してくれた。今でも私の方が正しいと思っているんですけど、熊本君もだんだん頼りなくなってきているから、調書を取っておかないといけませんね(笑)。

このエピソードは、人の記憶がいかに頼りないものであるかを示していると思います。

勾留請求却下の日々

――最初、刑事部の中でも令状専門の刑事一四部に配属されて、勾留請求却下の日々だったとか。

木谷　そうですねえ。部総括が熊谷弘さんといって、非常に穏やかな人でした。この方の下に、櫛淵理さんというユニークな裁判官、それから、西村法さんという理論家がいました。判事は、それしかいない。あと、後年、長沼事件や平賀書簡問題で有名になった福島重雄さんが特例判事補でおられました。そこへ、いきなり私と熊本君と小川英明君(元・東京高裁判事、故人)の三人が一遍にぶちこまれたのです。四月から一〇月の頭までです。部総括の熊谷さんからは、「自由にやりなさい」と言われて干渉がましいことは一切なかった。訳も分からず、どんどん勾留を却下しました。熊本君は一番激しくて、三割なんぼの〝打率〟を誇っていました。私は二割前後で(笑)。

――〝却下打率〟ですか。

木谷　そうです。却下しないと恥ずかしいというような雰囲気でした。「今日は全部、勾留した」なんて言うと、「なんだ」という感じになってしまう。〝打率〟の高さを誇り合ったから(笑)。

その後、学生運動の東大紛争とか沖縄返還反対闘争とかがあって、令状部の実務はすっかり変わりましたが、私たちが任官した頃までは令状裁判官もかなり自由にやっていたんです。昭和四四年から四六年頃。あの辺でガラッと流れが変わった。四〇年代の後半からはもう、きついですよ。きつい部総括が二、三代続きました。東京の令状部は、こういうふうにやっていく、と。そこで、全国の若い裁判官が研鑽に来たりして見習って帰るものだから、「東京方式」が全国に広まって、みんなガチガチにやりだした。私たちの頃も、そりゃ随分、抵抗はありました。却下すると、検事が「なんで却下したんだ」と電話で文句を言ってきたりしてね。こっちが新任だと分かっているから、威圧するような口調で言うし、あんまり良い感じはしませんでした。しかも、準抗告されると、大体通るんです。準抗告で随分、破られました。でも、中には準抗告されないやつとか準抗告しても棄却されるのもありましたから、却下した意味はあったんでしょう。

——先生方にとっては妥当な判断だという……。

木谷　分かりません。だけど、当時は妥当だと思いました(笑)。でも、公判の経験なしで、いきなり令状部へ行くんですから無茶な話です。それで、公判部の方が音をあげてしまって、「こんなに準抗告が多いんじゃやたまらない」ということになって、翌年からは新任判事補は刑事一四部に置かないことになりました。

——先生方の前の年はどうだったんですか。新任の方がどんどん……。

木谷　そんなことはなかったんじゃないですか。この年に限って、どういう訳だか、岸盛一さんがそういうふうにしたんですね。公判部では、あまり役に立たないから新任判事補を取りたくないんでしょう。それで「新任判事補は嫌だ嫌だ」と言っているうちに、「じゃあ令状専門の一四部」というふうになったんじゃないですか(笑)。

公判部は、やっぱり新任判事補が来たらお荷物ですよ。まだ訳が分かんないんだから。

——でも、令状部は最初のお仕事になる訳ですよね。仕事に臨まれる前と、実際、臨まれてからの違いはどうでしたか。

木谷　大胆と言えば大胆に最初から平気でやってしまった。「却下すると、手錠を外されて帰って行ってしまうんだよ」というような話を聞いて、大変なことだというふうには頭の中では分かっていますが、平気でやってしまいました。

――裁判官ではない者からすると、まさに公権力の行使という。

木谷　そうですね。今から思えばそうです。大変な仕事なんですよ。

――私が二十数歳の時に、もしやると、若干ビビるといいますか……。

木谷　ビビる方が正常でしょ。平気な顔でやってしまったから、ちょっと神経がおかしいんじゃないですか。当時の令状部は、自由な雰囲気でした。準抗告されても部総括が口を出しませんしね。

――準抗告をされると準抗告審をすぐ形成しなくてはいけないので、裁判所の中は結構バタバタしますね。それでも自由な雰囲気でやれるというのは？

木谷　部総括は、向こうからは絶対に口を出さない。こっちが聞くと、質問に答えてくれました。

――部総括の個性といいますか、それがかなり色濃く出て……。

木谷　やっぱり出るんじゃないですか。

公判部に配置換え

――その年の一〇月に、公判部、刑事六部に配置換えになられます。

木谷　私は、ハガチー事件(羽田空港近くでアメリカ大統領秘書の車をデモ隊が取り囲んだ事件)以外の通常事件で左陪席を務める日々でした。公判部の仕事が始まった段階で、私は、ちょっとオーバーに言えば、ノイローゼ寸前の状態になりました。代理裁判長は山崎茂さん、右陪席が向井哲次郎さんという人で、二人ともはるか上の期の大先輩ですが、強気一辺倒でした。中身に踏み込まないで、被告人の主張をバンバン排斥する。大して事実調べもしないで、ドンドン有罪の認定をするやり方ですから、まさに砂を嚙むようなものです。「刑事裁判というのは、こんなものなのか」と、早く出たい一心でした。ちっとも面白くありません。判決は、罪となる事実を書いて、証拠の標目も書いて、まあ事実認定の補足なんてほとんどしない。量刑の理由だって簡単なものを書くだけですから、山崎さんの時代は全然勉強にならなかったんです。とにかく検事の言う通りに認定するということばかりやっていました。

――令状部の時は、結構充実して……。

木谷　その時は自由にやっていましたから。それが暗転しました。令状部ではともかく自分の判断でやる訳です。それが公判部に行ったら、自分の判断でやれない。自分の意見はいつも、仮にあったとしても、通らない。全然、住んでいる世界が違う人と合議体を組むというのは、やっぱり大変ですよ。一応、意見は言っても全然問題にされないというか、一蹴されてしまいます。

――どういう表現で一蹴されるのですか。

木谷　「そんなことあるはずないじゃないか」とかね。もう、お二人とも亡くなっているから、今更そんな悪口を言っても悪いんだけど(笑)。

――逆に「刑事裁判の原点とは」というのを、先生の中で確認されたというようなことは。

木谷　合議を通じて？　そんなことは思いつかなかった。「面白くない、早く民事に替えてもらいたい」という気持ちばかりです。それが三か月くらい続き、世界が変わる訳です。

「人生の師」との出会い

木谷　樋口勝さんが部総括で来られたんです。今は最高裁の刑事局長をやると、大体どこかの所長に行きます。その頃は刑事局長から地裁の裁判長に下りてきた。後に最高裁判事になられた岸盛一さん、江里口清夫さんもそうでしたが、樋口さんもそうです。時代が違いますね。
一九六二年(昭和三七年)に、事前準備に関する刑事訴訟規則というものができた。樋口さんは、刑事局で当時、「集中審理というのをやろう」ということで、そういう規則を作って、その旗を振った人なんです。それが地裁に下りてきて「自分でやるんだ」と張り切っている。本当に集中審理を実行されました。そういうすごい人でした。子どもの頃から恩人というのは何人かいますが、最初の小学校の内藤みどり先生、それから石橋先生、それから英語の武藤先生。で、四人目で最大の先生が樋口先生です。この四人には全然頭が上がりません。

――樋口先生はどういうお方ですか。

木谷　う〜ん、なかなか難しいんですけど。派手なところは一つもありません。パフォーマンスもしない。だけど、本当にじっくりと記録は読むし、被告人の話はきちんと聞く。ちょっとでも疑問があったら、証拠調べをする。最初、「被告人が言い出した弁解は、とても通りそうもないな」と思うような感じでも、それを手がかりに、いろいろ証拠調べをしていくと、だんだん弁解が本当らしくなっていくという経験をいくつもしました。ああなるほど、刑事裁判というのはこういうふうにやっていくと面白いんだな、という経験をしました。弁解が全面的に通る事件もありますし、全部は通らないけど、一部が通ることもありました。判決でも、そういう過程を事細かに説明する。そういう文章の書き方、説明の仕方もいろいろ教わりました。そりゃ、判決はとても書きがいがありました。その前の砂を嚙むような判決とは全然違う。びっくりするくらい違う(笑)。こんなに違うものかと思いました。被告人が弁解をしないと、むしろ機嫌が悪い。で、弁解を引き出すんです。

樋口判事は、被告人の弁解を本気で聴き取り、徹底的に証拠調べを尽くす。そうしているうちに、当初はとても成立しそうもないと思われた弁解が証拠上裏付けられることがしばしばありました。こういう法廷を一年三か月経験するうちに、「これこそが刑事裁判だ。これが刑事裁判の醍醐味だ」と実感するようになったのです。

こんなことがありました。東京・港区の有名な寺で清掃作業をしていた年配の女性が、寺に放火した現住建造物放火事件です。被告人は、火をつけたこと自体は「公訴事実の通り間違いありません」と認めている。だけど、その動機を言わない。それで、樋口さんが色々と聞いて引き出す。そういう人から話を引き出すのは根気がいります。でも、よく聞いてみると、ポツリポツリと話し出す。被告人は「権僧正と肉体関係があったけれども、冷たくなったので、その腹いせに火をつけた」と言う。これがどうも彼女の犯行動機らしいんです。こういう話を聞いて、「そんなことあるはずないだろう」と言ってしまえばそれまでですが、樋口裁判長は本人から具体的な事情を細かに聞いた後で、「それじゃあ、権僧正を証人に呼ぶ」と言うんです。実際、権僧正を呼びました。なかなか正面からは認めないけど、いろいろ聞いているうちに、被告人との肉体関係を、事実上認めてしまったんです。それで放火の動機が解明されました。そういうことがありました。

一蹴してしまえばそれまででも、調べてみれば、意外に、その先に真実がある場合がある、ということが分かりました。だから、被告人が弁解を何も言わない時には、何とかして口を開かせようとするし、何となく言いたそうな雰囲気はあるけど、でも言えないという被告人が、私も後年、裁判長をやるようになってからですが、だんだん分かってくるようになりました。何か言いたそうな被告人がいると、何とか聞いてみる。そうすると、ポツリポツリと本当のことを言い出すことがあります。そんな弁解をすると、かえって犯情が悪くなると思って、弁護人が言わせないんです。実際、そういうような裁判をする裁判官が多いんでしょうね。

――情状を気にして。

木谷　はい、かえって弁解して反省の情がないと思われるのではないかと考えるらしいんです。そんなことがあって、刑事裁判というのは意外に面白いものなんじゃないか、と思うようになりました。

――「刑事裁判の虜に」。

木谷　まだ虜にはなっていません。まだ悶々としています(笑)。

めでたく民事部へ

木谷　「刑事裁判も捨てたもんじゃないぞ」とはなったけど、やっぱり「民事に替わり

妻と長女(1歳)．平塚にて

たい」という気持ちはあった。それで、一年三か月、樋口さんの陪席をして、任官三年目にめでたく民事部へ配置換えになったんです。それが一九六五年(昭和四〇年)です。六六年まで実質一年間だけ民事部にいました。その部には、松永信和さんが部総括で来ました。この方は司法研修所時代、私のクラスの民事裁判担当教官でしたが、ちょうど教官の任期が明けて私と同時に地裁民事部に着任されたのです。その方の陪席を一年間しました。刑事と比べると、民事ははるかに気が楽です。基本的には、お金の問題ですからね。一応、理屈みたいなことも少し入るでしょ。それで、民事へ行って、「やっと念願がかなった」と喜んで一生懸命にやっていました。民事部の仕事は、刑事部と比べ件数は多いが厳しさはなく、ストレスもたまりません。このまま民事裁判官として平穏な人生が送れるのではないかと、淡い期待を抱いていました。

――その頃まだ、平塚にお住まいだったんでしょうか。

木谷　結婚して一年後に子どもが生まれました。それまでは四谷の実家の近くに六畳一間のアパートを借りて、昭和三七年から三八年までいたんですけど、子どもが生まれて家内も仕事を辞めました。まだその頃は、平塚に家が残っていまして、その敷地の一画に小さな家を建ててやると両親が言ってくれたものですから帰りました。有り難かったです。

田宮裕先生と同じ電車に

——任官時点では平塚へ帰っていた。

木谷　そうです。その頃、北大助教授だった田宮裕先生（刑事訴訟法、後に立教大学名誉教授、故人）と、ときどき湘南電車でご一緒しました。

——ご面識はあったんですか。

木谷　うーん、どうなんだろう。それが不思議なんです。中学・高校の同級生に田宮君というのがいました。その田宮君と田宮先生とは全然結びつかなかったんですけど、後から聞いたらご兄弟なんです。その頃は、まだ知りませんでした。だいぶ経ってから聞いたんです。弟さんはそんなに勉強ができる方ではないし、まさかご兄弟とは思えなかった。あの大秀才の田宮先生が田宮君の兄上だなんて思えなかった（笑）。田宮先生とその時にどうして知り合ったのか。何かの時に顔が分かったんでしょうね。

——何か本でも読まれていたとか。

木谷　いやー、それは分かりません。ちょうど恵庭事件(自衛隊の合憲性が争われた事件。北海道・恵庭の陸自演習場で、通信線を切断したとして自衛隊法違反で隣接する牧場主らが起訴された)を札幌でやっている頃で、田宮先生は当時まだ北大にいました。北大で集中講義みたいにしていた時代なんです。時々、平塚のご自宅から東京に行く時にご一緒したことがあったのだと思います。この時に思い出すのは恵庭事件の辻判決です。裁判長は辻三雄さんという方ですが、実際は右陪席の角谷三千夫さんという人が取り仕切っていたらしい。いかにも「自衛隊違憲」と言いそうな訴訟指揮だったのに、最終的には、「被告らの行為は構成要件に該当しない」として無罪判決をしたので、その訴訟指揮を巡って色々と批判がありました。しかし、自衛隊のことを審理の場に引き出した上で、最終的にああいう結論で無罪判決を確定させるつもりだったとすればすごいことなんだということで、田宮先生が感心していたという記憶があります。

　角谷さんという人は大秀才なんです。とても頭のいい人でした。ただ、その後、健康に恵まれなかったのですけどね。後年私が大阪へ赴任した時に、同じ官舎におられまして……札幌の時代は全然面識がありません。大阪の頃、角谷さんは復活されて、神戸で裁判長をやっていらした。甲山事件の第一次一審の無罪判決は角谷さんの判決です。その頃、官舎近くの飲み屋で一緒にお酒を飲んだことがありますが、恵庭事件のことは話題になりませんでした。あの人も、もう亡くなってしまいましたね。

――他に、電車の中で田宮先生との法律談義というか。

木谷　何をしゃべったんだろう。よく覚えていません。その自衛隊の話だけは妙に覚えているんですよ。

民事部は「面白い」

――民事部に代わられたのは一九六五年(昭和四〇年)の四月一日付ですね。

木谷　民事部の事件は、基本的には単独事件(裁判官一人で処理できる事件)なんです。合議は特別な事件だけです。刑事部みたいに法定合議事件はありません。裁定合議だけなので、単独の判事が自分でやると言えばそのまま単独でやれる。特別に大きな事件は裁定合議にしますが、そういう訳で、私が関与した裁定合議事件は多くありません。

当時、民事部でも準備手続を活用しようという動きがありました。刑事では既に、事前準備の規則ができていて集中審理を目指すという方向性が出ていましたが、民事事件の審理は、まだ典型的な「さみだれ式」で行われていて、弁論は一か月に一回期日が入ればいい方でした。一か月に一回のペースで開かれる弁論期日で少しやりとりして、また一か月先に期日を指定する。証人尋問期日になると期日は二か月先が当然、下手すると三か月四か月も先になるという状況でした。そこで、民事部でも、そんな審理ではいけない、準備手続を活用して主張を整理し、証拠調べは集中的に行おう、という動きがありました。民事でも、そういう審理が理想だということですね。準備手続が非常に推奨された時代でした。

私が配置された部では、前任の部総括がそれを大幅に取り入れ、単独の事件は原則として準備手続に付されました。裁判長と右陪席に配点された単独事件のうち争いのある事件は、争点整理をするためにみんな左陪席の私に回ってくる。それで、主張整理を一生懸命やりました。双方の主張がまとまると、準備手続調書といって、上段に原告の主張を、それに対する被告の主張を下段に書いて、請求原因、抗弁、再抗弁というような形で整理します。争いのない事実はどれだということが一見して分かるようにして、弁論に回す。未特例の判事補は、決定権はないんですけど、そういう仕事はできます。そういう立場の者がやる仕事としては、司法研修所で習った要件事実の勉強をそのまま役立てることができて面白かった。準備手続は、裁判官室ではなく、準備手続室に原告と被告と双方代理人を呼んで、裁判長みたいな形でやりますから、気分いいですよ(笑)。

――そもそも民事をやりたかったということで、念願が叶って、どういうお気持ちでしたか。

木谷　気分が良かった。面白いし、知的興味を引きます。自分の活躍する場面もあります。判決を書いても、刑事の時みたいに骨と皮だけの判決ではなく、「こうこういう理由で原告の主張は理由がある」とか書く訳です。その作業自体が面白い。それで、

「やったやった」と思っていたんです(笑)。でも、それはたった一年間でした。当時、民事はまだ赤レンガの旧庁舎で、部屋が足りない。それで一つの判事室を二か部で使うんです。私は民事二三部ですが、二四部と同じ部屋、机を共用しました。右の引き出しは二三部、左は二四部と(笑)。

――では、出勤は交互に？

木谷　週に三日しか出勤しません。月水金の部と火木土の部とがあって、二三部は月水金だったと思います。二四部は、出勤日が違うから滅多に顔を合わせない。だけど、そこに一期後輩の今井功君(後の最高裁判事)がいまして、彼の手控えは左の引き出しに入っているんです。書記官室は別で、判事室を挟んで両側にあったと思います。刑事と比べれば、民事事件は当時から事件が多かったけど、事件の持つ深刻さが違う。それに、「すぐに判決しなきゃならん」という事件はそう多くないんです。

――特に思い出に残っている事件はありますか。

木谷　漁業権補償の問題が記憶にあります。東京・大田区の大森漁業組合の事件です。他にも結構有名な事件があったと思いますが、民事のことはみんな忘れてしまいました。

――当時はそのまま民事裁判官に……。

木谷　なれると思ったんですよ(笑)。「やったやった」と。

最高裁事務総局刑事局付

――それで、一九六六年(昭和四一年)の四月一日に最高裁の刑事局へ。どれくらい前に内示があるんでしょうか。

木谷　地方へ出る人には大体、一月一〇日前後に転勤の内示があります。引っ越しがあるからですが、なかなか言ってこないから「おかしいな」と思っていたら、「東京だ」と、これは東京地裁の所長代行から直接言われたような気がします。今は部総括を通すんでしょうか。当時、服部高顕さん(後の最高裁長官)が所長代行でした。私と、青山正明君(後の福岡高裁長官)、上田豊三君と泉徳治君の四人が代行の部屋に呼ばれて、「青山君は民事局、木谷君は刑事局、上田君は行政局、泉君は総務局」と言われました。

――そういうふうに言われた時は、最初どう思いましたか。

木谷　「困ったなあ」という感じです。

――「民事で行こう」と思っていたからですか。

木谷　それもありますし、事務総局へ行くこと自体について、「裁判官というのは現場の裁判一筋で行くのが本筋であって、司法行政みたいなところへ行くのは邪道だ。そんなところへ行くと、ろくな裁判官になれない」というように聞かされていたんです。だから、刑事に戻ることと事務総局に行くことと困ったことが二つ重なって、即答できませんでした。「しばらく考えさせてください」と言いました。それで、そこからがおかしいんですよ。後から考えると笑っちゃうんですが、私は思い余って、前にお話した樋口勝さんに会いに行って、「どんなもんでしょうか」と相談しました。樋口さんは当時、私が民事に代わったのと同じ時期に東京高裁第二刑事部の裁判長になっておられました。樋口さんに「本来は裁判現場一筋でやるつもりだったのに」「司法行政などあまりやりたくない」などと……。そりゃ、さすがに「刑事が嫌だ」ということまでは言いませんけど(笑)、「現場一筋でやって行きたいと思っていたのに、刑事局と言われたので困っています」という話をしたんです。そうしたら、樋口さんは、泰然自若として「なに、ちょっと病気したと思えばいいじゃないか。まあ、ああいうところに行くと、まず視野が広がる。裁判所の中の色んなことが分かる。三年ぐらい病気したと思えば、なんてことないさ」と言われました。

——それを聞かれた瞬間は？

木谷　なるほどそういうものかな、と思いました。それで決断したんですけど、後から考えると、非常に間の抜けたことをしている訳です。なぜかというと、刑事局付のポストに推薦するというのは部総括がしているに違いない。樋口さんが私を刑事局に推挙してくれていたに違いないんです。松永さんがそんなことするはずないですから。その推薦した本人のところへ「どうしましょう」と相談して……、本当に笑っちゃいますよ(笑)。間が抜けているにも程がある。

後から考えると、刑事局での三年間は事件現場にいては経験できない生活であり、あとの事件処理に大いに役に立ちました。

――青山さん、上田さん、泉さんは同期で、他にも同期の方は東京地裁にいらっしゃいましたか。

木谷　ほかに六人いましたが、みんな地方に出ました。

――他の三人は、スッとその場で返事をされた？

木谷　その場で返事をしたかどうかは知りませんけど、そんなに悩んだという感じはしませんでしたね。

――当時、あるいは今振り返って、先生はなぜ刑事局、事務総局に推薦されたと思われますか。

木谷　それは分かりませんけどね。まあ、樋口さんの陪席をしている時に、「ちょっと見所がある」というふうに思ってもらえたんじゃないでしょうかね。「これはダメだ」と思えばそんなことしませんから。

――どういうところが見所？

木谷　分からないですよ(笑)。まあ、愚直にやるということで……。樋口さんの方式に私は大感激していまして、水を得た魚のようになった訳ですから、そういうところで多少ね。本当に出来はそんなに良くないんですよ。当時、樋口さんに手直ししてもらった判決書原案はまだ持っていて、部総括当時は司法修習生や陪席に、ロー・スクール時代は院生に見せたりしたんです。そうすると、部長(あるいは木谷先生)でも「こんなに直されたのか」と言ってみんな安心します。そういう人を刑事局に推薦したというのは樋口さんのミスだったんじゃないか、という気がしてしょうがないんです。後で刑事局に行ってみると、議論のレベルの高さにさらに驚かされます。やっぱり間違いだったんじゃないかなあ(笑)。

局付は課に一人

――四月一日付で刑事局付になられます。第何課に……。

木谷　第三課です。第三課というのは、局長室を真ん中にして、片側に第一課と第二課がありまして、反対側に第三課がある。一課、二課からは、少し独立しているんです。三課に局付は私一人だけです。局付は、一課、二課に各二人、三課に一人で合計五人です。

――当然、期は違うわけですか。

木谷　全然違います。一一期二人、一三期、一四期、一五期が各一人です。

――三課はどういうことをするんですか。

木谷　三課は、主要な所管事務は保護観察と検察審査会です。後は、外国文献とか外国判例とか……。そのために翻訳官が一人いました。仕事は遅いけれども非常に正確な翻訳をする。その他の仕事としては、当時、下級裁判所刑事裁判例集(下刑集)というのがありまして、その編纂をしていました。それは勉強になりました。全国からちょっと面白い判決が刑事局に報告されてきて、その中から下刑集に登載すべきものを選び出して、それに判示事項を付けて編纂する。私が原案を作って、それを他の部署に回したと思います。いきなり局長のところに上がらないはずですから。課長はもちろん見ます。

――辞令は局付だけで、第三課第何係とかではないんですか。

木谷　第三課第何係とかではないです。

――では、いわば持ち場、担当部署ということで……。

木谷　そうです。補職としては「東京地裁判事補」のままで、「最高裁判所事務総局刑事局付を命ずる」という辞令をもらいました。三課は局付一人ですから、私が全部持ちます。三課の課長は新関雅夫さん。三課長は一課長が兼務するから、普段一課にいて三課にはごくたまにしか来ない。二課長は佐々木史朗さんといって、この方も有名な論客です。局長は佐藤千早さん。幹部はこうしたメンバーです。それに局付の五人。これが私を除いてそれぞれ一騎当千の強者なんですよ。当時、最先任の局付は一一期の小林充さん、後の仙台高裁長官です。それから神垣英郎さん。神垣さんも一一期で、後に広島高裁長官になりました。その二人は既に職権特例(判事補として五年以上などの要件を充たすと単独事件を担当するなど判事と同等の権限を有することができる特例)が付いていました。局付になるコースとしては、初任三年が終わってすぐ来る人と、それからもう一か所どこかを回って特例が付いてから来る人と二通りありまして、その二人は職権特例が付いてから来ていました。その次は、秋山規雄さん、一三期の方で、次の任地の札幌地裁時代に平賀書簡問題解決の舞台回しをされたことは後で述べますが、その後東京高裁判事として、いわゆるロス疑惑事件で三浦和義被告人を無罪にされた方です。もう一人は、この間(二〇一二年七月)亡くなった小田健司さんという一四期の方で、一五期の私は最末席です。先輩は、いずれも大秀才ですよ。ちなみに、私の前任者は金谷利廣さん(後の最高裁判事)で、あの人が三年の任期が終わって小樽に行かれ、その後任として私が行ったので、「金」が「木」になって、えらく軽くなってしまったと自ら称していました。

緊張した「局議」

――局付の方々で研究会などは……。

木谷　それは、随時「局議」というのがあるんです。局議は、どこかの課で懸案事項について問題が起こると、その課だけでは決めないで全員の会議を開くものです。局長以下全員が参加します。局長と課長二人、局付五人の計八人です。出てくる問題は難しい問題ですから、なかなかこっちは意見が言えません。佐藤局長は頭の回転の大変速い人で、問題点をサッサッサッと先に言っちゃうんです。その間を、これも頭の回転の速い佐々木二課長が、しっかり埋めていきます。新関さんはどちらかというと口の重い人で、このペースには苦戦しておられました。局付で一番頭の回転が速く弁の立つ人は小田健司さんです。それに秋山さんが続きます。秋山さんは、大変柔軟な思考のできる人で、議論ではいつも重要な役割を果たしていました。神垣さんも結構、要領が良くて上手にやれた人なんです。小林さんは勉強家で、ものを書かせると抜群の才能を発揮されるんだけど、局議では結構、苦労しておられました。私などは全然問題にならない存在で、ものすごく苦労していましたよ(笑)。だって議論についていかれないから。みんながパッパパッパ、丁々発止やっている時に「えーっ」と思っているし、そのうちに議論は終わってしまうんですから。それはものすごい局議ですよ。

――たとえばどういうような議論を?

木谷　具体的な問題は、もうすっかり記憶にありませんが、人事上の問題ではなく法律問題です。よくやったのは、全国の刑事裁判官の会同とか協議会とかありまして、全国の裁判官から問題が出てきます。それに対して刑事局の見解を必ず述べることになっているんです。そうすると、刑事局がどういう見解を述べるかということに行くまでに、この問題にはどういう論点があってどういう議論があるか、というのを全部調べて、その上でどう答えるべきかについて、みんなで議論するんです。まず主管の課の中で検討します。三課は保護観察だけですから、ちょっと細かいですけど、一課は実体法、二課は手続法を所管していました。それで、会同・協議会になると、刑事裁判の当面する懸案事項が全部出てきます。そこで刑事局がどう答えるかというのは結構、影響力があるんです。課の中で検討して、その結果を局付が局議で報告します。そうすると、他の課の人や局長から「あれはどうだ、これはどうだ」と、こてんぱんにやられる。だから、局議の時には、相当みんな緊張します。

――四月一日に三課に付かれて、一年間三課で、一九六七年の四月から一課に移られます。仕事は三課の時は主に下刑集の編纂ですか。

木谷　それと保護観察、あと外国文献を読む以外には大きな仕事はなかったように思います。保護観察についても、地裁レベルの協議会がありまして、全国各地かなり細かなブロックでやるんです。現場の裁判官が出てきて、裁判長クラスの人が司会をして、ズラーッと並ぶ。局付も刑事局の係官として派遣されました。だけど、一年目は行かせないということで、先輩のやり方を見ているんですけど、三年目になると刑事裁判官の会同にも行った覚えがあります。これは高裁ブロック単位で、仙台に行きました。そこでは高裁長官も出てきます。所長もいる。その隣に、特例が付いたか付かないかぐらいの局付が座ります。そして、高裁の裁判長クラスが司会して議論をするんですけど、議論の後、「それでは刑事局の見解をうかがいます」とくる訳です。これはもう大変ですよ。

もちろん原稿を書いて行くんですけど、今考えたら、恐ろしい話です。だって、現場に行ったら、大先輩で裁判長として仕えるような人がしている議論に対して、あたかも虎の威を借りる狐のような(笑)。そんなですよ。今から思ったら恥ずかしい話です。多分、偉そうにやったんでしょうね。実際は分かりもしないのに、怖い話ですよ。

――でも、そのお仕事は、いつの時代でも同じように局付の方が会同に行って、局の見解を述べられるのでは?

木谷　今は分かりませんが、当時はそうでした。保護観察の協議会では、四国とか九州とか三か所くらいずつ〝巡業〟しました。二年目、三年目には行った覚えがある。九州は熊本、鹿児島、宮崎、それから、四国は高松、高知、松山と三か所ずつ〝巡業〟した覚えがあります。この保護観察の協議会は、法務省とか保護観察所が主催するのではなく、裁判所がやります。法務省は保護観察を実施する部局です。裁判所は、保護観察の実施状況を正確に知った上で、どういう場合に保護観察を付するべきかという、実際の裁判に関係する問題を議論します。

勉強の成果を本に

木谷　保護観察の仕事の思い出としては、『保護観察執務提要』という本を刑事裁判資料として刊行したことがあります。それまでに会同、協議会などで議論した内容を問題点ごとに整理した分厚いものです。それは内部資料ではなく、法曹会から公刊されています。

――本はそれ以外にもありますか？

木谷　私が刑事局に行く前、令状関係の会同・協議会があったんです。その時、みんなで色んな令状問題について勉強したということから、その結果を、課長・局付一同で『令状基本問題七五問』という本にまとめるということになっていたんです。私には、比較的平易な問題が割り当てられました。でも、局議に出ていると問題点も全部分かりますが、局議に出ていないので苦労しました。ただ、資料は全部揃えてもらっていた。だから、その資料を基に自分で色々考えて、令状問題についての小さな論文を何本か書きました。

『令状基本問題七五問』を最初に出して、しばらく増刷しているうちに、落ちこぼれた問題があるということから、『追加四〇問』を書こうということになって、続編を出しました。また、そのうちに時代が変わって、これを合本すると。合本する際、さらに問題を取捨選択して新しい問題も入れようということで「何問」というのをやめてしまって、現在の『令状基本問題』になったんです。

――『令状基本問題』には、ずっと関わり続けられるんですか。

木谷　最終のものは平成になってからで、『増補　令状基本問題』だと思います。それにももちろん私の論文が掲載されていますが、判事補五年目あたりに書いたものが肩書きだけ変わって出ているので、恥ずかしい思いをすることがあります。最終段階では新しい執筆者がいっぱい入って、人数がすごく増えています。出版社は最初は「一粒社」だったんですが、途中で潰れてしまって、最終的には「判例時報社」が引き継いでくれたという経緯もあります。この一連の出版を事実上推進してくれたのは、小林充さんです。小林さんがあれだけ積極的に動いてくれなければ、この本が世に出ることも、その後、大幅に改訂されることもなかったと思います。

――先生は、執筆は速い方ですか。

木谷　私は、速くないんですけど、根がクソ真面目だから期日に遅れることはありません。内容も良くないし速くもないんですけど、とにかく原稿は出していましたから、小林さんには叱られずにすみました。でも、局議の雰囲気を知りませんから、私の書いたものは局の見解と随分、違っているらしいんです。だから、後から「こんなこと書いてある」と言われたことがあります。

『七五問』には八問くらい書いていると思いますが、この中で最も刑事局の見解と違うのは勾留理由開示です。局の見解は、勾留理由開示制度というのは、あまり意味がないから、できるだけ簡単にやれるように「開示すべき理由」は最低限度「罪証隠滅の恐れがある」とか「逃亡の恐れがある」ということを告げればいい、また、その理由は

「勾留状発布時の理由」で足りる、というものでした。また、それが文献上も当時の有力な見解でした。でも私は、それはおかしいと思ったんです。

勾留理由の開示は何のためにやるのか。公開の法廷で理由を明らかにするという目的はもちろんあるんでしょうけど、そこで被告人弁護人側に意見を述べさせるのは何のためかと言ったら、それは「間違っていると思ったら取り消してくれ」という意味が含まれているはずだ。意見を聴いた裁判官がその意見をもっともだと考えたら勾留の取消しができるという前提でないと、意見を述べさせる意味がない。被告人・弁護人に勾留取消しに関する有益な意見を述べさせるためには、裁判官が勾留された時の理由だけではなく、現在どういう理由で勾留されているかを言わないと意味がないではないか。だから、私の意見は、「勾留時の理由だけでなく現在の理由も開示しなければならない」というものです。当時も、一部に私の見解を支持してくれる学説もありましたが、多くの刑事裁判官からは評判が悪かったんですよ。現に後刻、有力な裁判官による消極説の論文が公刊されました。

職場でのお酒

――職場において、勤務以外ではどのような感じでしたか。

木谷　お酒ばっかり飲んでいましたね(笑)。

最高裁は、当時まだ旧庁舎(赤レンガ)の時代。場所は現在、地高裁合同庁舎のあるところです。飲みに行くお金がありませんから、大体、部屋に置いてあるウイスキーとか、一升瓶の日本酒を飲む訳です。一課長の新関さんは大変お酒を愛する人で、五時を過ぎると机の引き出しから一升瓶が出てくる。茶碗に入れて飲むんですが、「オチャ(お茶)ケだ」と称していました(笑)。

確かに、そうしているとお茶を飲んでいるみたいに見えるんです。もちろん、みな五時になってもすぐには帰りません。大体、七時とか八時まで仕事をするのは当たり前です。そして、少し仕事に見通しがついてくると、あちこちで事務官を含めて酒盛りが始まります。部屋で飲むんですが、当時はサントリーレッド、ハイニッカとか、安い一升瓶しかありません。そんなものを飲んで、お腹がすくから帰りにラーメンを食べて帰ります。そんな飲み方です。

――つまみは無しですか。

木谷 乾き物です。よく遅くまで飲んで帰りました。だけど私は当時、平塚まで帰りますから、午後一〇時を過ぎて帰ったら、一二時になってしまう訳です。なかなか大変でした。他の人たちは一二時くらいまで平気で飲むんですけど、自宅が近いから、下手をすると、先に帰った私の方が、帰宅が遅くなってしまうんです。みんな若くて元気がありました。中でも小田健司さんは、さんざん飲んで帰ってもそれから机に向かうらしく、翌朝「あれから書いた」と言って立派な論文を持ってくることがある。そんなふうです。恐ろしい世界ですよ。

――朝は、九時、一〇時くらいですか。

木谷　さあ、どうでしょう。一〇時ということはないですね。九時か九時半には来ていたんでしょうね。元気いっぱいでした。でも、ずいぶん無理をしたから、みんなどんどん亡くなる。佐藤局長や新関課長、佐々木課長、それに後から来られた岡田光了課長、局付の神垣先輩などはかなり前に亡くなりましたし、小田健司さんも二〇一二年に亡くなりました(注　翌一三年には小林充さんも亡くなった)。

――飲みながらどんな話を？　議論ですか？

木谷　顔ぶれによりますが、小林さんは議論好きなんです。法律の議論を肴に、あとは人事の話です。「あいつがあんな所へ行ったけど、おかしいじゃないか」とか、そういうたぐいの話です。あまり次元の高い話はしていません。

――お酒は一課長が出すんですか。自分たちで買ってこられるんですか。

木谷　課長というより、局付のアルバイト料(原稿料)を貯めていたような気がします。地下に売店がありましたから、安いお酒を買ってきていました。あと、ときどき佐藤局長が局長室で飲ませてくれました。局長は当時、ちょっと身体の調子が悪くて、実際、局議ではない時などは横になっていることもありました。だけど、お酒を飲む雰囲気はお好きなんです。部屋にホワイトニッカがありました。ちょっと高くて一〇〇〇円くらいします。他は三百何十円とか五〇〇円とか安いのでね。局長室でホワイトニッカを飲ませてくれる時は本当に嬉しかった(笑)。ダルマ(オールド)、角瓶とかは縁がないですから。

刑事局の面々

――全体を通して局付の時代というのは、どちらかというと良い思い出に?

木谷　楽しいんだけど、局長にはよく叱られました。局長は夜、時に飲ませてくれるんですが、昼間は厳しい。ちょっと神経質なんです。随分、叱られました。私が発言できないでモタモタしていると、「ちゃんと自分の意見言わなきゃだめだ」と叱られてしまう。でも、叱られたのは私だけじゃない。課長も叱られた。

新関さんが辞めて二課長の佐々木さんが一課長兼三課長になったんですが、佐々木さんの後任には、後にロッキード事件の裁判長として有名になった岡田光了さんが来ました。でも岡田さんは、ああいう仕事は不得手でした。人格的にも立派で裁判官としては極めて優れた方なんですが、議論の場面では私と似たようなタイプで、もたもたしておられました。すると、局付がいる前で局長が「主管課長がこんなんじゃ困る」と言って面罵されるのです。お気の毒でした。そりゃ私は末席局付ですから、叱られても当然ですが、いやしくも課長ですからね。局付の前で面罵されるのは応えたのではないでしょうか。確か二年くらいで異動され、司法研修所の教官になられました。その辺は局長も考えてくれたんですね。司法研修所では、修習生から抜群の評価を得ました。その後、東京地裁の裁判長として田中角栄さんのロッキード事件の裁判長をやったりして、裁判官として一世を風靡した人なんですけど、課長時代はちょっとお気の毒でした。

――局議というのはどういう部屋でやるんですか。

木谷　局長室です。大きなテーブルに一〇人近く並びます。局長がいて一課長と一課の局付、二課長と二課の局付が並んで、三課の局付は一課の局付の隣に座ります。座る席も決まっています。

――裁判官の通常部の合議とは雰囲気はかなり違うんですか。

木谷　全然違います。通常部の合議は三人しかいませんから、まず人数が違う。また、行政事務なので、きちんとした意見を発表できなければ厳しく叱られてしまいます。もっとも、局長によって随分、雰囲気が違うと言われていました。

――意見というのは、無難な意見じゃなくて、かなり際どい意見でも構わないのですか。あるいはオーソドックスなものが求められるんですか。

木谷　それは、局長にもよるのでしょうけど。当時、小田健司さんは、自由奔放に色んなことを言っていました。この人は、頭がよく切れるし、弁も立つ人です。かなり思い切ったことを言っていましたが、いくら言っても局長から叱られたのを見たことがない。私はしょっちゅう叱られていましたけどね。小田さんは局長から非常に可愛がられていました。

――では、自由闊達な議論というのは前提としてあったと……。

木谷　そうですねえ。それはそうです。遠慮して物を言わないということではなくて、こっちは言えなくて言わなかっただけですから。

――言えないというのは、意見を形成できない……。

木谷　形成できない。論理についていけないというか。誰かの意見に、「ここが問題じゃないですか」というのを言えなければならない。いい加減に「賛成だ」なんて言ったら、さっそく突っ込まれますからね(笑)。この当時の局議は、錚々たるメンバーで、あれだけの顔ぶれが揃った会議はその後、経験していません。

「刑事裁判で生きる」

――民事、刑事についてのご自分の将来というのは、刑事局付の間に考えられましたか。

木谷　民事は、その辺りで諦めました。諦めたというか、民事へ替わるのはちょっと難しそうだと思いました。刑事局の局付をやると、どうしても刑事の専門家というふうに見られます。それから民事を希望しても、なかなか通らないだろうということがありました。それと、刑事局を出る段階で任官後六年経つわけですが、そのうち一年しか民事をやっていませんでした。今度、現場に出れば、民事の単独事件を扱う訳ですからね。これからやっても他の連中には追いつけないな、という気もしたりして、もう諦めかなということで、大体そんな雰囲気になったんです。

――そう考えると、樋口さんの推薦がかなり大きく人生を……。

木谷　運命を変えました。

――今のお考えは、局付になってすぐ思われましたか。それとも三年間やっていく中で、仕方ないかなと思われましたか。

木谷　そうですね、三年経ってしまうと、現実的になかなか難しいということがありますす。だけど、後から考えると、一〇年、二〇年やってから民事に替わった人もいますから、頑張れば替われたのかもしれません。今(二〇一三年現在)、最高裁判事になっている金築誠志君などは刑事調査官時代に私の隣に座っていたんですが、その時までは刑事しかやったことがなかった。私は一年半、民事をやっていましたから、私より極端ですよ。それでも、彼は、調査官が終わってしばらくしてからですが、民事に替わりました。彼は現在、最高裁に民事裁判官の枠で入っていますが、刑事もできるから、両刀使いで強いですよ。

――ご本人のご希望で？

木谷　分かりません。今度聞いてみてください(笑)。
私の同期の渡辺忠嗣君は、最初ずっと民事をやってきたのに、民事局の局付を経験した後で刑事に替わった。そういう人もいるので、私ももう少し頑張れば良かったかな、とも思います。

第四章　平賀書簡問題――「手紙届いた」福島重雄判事から相談

札幌勤務

――三年経って一九六九年(昭和四四年)、札幌に異動されます。任地について、ある程度予測されていましたか。

木谷　そうですね、当時、刑事局の先輩局付たちは大体、北海道へ行っています。金谷さんは小樽へ行って、小林さんと秋山さんは札幌に行きましたし、小田さんは旭川です。〝流れ〟みたいなものがあるかどうかは分かりませんが、当時は刑事局から北海道に行く人が多かったですね。北海道に行くと大体二年か三年で東京に帰れるというような慣行があって、まあ刑事局で散々苦労したんだから次は遠くに行ってもまた帰れる所へやってやろう、という親心があったのかもしれません。それは人事権者でないと分からないです。それで、旭川、釧路管内に行くと、二年で東京に帰れる。旭川、帯広、釧路、網走などですね。札幌は三年、小樽も函館も三年でした。

――北海道でも南の方は三年ということですね。局付を経験した方は北海道転勤が多くて、先生もその〝流れ〟で行かれた、と。

木谷　私も北海道に行くのかなと思っていたら、やっぱり札幌でした。最初、聞いた時は嬉しかった。久しぶりに裁判の現場で裁判がやれるというのでね。子どもは当時五歳と三歳、両方とも幼稚園なんですけど、私も家内も若かったし子どもも幼かったでしょ。札幌みたいな所で、家族で暮らすというのは何となく楽しそうに思えるんですよ。札幌ビール園でビール飲んだり、草野球やったり、家族でスキーやったり、というような楽しい話を色々と聞いていました。また、局付の先輩の小林さんも秋山さんも札幌にいるんですから、それは心強い。

赴任の時は、飛行機で行くお金がないから、子どもを連れて夜行寝台列車「ゆうづる」で行きました。この時は、父も母も見送りに来てくれました。上野を午後七時頃、寝台列車で発つと、翌朝三時頃に青森に着く。連絡船で四、五時間、そして函館からまたトコトコと列車に乗り継いで数時間、午後二時過ぎに札幌に着きます。当時、北海道は今と比べて限りなく遠かった。

――札幌の住まいは官舎ですか。

木谷　そうです。南十八条という所にある官舎です。藻岩山のすぐ下で、ロープウェイが見える所にあった一戸建てです。周りにレンガ建ての判事用の大きな官舎と、私たち判事補が住む木造モルタルの官舎と合わせて五軒くらいありました。

――えっ、判事と判事補の官舎は違うんですか。

木谷　違うんです。私は、もちろんモルタルの方です。でも、それまで住んでいた所と比べれば広い。庭もあるし、結構広々とした感じでした。冬には、庭に雪の山を作って子どもたちがミニスキーで滑り下りたり、凍結した路面でアイスホッケーの真似ごとをしたりしていたので、子どもにとっては天国でした。

――裁判所への通勤は？

木谷　開廷日でない日は市電（路面電車）で行き、開廷日は相乗りの車が迎えに来てくれたと思います。相乗りで行くと、南八条という所にも官舎があって、そこを回って行きますから、三〇分くらいは掛かるんですけどね。車は三人か四人で乗り合います。

札幌高裁時代（帯広出張）．中西部長（中央）と小川判事（左）と

刑事のはずが民事に

――札幌は地裁刑事部に着任されたのですね。

木谷　それが、ひょんなことから、当面、地裁で民事をやることになったんです。本来、高裁刑事部の要員として、「札幌地裁判事補、札幌高裁判事職務代行」という辞令を受けて行きました。職務代行の人は、高裁で仕事をするのが普通です。ところが、当時、高裁刑事部には小林さんたち三人がいて人数は足りていました。なぜ私が高裁要員として行くことになったかというと、高裁には有名な白鳥事件（一九五二年、札幌市警の白鳥警備課長が殺害された事件。共産党地区委員長らが起訴され、一九六三年に懲役刑が確定した）の再審請求事件がかかっていまして、小林さんが主任として担当していた訳です。それで、その再審請求に対する決定が間もなく出るという時期でした。そして、どういう決定をしても間違いなく異議の申立てが出る。しかし、原審に関与した裁判官は異議審に関与できませんから、どうしても他の裁判官が必要なんです。

異議が出た場合、札幌高裁には刑事部は一か部しかありません。民事は二か部あり、そのどちらかでやることになります。でも、民事の人は刑事の、しかも再審のことなんかよく分かりませんから、刑事の分かる人間を一人どうしても主任で関与させないといかん、ということのようでした。本籍は高裁の刑事部でしたが、民事部に異議が出たら刑事部から塡補（不足を補うこと）するということでした。ところが、その決定は一九六九年（昭和四四年）の秋か暮れに予定されていて、「異議が出るまで、お前の仕事は高裁にはない。高裁の刑事部は三人いて手が足りている。だけど、地裁の民事は、バカに忙しそうだから民事の方を手伝ってこい」ということで、着任と同時に地裁の民事の方へ行かされたんです。「札幌地裁判事補、札幌高裁判事職務代行」、これが正式な辞令ですから、そのどちらでも仕事はできる。札幌地裁判事補の身分がありますから、地裁の仕事もできる訳です。

――机は実際に民事部に？

木谷　地裁の民事部にもあるし、高裁の刑事部にも席がある。白鳥事件の決定に異議が出た後は高裁民事部にも机があった。一つの机を二人で使っていた東京地裁民事部の頃とはえらい違いです。一人で二つも三つも机を持っている。ただ、当初は大体、地裁の民事の方にいました。ここでは合議の右陪席と単独事件を半年ほどやりました。

――それは四月から一〇月までですか。

木谷　一〇月だろうと思いますが、はっきりしません。前任者は私と同期の山田博君(後に家裁調査官研修所長)です。山田君から事件を引き継いで民事事件をやりましたが、彼は引継ぎの時、「手控えは全部破棄した」と言うのです。どうして破棄するのか、私にはよく分かりませんでした。

――「手控え」ですか。

木谷　手控えというのは、記録を読んだ時に色々メモしておいて、審理の際、記録を見なくても、ある程度記憶を喚起できるようにするためのものです。民事事件は数が多いでしょう。当時二〇〇件を超えていました。順次、回していくんですけど、手控えがあれば便利なんです。だけど、全部破棄したと言うので、一から全部作り直しました。

——通常は、引き継ぐものなんですか。

木谷　人によります。「そんなものを引き継ぐと、心証を引き継ぐことになるからよくない」という考えの人もいます。私は引き継ぐのが当然だと思うんですけどね。そういう状況でしたが、民事の単独事件は結構、判決しました。

平賀書簡問題の発端

——証拠調べをやって判決まで行った事件はいっぱいありますか。

木谷　いっぱいあります。民事裁判官としては、かなり思い切った判決をしました。民事の人はもっと和解を勧めたりして慎重にやるらしいけど、私は根がせっかちだからドンドン判決したんです。今から思えば、ベテランの民事裁判官はしないような訴訟指揮、判決だったと思います。非常に楽しくやっていましたが、そのうち、とんでもないことになりました。私の部で、例の平賀書簡問題(自衛隊の合憲性が争われた長沼ナイキ基地訴訟を担当していた札幌地裁の福島重雄裁判長に対し、同地裁の平賀健太所長が住民側の申立てを却下するよう示唆する手紙を出した問題)が起きたんです。私がいた部は、確か民事一部だと思います。その部に福島重雄さんがいました。

——福島さんは部総括ですか。

木谷　違います。代理裁判長です。福島さんは一一期、私が一五期で、そんなに期は違いません（福島裁判官とは、東京地裁の刑事一四部時代に、半年間同じ部屋で仕事をした関係で、初対面ではなかった）。その上に八期の平田浩さんという民事部所長代行がいて、裁判長が事実上二人いました。平田さんが裁判長の合議体と、福島さんが裁判長の合議体と二つあった。陪席は右陪席の私と、左陪席（初任）の石川善則判事補（後の東京高裁部総括）。これは一緒です。頭が二つで胴体と尾っぽは一つという変則的な合議体でした。

そのうちに妙なことになって、自衛隊のナイキ基地を作るために政府が北海道長沼町の保安林指定を解除して伐採しようとしたところ、それに反対する住民が指定解除処分の執行停止の申立てをする、という話が伝わってきました。有名な長沼ナイキ基地訴訟のさきがけです。「来るぞ来るぞ」という噂がありまして、実際に申立てが来たのは七月くらいです。ところが、そこで大変なことが起こりました。福島裁判長、右陪席・木谷、左陪席・石川という三人の合議体で一応、結論を出して、「憲法違反の疑いのある自衛隊のために、保安林を伐採するのは問題であり、保安林指定解除処分の執行を停止する」という決定をすることになった訳です。夏休み前には、石川君が書いた原案に福島さんが手を入れて、決定案も固まっていました。そうして決定を告知しようとしている段階で、福島さんが「（平賀）所長から手紙が来ている」と言い出したんです。

福島さんは、初めは私には言わなかったんですけど、途中で「実はこういうのが来ているんだ」と明かしました。私が「どうしますか」と尋ねたら、福島さんは「記者会見をやって、こんな手紙が来ているってぶちまける」と言うんです。私は「ちょっと待ってください。やるには、やっぱり内部で手続を踏んでからの方がいいでしょう」と申し上げました。当時、刑事の所長代行で地裁全体の上席だったのが渡部保夫さん(後に、最高裁上席調査官から札幌高裁部総括に転じ、さらに北大教授に迎えられた)です。平田さんは民事の上席ですけど、期は渡部さんの一期下です。だから、「平田さん、渡部さんに話して、ともかく内部で話をしましょう」と言いました。

福島判事をなだめる

木谷　司法行政機関として常置委員会というのがあります。裁判官会議では人数が多すぎて迅速に行動できないから、急ぐ時などに裁判官会議に代わるものです。そこで、最初は常置委員会で話をして、「内部できっちり手続を取りましょう」ということを言って福島さんをなだめたんです。これに対して福島さんは、「そういう手続を取ってもらえるなら、記者会見では、この話はしない」と言って、いったん矛を納めます。そして、そんなことをやっているうちに、決定の告知まで行きました。最初は「決定告知の時にぶちまける」と言っていた福島さんも、その時点では思いとどまって、決定告知の時の記者会見でも平賀所長からの手紙のことは一切話さないまま、一般的な質疑応答だけで終わりました。私も、その記者会見に同席していました。

福島さんもその段階では手紙の話は一切しなかったので、私は、内部の手続を進めてもらえるということでひとまず安心したのです。ところが、福島さんが矛を納めそうだと渡部さんたちは高をくくったんじゃないかと私は推測していますが、その後、内部の手続が迅速に進められなかったんです。裁判官会議の開催が一向にスケジュールに乗って来ない。怒った福島さんは、全国の裁判官に対して、「こんな手紙が来ている」とコピーを取って発送してしまった。福島さんは、青年法律家協会員だったので、そういう仲間の親しい人たちに出してしまったんです。それが結果的に、その後、マスコミに流れてしまった。

でも、その時点では、手紙がマスコミに流れていることは、私たちは知らない。ただ、福島さんが手紙を各地に送っていることは分かったので、心配した秋山規雄さんが「こりゃ、まずいだろ」と言って一生懸命、間に立ってくれた。そして、これはきちんと裁判官会議で議論すべき問題だという方向で意見を集約してくれたんです。常置委員を動かして「所長のそういう行為が許されるものかどうかを議論しなくちゃいかん」と裁判官会議を開くことに決定してくれました。

裁判官会議で議論

木谷　裁判官会議の招集権は所長にありますが、嫌がる所長を説得して裁判官会議を招集してもらったんです。その結果、昭和四四年九月、南十六条の高裁分室で、裁判官会議を開きました。札幌地裁管内の裁判官が全員集まりました。もちろん、小樽、岩見沢、室蘭の三支部からも裁判官が来ました。支部の人も入っていますから、全部で三〇人近くになるでしょうね。民刑両方です。高裁で仕事をしている人は入りませんが、地裁勤務の裁判官全員です。皆が一同に会して、議論を始めたんです。〔編者注　当時の報道によると、裁判官会議は支部を含め裁判官二八人が参加して九月一三日午後一時頃から一四日午前〇時頃まで札幌市の高裁分室で開かれ、さらに地裁の本庁の裁判官一七人は一五日午前九時半から地裁で善後策を協議した、とされる〕

本来、裁判官会議は所長が司会をします。しかし、今回は所長が当事者ですから、「所長は遠慮してもらいましょう」ということで所長に外してもらった。

――外すというのは、議長を外す？

木谷　議長を外して、もちろん席も外してもらいました。そうすると、司法研修所の期から言って第二順位は七期の渡部保夫さんになります。渡部さんが司会をすることになったんですけど、その頃の渡部さんはちょっとおかしかった。所長べったりだった。その後、何年かして私が調査官になった時、渡部さんが上席調査官でおられて、また一緒になって親しくおつき合いさせていただきました。その中で、平賀事件のことを話すこともあったのですが、渡部さんは、「あの時、僕は、所長の人柄に惚れすぎちゃったなあ」と述懐しておられました。そういう状況で、渡部さんが所長擁護一辺倒の司会をするので、「こりゃダメだ」という意見が皆さんから出て、「渡部さんも外れろ」ということになりました。

――退席ですか。

木谷　渡部さんは、退席はしなかったと思いますが、司会は外れました。結局、司会は第三順位の小樽支部長、広岡得一郎さんになりました。広岡さんは、渡部さんと同期の七期だったと思います。だから、期からいって第三順位の広岡さんが司会をしました。延々と議論したんです。夜になっても終わらない。最後は「厳重に注意する」というところまで行ったんですけど、今度は文案を決めなきゃいかん。その文案を起草する段階で、また色々な議論が出ました。非常に緩やかな文案と、厳しい文案とが出た。結局、秋山さんがそれを取りまとめました。あの人は、柔軟性がある一方、筋を通すことで有名で、若い判事補にも絶大な人望がありました。素晴らしい人格者です。それで、「所長に対し厳重に注意する」という、今でも資料に載っているあの文案がまとまった。

――結局どちらの文案が？

木谷　厳格な方です。平田さんあたりからは「今後こういうことをしないように要望する」というような案が出たけど……。採用された案の原案は秋山さんが書いたんでしょうね。結局、広岡さんが所長のところへ持っていった。

——所長は、その間どこにいたのでしょうか。別室かどこかにずっと？

木谷　所長は、どうしていたんでしょうね。地裁の所長室に戻ったんじゃないですか。

——会議は、メディアに目立たないよう、高裁分室という別な所で開いた？

木谷　そうでしょう。だけど、実際にはメディアは全部分かっていたんです。裁判官会議を始めたというところまで当日報道されました。その後、間もなく実際の手紙のコピーがテレビに映っているんですよ。

——手紙を受け取られた方が提供したんですね。

木谷　そうなんでしょう。平賀さん直筆の手紙がテレビに映ってしまいました。裁判官会議の参加者は、その段階ではそういう状況になっていることを知らない。裁判官会議は秘密だから外部には公表しない、という約束をして別れました。ところが、家に帰ると玄関のところに新聞記者がいっぱいいるんですよ。こっちは「一切言えない」と断るんだけど、取材は執拗でした。そして翌日には、「どうやら裁判所は何も処分をしないと決めた模様だ」などというような報道がされていました。誤報です。

所長処分を報道陣に発表

――でも、裁判官会議は発表しない。

木谷　「それじゃ、まずいだろう。やっぱり、処分はしたんだから」ということで、「処分をした」ことは報道陣に向かって言ったんですね。

――それはどなたが。

木谷　誰ですかね。覚えがありません。所長がやるはずないですし。〔編者注　議長の広岡得一郎小樽支部長が一六日午後〇時過ぎ、地裁で記者会見して発表した〕

――その分室には、新聞記者は全然、来なかったですか。

木谷　いたかもしれません。その夜、私が家に帰ったのは深夜です。私の自宅は分室から歩いて一〇分もあれば帰れます。午後からやったとしても一二時間近く、延々とやりました。

――先生は当時、どんなご感想をお持ちだったのですか。

木谷　そりゃ、所長はとんでもないことをしてくれた。所長がそんなことを言うのは言語道断で、とんでもない越権行為であるということです。きちんとけじめをつけるべきだと思っていましたから、厳重注意というのは当然だと思いました。

――処分が甘いというふうには？

木谷　後日、秋山さんから聞くと、福島さんと私が連名で「分限の申立て」をしたらしいんです。忘れていました。しかし、この申立ては、会議では採用されず、厳重注意処分だけになりました。ただ、それでも、一般の裁判官が、監督権者と見られている所長に対して厳重注意処分をするというのだから、前代未聞です。その後も聞いたことがありません。そりゃ大変な事ですよ。

——最初の福島さんからの相談ですが、先生は裁判官室で言われたんですか。

木谷　どうだったか忘れました。

——聞いた瞬間はどういう……。

木谷　なんてことをしてくれたんだろう、というね。福島さんの気持ちはよく分かりましたよ。裁判所は、そんなことは起こり得ない世界だと単純に信じていましたからね。これまでそういうことが実際になかったかどうか、それは知りませんが、少なくとも私は聞いたことがありませんでした。

大分、あとの話になりますが、その後、何十年も経ってから、私はロー・スクールの先生になりました(法政大学法科大学院教授)。そこで、「法曹倫理」という授業で裁判官倫理を扱うのですが、「裁判官経験者は木谷さんだけだから一コマ持ってくれ」と頼まれて、毎年夏頃、一コマだけ授業を担当しました。何をやっていいか分からないから、この問題を材料にしました。資料集に載っている当時の所長の手紙を読ませて、「君が裁判長をしている時に、こういう手紙が来たら裁判長である君は一体どういう行動に出るべきか」という問題を出します。すると面白かったですよ。威勢よく、「とんでもないことだと言って、所長室に断固抗議に行く」という意見がある一方で、「先輩裁判官からのありがたいアドバイスだから、教えを乞いに行く」などもありました。

また、「どうすべきか」という問題のほかに「実際、君はどういう行動に出ると思われるか」という質問も出します。すると、「どうすべきか」という問題には「断固抗議する」とかの威勢のいい答えを書いた学生でも、「実際どうするか」という段になると、そういう回答は激減して「人事権者は怖いから、そっとしておく」とかいうのが一杯ある。今の若い人が現実に即して率直な意見を言うのは良い点かも知れませんが、余りに率直すぎる点が心配です。裁判官となった以上、やせ我慢すべきところは断固やせ我慢をしてもらいたいと思います。

こういう回答に接してみると、私たちはまだかなり純粋だったと思います。

――高裁分室での裁判官会議と処分があって、その後の先生の関与は？

木谷　特にありません。地裁での処理は一応終わりました。最高裁が平賀所長を東京高裁判事に更迭し、新しい所長が来ました。海部安昌さんと言って、海部俊樹さん(元首相)の伯父さんです。磊落《らいらく》で話しやすい人でした。この人は上手にやっていました。

「福島処分」が問題化

木谷　そのうち私は、高裁に戻りました。白鳥事件の決定が告知されて異議が出たことで、私は高裁の仕事に専念することになったのです。地裁からはほとんど手を引いたことになります。ところが、翌年の一九七〇年(昭和四五年)、国会の裁判官訴追委員会が平賀さんを「不訴追」、福島さんを「訴追猶予」にした。福島さんはカンカンでした。福島さん流の言い方をすれば、「放火した犯人より、放火されたと騒いだ被害者の方が重い罪なのか」ということです。私も実際そう感じました。だけど、今度は、それを機会に、高裁で福島さんを注意処分にするという問題が起こりました。最高裁が、そういうことをしろというように、高裁長官に指示したんだろうと言われていますが、そういう処分問題で裁判官会議が開かれました。私はもう高裁に行っているから、高裁の裁判官会議に出たんです。高裁が福島さんを処分しようとする理由は、所長からの私信を勝手に友人に送って公表させた、これは裁判官として行きすぎである、ということです。それで、裁判官会議が始まりました。私はこれが嫌でね。去年は所長の処分だったけれども、今度は自分の裁判長だった福島さんでしょ。私は職務代行だから投票権はありませんが、意見は言える。しかし、全体の雰囲気は、やっぱり所長だけ処分して福島さんを処分しないのは不公平だ、という意見なんですよ。それで、私はもう怒っちゃって、ついに「そんなのおかしい」と言ったんです。審議は一回では終わりませんでした。

当時、高裁長官には坂速雄さんという方が着任しておられました。私は、この人はなかなか話の分かる人だと思っていたので、夜に何回か、長官官舎に一人で押しかけました。「長官、こんなの絶対おかしいですよ」「こんな時に福島さんを処分するのはとんでもない」「国会の訴追委員会に追随するのでは裁判所の見識を疑われます」などと話したんです。一回ではなく、二、三回通ったような気がします。坂さんは、普段とっても話の分かる人だと思ったんだけど、その問題になると、頑として言うことを聞いてくれない。後から考えれば、「福島処分」という使命を帯びて送り込まれたのかもしれませんから、一判事補が何か言ったとしても聞き入れられるはずはないですね。長官官舎に行って抗議しても、最後はウイスキーをごちそうになって、結局、酔っ払って帰ってきてしまう。そういうことがありました。結局、福島さんはその後、注意処分になりました。

そして、その処分に納得できない福島さんの辞表提出問題に発展してしまった。福島さんは、怒っていきなり辞表を叩きつけたんですよ。「こんなところにいられるか」という勢いでした。しかし、その後、全国から「こんなことくらいで辞めちゃダメだ」という激励の手紙やなんかがいっぱい来て、結局、彼は辞表を撤回します。裁判官の辞表というのは、当時はすぐには受理されない、所長がしばらく預かるというのが慣行だったんです。そこで、福島さんは、辞表が所長の手元にあるうちに撤回したのです。この点については、撤回したことが良かったか悪かったかについて色々と意見がありましてね、福島さんは、あれで男を下げたという意見もあります。

ちょっと前後しますが、平賀さんにも同情すべき点が全然ない訳ではなかったんです。というのは、あの人は耳が悪くて意思疎通が十分できない点があります。法務省の局長から来たので裁判所の中の雰囲気がよく分からないということもあって、裁判官会議の後などに裁判官を所長官舎に連れて行って、ウイスキーを飲ませてくれたりしていましたね。福島さんは、元々お酒に強い人ですから、そういう時には、豪傑笑いをしながらグイグイ飲む。彼は、けっして考え方がそんなに左寄りの人ではなくて、どちらかというと、平素は右翼的な言動が目立つ人だったんです。ロシア語を研究していて、ロシア語はできましたけど、「俺はソ連は嫌いだ」とか、「共産党は嫌いだ」というようなことを所長官舎でも盛んに言っていました。そんなことを大きな声で言うものだから、所長が「わが同志」と考えた可能性もないではないんです。その辺は平賀さんに同情すべき情状だと思います。

所長からすると、「わが同志が何故そんな血迷ったことをするのか」というような気持ちを持ったかもしれません。あの手紙の文面を見ると、ちょっとそれらしい感じも読み取れますね。ただ、仮にそうであっても、事件を担当していない所長が、部から記録を取り寄せて密かに読んだ上、担当裁判長に一定の結論を示唆する手紙を出すことが許されるはずはありません。

高裁の裁判官会議が始まると、裁判官同士も非常に険悪な雰囲気になりました。さっき言ったように、開廷日には、南十八条の官舎から乗り合いの車で裁判所に行くんですけど、私は、乗り合わせた裁判官と口も利かなかった。そういう重苦しい険悪な雰囲気でした。

――結局、福島さんは辞表を撤回され、地裁にずっといらっしゃって。

木谷　そうです。当時、福島さんが担当した大きな事件としては、この長沼ナイキ基地訴訟の本案事件と、あと、芦別事件というのがありました。芦別事件は、刑事で無罪判決が確定している元被告人と遺族が起こした国家賠償請求事件です。私は、この事件と長沼事件の双方に関与していたんですが、本務の高裁に戻ることになり、さあどうするかということになったんです。福島さんは、まあ、「長沼の方は先の長い裁判だから抜けてもらっていいが、芦別事件は刑事事件がらみの国家賠償請求事件でもあるし、終結も近いので、これは最後までやってほしい」という意向でした。それで、高裁に戻ってからも、芦別事件だけは続けて審理に入っていたんです。結局、この事件は判決までつき合いました。判決は、警察、検察の故意責任まで認めた原告全面勝訴判決で、公務員の個人責任も認めてしまったんです（札幌地判昭和四六年一二月二四日判時六五三号二二頁）。ところが、これが結果的には裏目に出て、原告に気の毒な結果になりました。

余談ですが、当時、国側の代理人をしていたのは岩佐善己さんという訟務検事です。この人は元々、福島さんと同期の有名な民事裁判官で、後に東京高裁の部総括になりました。この方が、福島さんの辞表提出直後に私のところに来られて、こう言われた。「この事件で国は負け戦を覚悟している。どうせ負け戦なんだから、この機会に和解をしたい。福島さんがいたら、なかなかまとまらないけど、福島さんが辞表を出しちゃったから、まとまるんじゃないか」と言われるのです。その話は、原告の救済には非常に良かったんですけど、福島さんが戻られたので、結局、立ち消えになりました。

合議では、「証拠物の捏造までしたと思われる警察・検察の捜査の仕方は絶対に許せない」ということになり、正義感にかられて故意責任まで認めて個人責任も認める判決になってしまった。

原告はその段階では、すごく喜んだけども、高裁判決で今度は「ゼロ回答」になったんですね(札幌高判昭和四八年八月一〇日判時七一四号一七頁)。過失責任も認めないんです。公務員の個人責任はもちろん、国の責任も全部否定してしまって「請求棄却」でしょ。最高裁に上告をしたけれど上告棄却。これが一九七八年(昭和五三年)の最高裁判例として残っている訳です(最二小判昭和五三年一〇月二〇日民集三二巻七号一三六七頁)。その前に松川事件の国家賠償請求事件があって、その事件で東京高裁は、刑事事件で無罪になった場合、国側の過失が推定されるという理論(過失推定の理論)で原告勝訴判決をし、確定していました（東京高判昭和四五年八月一日判時六〇〇号三二頁）。ですから、その松川事件の線でやっていれば、国も控訴しなかったのではないかと思います。裁判所が頑張りすぎたために、かえって逆の結果になってしまった。あれは、のちのち惜しまれました。私も、ちょっと申し訳ないことをしたなと思っています。

白鳥事件

――白鳥事件の再審決定に対するその後の関与は？

木谷　高裁刑事部の決定は再審請求棄却でしたので、それに対する請求人側からの異議申立てに基づく異議審に関与しました。この事件は、当時、共産党弾圧の先頭に立っていた白鳥警部が射殺され、共産党札幌地区委員会のM委員長が共謀共同正犯として起訴された事件です。M委員長の関与を認めさせる証拠としては共犯者の自白がありましたが、それを除く客観的証拠としては、白鳥さんの体内から摘出された弾丸と、札幌市郊外の幌見峠という場所から発見された弾丸の線条痕が一致する、という鑑定書がほとんど唯一のものでした。

ピストルの弾丸は、銃身を通って発射されるまでに銃身の中をグルグル回りながら出てきます。その際、弾丸につく痕跡が線条痕です。線条痕の付き方は個々のピストルごとに違いますから、二つの弾丸の線条痕が一致するということは、これらが同じ拳銃から発射されたことを意味する訳です。この線条痕に関する鑑定書は、指紋鑑定か今でいうＤＮＡ鑑定みたいなもので、発射拳銃の同一性を認定する上で強力な証拠になります。

この証拠がなぜ重要かというと、Mさんが起訴された後、札幌地区委員会の下部組織である中核自衛の隊員(当時北大生)だったT君が、委員長の指示に基づいて幌見峠で拳銃の試射訓練をしたという自白をしていたからです。そこで、起訴後ですが、警察はT君に案内させて、山狩りみたいにして広範囲の捜索をしました。弾丸は、なかなか見つからなかったのですが、犯行の一九か月後にまず一個発見され、次に二七か月後にまた一個発見されたというのです。そして、これらの弾丸の線条痕が摘出弾丸のそれと一致するという鑑定でした。そうなると、T君の自白は、物的証拠の裏付けがあって信用性が高いということになります。

確定審の段階でも、これらの弾丸について疑問は出されていましたが、一審で無期懲役、控訴審では懲役二〇年でいずれも有罪認定、最高裁でも上告棄却でした。この上告棄却判決が伝聞法則に関する判例として有名な白鳥判決(最一小判昭和三八年一〇月一七日刑集一七巻一〇号一七九五頁)です。

ところが、再審段階では、この弾丸の同一性が本格的に争われました。弁護人の主張によると、新たに山中から発見された弾丸はピカピカしていてひび割れもしていない、拳銃から発射された弾丸が二年も山中に放置された場合、ほぼ間違いなく「応力腐食割れ」という現象が起こるはずだけれども本件弾丸にはそれがないじゃないか、だから弾丸は偽物、つまり警察が捏造したものだというんです。弁護人の依頼で東北大学の下平教授が行った実験結果に基づく鑑定書などが新証拠として提出されていました。

　刑事局の先輩の小林さんが関与された原決定は、弁護人が提出した新証拠によっても、弾丸が本件のような状態で発見されることがないとはいえないという理由で、再審請求を棄却しましたが、私はこれに疑問を持ちました。新証拠によって確定判決が依拠した証拠にここまで疑問が提起された以上、再審を開始して審理し直すべきじゃないか。確かに、新証拠によっても長期間山中に放置された弾丸に応力腐食割れが生じない確率はゼロではありませんが、二個とも生じない確率は限りなくゼロに近いのです。でも、合議体のあとの二人の裁判官は、「こんな事件で再審なんか開始できるもんじゃない」ということで、異議は棄却だということになりました。

　それで、どういう決定を書いたらいいかと私は困ったんです。証拠物の関係では、いかにも再審理由がありそうじゃないですか。でも、旧証拠の関係を調べると、確かに共犯者証言がもっともらしくてね。共犯者が何人も、委員長を支えるべき副委員長までが寝返ってしまっている訳です。そういう証言に注目する限り、有罪は動かないように見える。そこで、証拠物との関係を考慮しても、これらの証言は信用できる、というような原案を書きました。これには苦労しました。うまく書けないからです。でも、一応書き上げて持っていったら、裁判長は「これで十分だ」とおっしゃるし、そのまま決定してしまった訳です。それが、最高裁の有名な白鳥決定(最一小決昭和五〇年五月二〇日刑集二九巻五号一七七頁）の原決定になります。最高裁決定の趣旨も基本的には同じです。「疑わしきは被告人の利益に、という原則は再審段階でも妥当する」ので、その新しい証拠を加えたら原審では無罪になったかどうか、という観点から考えるということなんです。そこまでの総論は非常に立派なんです。しかし、関係証拠を調べるとM委員長の犯行への加担を認めた確定判決の認定は、新証拠を加えても覆しがたい――という理由で、特別抗告は棄却になってしまった。そこが、後々の再審事件の審理でちょっと尾を引くんです。総論部分は非常にいい決定だったんですけど、各論には疑問があり得る。もっとも、その後に出された財田川事件で、再審の門を事実上さらに広げる決定が出されました（最一小決昭和五一年一〇月一二日刑集三〇巻九号一六七三頁）。現在でも、白鳥・財田川決定は、再審事件の原点みたいに言われています。そういう事件でした。

スポーツと旅行

――結局、札幌には三年いらっしゃって、スキーなどはできましたか。

木谷　やりました。ただ、私は運動神経が鈍いんです。三シーズンの間に足首を四回捻挫しました。それもシーズンの最初にやってしまうので、そのシーズンはほとんどダメで、結局うまくなりませんでした。スキーは札幌で初めてやったと言っていいくらいですね。学生の時に一、二回はやったことがありますが、初心者同然です。スケートも下手くそですけど、高裁の前が広い天然のリンクになっていて、昼休みになると、スケート靴をはいて私もやった覚えがある。タダ同然だったんじゃないですか。上手な人はスイスイ回っていますけど、私などはひどいものです。

あとはテニスと野球です。テニスは札幌で始めたのかな。野球みたいに大勢いなくてもできるし、どうせ裁判官はみんな下手くそですから、そんなに大した運動神経がなくても、一生懸命やっていると、ちょっとくらい戦えるようになるんですよ。法曹テニスというのがありまして、各地に裁判官と検事と弁護士が集まってやるテニス大会です。私は、その頃はまだ軟式でしたが、一生懸命やっていました。

――ご家族で旅行は。

木谷　何回か行きました。特に最後の年に行った道東旅行は思い出に残っています。私は車を運転しません。当時、「カニ族」という言葉がありまして、私もカニ族の仲間入りをしました。横幅の大きなリュックサックを背負って、家内にも背負わせて、子どもにも小さなリュックサックを背負わせて、列車とバスに乗って移動する。そういうのをカニ族と言っていました。釧路から根室の方に行って、厚岸、阿寒湖、摩周湖、美幌峠、網走などを回って、一週間か一〇日くらいかかったのではないかな。大旅行でした。お金のない時代で本当に貧乏でしたが、いい思い出です。たとえば、旅館で朝食にちょこっと海苔が出てくるじゃないですか、子どもたちはそれが嬉しくてね。下の坊主は、

「あ、お姉ちゃん、海苔だ、海苔だ」とか言って大騒ぎです(笑)。このことは今でも家族の話題になります。

——今は、裁判官の方の報酬はいいとされていますが。

木谷　民間が落ちたのでしょうか。当時は民間と比べ、はるかに低かった。今は裁判官も贅沢になって、家族を連れて外国旅行したりしていますけど、私らの時代には考えられないことでした。

「大激動」の札幌時代

木谷　札幌時代を振り返ると、「大激動」という感じですね。楽しいこともあったけど、激動でした。平賀書簡問題さえなければ、あんな楽しい時代はなかったでしょう。この問題の対応では、あれ以上の線(地裁の裁判官会議で決めた線)は出てこないでしょう。やっぱり裁判官会議で処分を決定するというのが本筋ですからね。その段階では、その後の国会や高裁での動きは全く想定していませんでした。

——そうすると、地裁による厳重注意の後の国会での動き、あるいは高裁の福島さんに対する処分などに関しては問題があったとお考えですか。

木谷　はい、その通りです。国会が、平賀さんを不訴追にして福島さんを訴追猶予としたのは、絶対におかしい。福島さんが言う通り、火をつけた犯人を処罰しないで、「火をつけられた」と騒いだ方を処罰する、そういう感じです。

――私の印象では、「メディアに漏れたことが司法の権威を失墜させた」というような裁判官の方々の意識が強いのかも、という印象を持っているんですが。

木谷　そうした意識を持っている人もいるでしょう。ただ、福島さんの対応は一種の正当防衛か緊急避難みたいなもので、強くは責められない。福島さんに責められるべき点がないとは言いませんが、平賀さんが不訴追だったら、福島さんも不訴追じゃないですか。罪の重さが全然違うんだから、福島さんだけ訴追猶予にするのはまずいですよ。

――国会の裁判官訴追委員会の処分を裁判所が引き継ぐ必要があったのかどうか、という点については？

木谷　それは全く必要ないことでしょう。国会は国会、裁判所は裁判所として判断するべきことです。この事件が、その後の「青法協いじめ」の幕開けになりました。石田和外長官から村上朝一長官の時代、その後も青法協いじめはひどかった。そのきっかけになったのが本件です。

――自由闊達な雰囲気が萎縮していくさきがけみたいな……。

木谷　そうですね。そう思います。

——その後、東京に戻ってこられます。戻られるのは想定されていましたか。

木谷　刑事局の先輩は皆さん、北海道に行った後、東京に戻っていたから、まあ私も戻るのかなと思っていました。小田健司さんは旭川に行った二年後、判事補九年目に最高裁調査官になりました。これは大抜擢です。それだけ将来を嘱望されていたと思うんです。私の場合は九年たって一〇年目で東京地裁です。最初は刑事交通部でした。交通事故と、あと道交法、無免許運転、酒酔い運転、スピード違反、そういう事件を専門にやる部です。

——もう左手で、パパパッと処理を？

木谷　いや、そんなことないですよ。難しい事件がいっぱいありました。交通部の一年間で無罪判決を六件くらい書いています。札幌でも、無罪判決が何件もありましたが、公刊物に載ってなかったり載せなかったり原本を取ってなかったりで、記憶が曖昧になってしまって、正確には分かりません。裁判官生活を通じての無罪判決は、今でも「三〇件以上」と言っています。「正確に何件ですか」と聞かれると、厳密に特定できないです。困っているんですけどね。

——一番最初の無罪判決は？

木谷　樋口さんの時代にはなかったと思います。札幌時代が最初で、札幌時代はいくつかあります。札幌高裁の職務代行の時代です。

――何件くらいですか。

木谷　それが、はっきり分からないんですよ。三件くらいは確実に覚えている。その後、何件かあったはずなんですけど……。この間も、私の一年後輩の堀内信明君(後の名古屋高裁部総括)から「地裁帯広支部にいた時にした無罪判決を、木谷さんのところ(高裁)で維持してもらったことがある」と言われましたが、すっかり忘れています。同様のものが他にもあるはずです。

――少なくとも三件と言える訳ですね。あとプラスアルファ何件かは、ちょっと分からない。東京に戻ってこられてからの六件というのは？

木谷　これは判決文を取ってあります。単独判決です。

――刑事単独事件は、東京の交通部が最初ということになる訳ですね。

木谷　交通部でも、合議事件で無罪にしたものもあります。単独事件だけで六件ぐらいあるんですよ。

――東京に戻られてからのお住まいはどちらですか。

木谷　平塚からはとても通い切れないから、世田谷区(赤堤)の官舎に入れてもらいました。六畳、四畳半にダイニングキッチンという感じです。平屋の一戸建てではなく、昭和二〇年代築の古ぼけたアパートの四階です。とてもマンションとは言えません。四階建ての最上階(四階)でした。もちろんエレベーターなしです。当時は冷房もなかったから、夏の暑さは半端じゃなかった。昼間の屋上からの照り返しが夜に入っても抜けないので、夏の寝苦しさは本当に大変でした。

——翌一九七三年(昭和四八年)に判事になられます。

木谷　偶然ですが、初任の頃にいた刑事六部に右陪席として戻りました。裁判長は永井登志彦さんです。左陪席が雛形要松君(後の東京高裁部総括)でした。初任当時いた速記官もいて、皆で温かく歓迎してくれたのは嬉しかった。

富士高校放火事件

——この時の思い出に残る事件というと。

木谷　一番の思い出は、「都立富士高校の放火事件」(東京地判昭和五〇年三月七日判時七七七号二一頁)です。都立富士高校は当時、進学校で売り出し中でした。その定時制の生徒が校舎に火をつけたという疑いで逮捕されて、起訴されました。本人は公判で否認しました。犯人性を疑わせる証拠としては、別件逮捕中の自白以外にほとんどない。自白の証拠能力と信用性が勝負の事件です。目撃証言もありましたが、「火事の直後に真っ暗闇に近い校庭で被告人とすれ違った」という友だちの証言で、それは決め手にはなりません。

被告人は、最初、別件の窃盗で逮捕・勾留されて本件放火を調べられました。どういう窃盗かというと、交番に入って警察官の制服を盗んだというんです。警察官の制服をいっぱい持っていて、友だちに見せたりしているという噂があり、「あいつは怪しい」と目をつけられた。それで、叩けば埃が出るだろうということで、別件逮捕されました。最近、再審公判で無罪になった東電ＯＬ事件と同じように、本庁(警視庁)が捜査に乗り出した事件なんです。ただ、これは、別件逮捕には違いないのですが、典型的な別件逮捕ではありません。典型的な別件逮捕は、別件自体がごく軽微で起訴価値がない、逮捕する理由がない軽微な事件で逮捕するような場合です。この事件の別件は、警察官の制服をいくつも盗んだというものなので、別件自体にある程度重みがある。

その場合にどうなるかというと、私たちは、いわゆる「別件基準説」を採ったのです。つまり、「別件について逮捕・勾留の理由と必要がある限り、その事実で逮捕すること自体はまあいいだろう。だけど、別件で逮捕しただけなのだから、本件で逮捕したのと同じような調べ方で本件の取調べをする、つまり取調べ受忍義務を課して調べるのはいけない、それは余罪取調べの限界を超えている」という理屈を採った訳です。それが、研究者の先生には評判が悪い。「本件基準説」でなく別件基準説だから駄目だということになります。この考え方は、その後、浦和地裁で裁判長をしていた当時に、パキスタン人による放火事件でさらに発展させた形で採用しましたが、その判例は、今でも『刑事訴訟法判例百選』（第九版）に載っています。上智大学の長沼範良教授にケチョンケチョンに腐されていますけどね。だけど、別件自体に逮捕・勾留の要件がある場合、他に本件があるからといって、別件の逮捕・勾留自体を違法とはなかなか言いにくい。そこで私たちは、この事件でも、「別件で逮捕すること自体はやむを得ないけども、別件で逮捕しておいて、逮捕していない事実について本件で逮捕したのと同じような取調べをするのはいけない」という理屈でやったんです。この事件の本件取調べは、余罪取調べの限界を超えているということです。これは、一種の違法収集証拠排除理論です。ただ、この理屈で排除できない調書が一部残ったので、その信用性を判断するのに捜査段階における供述の経過を見る必要がある。そこで、「供述の経過を見る」という理由で、「既に却下した供述調書を出しなさい」と言ったら、検事が喜んで出してきた。その内容を見ると、供述の変転が激しいので、全体として「全然、信用性がない」ということで無罪にしました。

私の無罪判決で控訴されたのは、この一件だけです。警視庁の本庁がやった事件で、東電ＯＬ事件と同様、警視庁のメンツがあったのかもしれません。だけど、結局、高裁で控訴棄却になりました。私たちは、自白の証拠能力を否定する理由としては、別件逮捕中の余罪取調べの限界を超えるという点に加え、任意性がないという点の両方を書いておいたんですけど、高裁は、「余罪取調べの限界に関する理屈は賛成できないが、自白の任意性に疑いがある点は同意見だ」としました。自白調書の証拠能力は一応否定してくれたんです。だけど、他方で自白の信用性の検討もして、実体的にも無罪だと判断しています。

この事件で、私たちは夜間検証をしました。先に述べたような目撃者の証言もあったからです。実際、夜九時頃でしたか、富士高校の校庭に行きました。火が出たのは一二時頃ですが、夜九時といえば真っ暗ですから、まあいいだろうということで、やりました。実際に見てみると、とても校庭ですれ違ったくらいで人物の識別ができる状況ではない、とはっきりしました。それも無罪の理由になっているんです。ところが、高裁判決を見て驚きました。高裁は、出火時刻に合わせ、出火と同じ時間帯に検証しているんです。深夜の○時頃に現場に行っている。検事が主張したのかもしれませんが、そんな時刻に検証することまでは、私たちは考えなかった。この点は恐れ入りました。確かに、午後九時頃と一二時頃では、多少状況が違う。隣に看護婦寮があって、そのライトが付いているか付いていないとか、多少違うらしいんです。識別供述の信用性はないということを高裁も認めてくれて検事控訴を棄却してくれたので、私の判決はまだ破れていない。まだというより、もう破れないですね(笑)。

――合議では皆さん一致の。

木谷　一致です。あともう一件、労働争議にからむ威力業務妨害事件で無罪にしています。ワールド興業事件と言います。これも判例誌に載っています(東京地判昭和四九年六月二七日判時七五九号一六頁)。捜査方法としての写真撮影の限界を扱ったものです。

皇居乱入事件

木谷　もう一つ、地裁時代に面白い事件がありました。当時は沖縄復帰直後でしたが、沖縄の学生たちが天皇の戦争責任を追及して、坂下門から皇居に乱入したんです。ヌンチャクを振りかざして皇居に乱入し、宮内庁の玄関あたりまで入ってしまった。止める皇宮護衛官をヌンチャクで殴りつけて、三週間くらいの結構重い傷を負わせた。公務執行妨害、傷害です。これは法定合議事件ではありませんが、難しい事件ですから合議でやりました。私が主任だったんです。

まず法律論として、検事は「皇居全体が一つの大邸宅だ。大邸宅の庭に入ったんだから邸宅侵入だ」と主張しました。もう一つが、被告人側によってなされた、「天皇の戦争責任を追及するのは正当行為である」という主張です。確かに、責任を追及するのは自由だろうけど、実際行動に移して皇居に乱入し暴力を振るうことが許されるはずがない。最終的には情状の問題となってきますが、被告人らがどうして天皇の戦争責任を追及するような心境になったのか、ということを弁護側は色々と立証しようとする訳です。最後には、「沖縄に行って、彼らが育った環境を見てきてほしい。現地で調べてほしい証人もいる。嘉手納基地や南部戦跡も見ていただきたい」ということでした。

私たちがどうしたかというと、予算の関係もあって合議体で行くのは難しいが、主任裁判官一人が書記官、速記官を連れて行くならいいだろう、ということになったんです。それで私が行きました。一九七二年（昭和四七年）の復帰後でしたからパスポートも必要なかった。日本の裁判所になっていて、後に最高裁判事になった堀籠幸男君が高裁那覇支部の左陪席として赴任していました。昭和四九年頃のことです。その時、初めて遠くまで飛行機に乗りました。沖縄に行って証人尋問をして、嘉手納基地も見た。実質的には情状証人を調べにはるばる那覇まで行くというんですから、よく出張を認めてくれたと思いますね。

それで、その事件では、さっきの法律論がありました。坂下門から入ったところは邸宅（の囲繞地）なのかどうか。

――宮内庁から被害届は出ていたんですか。

木谷　もちろん出ていたと思います。法律論としては、侵入した場所が邸宅なのかどうかということが問題で、弁護人は皇居を検証してくれというんです。しかし、皇居に乱入した被告人を連れて、皇居の隅々まで全部検証する訳にいかんじゃないかということになりました。検事に写真や図面を出させて、皇居の構造がどうなっているかということを立証させました。結局、我々が取った理屈は「三分説」です。皇居は、吹上御苑を中心とする邸宅部分、宮内庁や宮内庁病院がある官庁の部分、東御苑などを中心とする公園部分、この三つに分かれる、と。全部がピシッと区分されている訳ではないが、濠などで一応区分されている。この理屈でいうと、彼らが入ったのは、官庁(建造物)部分なんです。建造物の囲繞地に入ったから、建造物侵入罪であるということになりました。ちょっと変わった判決なんですけど、これも判例誌に載っています(東京地判昭和五〇年三月二五日判時七七八号三三頁)。

出張は意味がありました。「彼らの気持ちは理解できる」ということで情状として酌みました。執行猶予にしてやりたいが、彼らは絶対に謝らないんです。いわば確信犯です。謝ってくれれば、前科もありませんから、容易に執行猶予にできる。だけど、謝らない。絶対悪いことをしていない、という訳ですから。それを「謝らない以上、実刑しかない」ということでいいのか随分悩みましたが、最終的には執行猶予にして収まりました。

——無罪にはできませんしね。

木谷　無罪にはできないですね。ただ、沖縄出張は意味があったんです。

名古屋勤務

——一九七五年(昭和五〇年)、名古屋に判事として赴任されます。判事になられた抱負は？

木谷　それ以前に職権特例で判事の仕事をしていますから、別に特別の感情はなかったですね。

――そういうものですか。

木谷　余計な〝しっぽ〟が取れたかなと思うくらいです。

――名古屋転勤の経緯は？

木谷　後から漏れ聞くところによると、その段階で最高裁調査官という話が出ていたらしいですけど、それが途中で立ち消えになって、「名古屋に行け」ということになったというんです。思い当たる節はあります。この時も内示がなかなか来なかった。だから、ひょっとすると動かなくていいのかなと思っていたら、後から「名古屋に行け」ということになりました。しかも最初は「名古屋三年」という話だったんです。そうしたら、後から所長代行の四ツ谷巖さん(後の最高裁判事)にもう一度呼ばれて、「三年という年限をつけるのは判事補の方にするもので、判事には年限はありません。大変失礼しました」とご丁寧に謝られました。こっちは、嬉しいような嬉しくないような複雑な気持ちです。

――結局四年に。

木谷　四年いました。この時の転勤は、子どもがまだ小学校から中学だったので、家族で行きました。当時、家内の父がもう七〇歳を超えていました。家内の母は私たちが結婚した年の夏に亡くなっていたので、当時、義父は一人暮らしでした。それで、家内が心配して、名古屋に行く前の年に、「父親と同居したい」と言い出しました。それで、赤堤の官舎から今住んでいる所(東京・三鷹市)に私たちが移ったんです。家は、その後、建て替えましたけどね。つまり、その段階(昭和四九年の夏休み)で子どもたちを転校させているんです。札幌から世田谷に移って、二年半ぐらいでまた転校させていました。その状況で、また三月に任地替え、転校でしょ。私はいいけど、転校に次ぐ転校で子どもたちはかわいそうでした。名古屋でも、義父を抱えているものだから、市街地のアパート官舎はちょっとまずいということで、郊外の一戸建てを希望しました。春日井市に国鉄(今のJR)中央西線の勝川という駅があります。その近くに春日井簡易裁判所があって、その敷地に一戸建ての官舎が三軒ありました。私は、今度は広い方に入れてもらったんです。そこで義父の部屋も確保できて、子どもたちも今までよりは広い部屋に二人で入りました。こうして名古屋での生活が始まりました。

裁判のやり方に戸惑う

――名古屋は、いい思い出ですか。

木谷　いい思い出です。この時期、赴任した年(昭和五〇年)の暮れに私の父が亡くなったのですが、それ以外は全体としては悪いことはなかったですからね。ただ、ちょっと仕事上の違和感がありました。裁判のやり方が全然違っていたんです。

――名古屋は、裁判所内の一部で言われる「西」の系になるんですか。

木谷　私がいた時に、名古屋のやり方が大阪と同じだったかどうかは分かりません。私は刑事三部という部で、合議の右陪席と単独事件を持ったんです。単独は週に一回で、あと二回、合議事件の法廷に入る。そういうやり方でした。前の人から引き継いだ単独事件の法廷に行ってみたら、何と午前一〇時の期日指定で新件が数件指定してあるんですよ。同時に、です。民事と同じやり方なんです。

――被告人は、どこで待機するんですか。

木谷　在宅の被告人は、傍聴席で出番を待ちます。身柄の事件であれば、入れ替わりで、弁護人が早く来た順番にやる訳です。それぞれ起訴状を読んで、罪状認否をして、検察官が証拠請求をする。冒頭陳述なんかほとんど「起訴状記載の通り」という簡単なもので書面も出さず、ともかく冒頭陳述をして証拠申請。それで書証に対して弁護人が同意すると、「じゃあ、そのまま受け取りましょう」というやり方です。書証を受け取って、その日は終わりです。そうしないで被告人質問や情状証人を調べたりしていたら、他の事件をやれなくなってしまう。ともかく、同じ期日の同じ時間帯にいっぱい入っているんですから。

――弁護人には、何となく「余計なこと言うな」という感じになってしまいますね。変に争うと……。

木谷　そうです。だから、書証の認否も次回ということだったかもしれません。ともかく形式的なんです。第一回期日は、実質的に次回期日をいつにするか決めるだけですからね。証人もなかなか調べられない。そりゃ事件が滞りますよ。どう考えても、刑事事件の審理の仕方ではありません。でも、当時の名古屋では、それがごく普通だったらしい。私は、これはまずいということで、立会書記官と相談しました。書記官が、書記官研修所を出たての意欲十分の若い人だったから助かりました。書記官と相談して、ちゃんと事前準備をやりましょうという事にしました。公判前に書記官の方から弁護人に書証の認否を聞いて、その認否ができるようにして、事実を認める事件だったらすぐに情状証人を取り調べることができるようにしてくれ、と申し入れたんです。同じ時間帯に五件、六件も指定するのではなく、時間を違えて一時間に一件くらいにして、争いのない事件では情状証人の尋問や被告人質問もするようにしました。

そういうやり方をしたら、「東京方式をここでやるのか」と当初、抵抗がありました。弁護人からは、「何でも東京式にやればいいいんじゃない」「俺たちには俺たちのやり方がある」ということで、随分やりにくかった。だけど、書記官が一生懸命やってくれて、だんだんと、そういう方式になりました。ただ、書記官は、弁護人から随分、文句を言われたようです。でも次第に弁護人も「あの判事は、ああいうふうにやるらしい」と諦めてくれました。それが一つです。

通勤と私生活

木谷　もう一つは、通勤のことです。電車は中央西線ですから、本数が少ない。バスはありますが、国道一九号線がものすごく混む。バスなんか乗ったら、いつ着くか分からない。だから電車で行くんですけど、大きなカバンを持って行かないといけませんから、通勤も結構大変でした。

また、子どもは転校先では少しかわいそうでした。やっぱり閉鎖的な土地柄で、田舎でしょ。転校生なんて滅多にいませんからね。言葉も違う。私の子どもの頃と同じではないと思いますが、ちょっとかわいそうな思いをさせてしまったんですよ。いじめに遭うということまではなかったようだけど、それなりに苦労があったらしく、後になって色々聞かされています。上の子は小六で行ったのかな。中三まで四年間いましたから。ちょうど受験の時期に当たり、それがまた後で問題になります。

私生活では、だいぶ楽しませてもらいました。野球、テニス、マラソンとスポーツ漬けです(笑)。マラソンは、当時始めました。フルマラソンを走っている人が裁判官に何人かいたんですよ。私は、そこまでいかないけれど、日常的に健康管理のために走りました。郊外で道が空いていますし、官舎周辺には走るのに適当な場所がいっぱいあります。よく走りました。土曜日などは、朝走って、午前中はテニスをやって、午後から野球をやる。そういうことをやっているものだから、楽しくって仕方がない。一緒に野球やる連中が「亭主元気で留守がいい、なんて言っているぞ」と言うものだから、そういうものかと思って、私も仲間と遊んでいました。だけど、後から色々聞きますと、その頃、家内はだいぶストレスが溜まったらしいんです(笑)。

――家にいた方が良かった？

木谷　そうみたいです。女房と子どもをほっぽらかして自分だけ遊んでいる。夫、父親としての役割を放棄していることになりますね。これは確かにまずかった。健康管理にはいいけど、夜はお酒を飲んで帰ってくる訳ですしね。

若手を育てる

木谷　ウィークデイの夜は、よく判事補の勉強会を指導していました。勉強会は毎週やっていました。でも、勉強会が終わると必ず飲み会になります(笑)。中には飲んべえがいて、酔っ払って私の官舎まで付いてきてしまった者がいるんです。その彼は、瀬戸の官舎にいたんですが、勉強会の後の飲み会で酔っ払って帰れなくなってしまった。結局、私の官舎に泊まらせて翌朝、帰したことがあります。

――後輩の判事補の方と、判例誌のコメントを書く研究会をされましたか。

木谷　それは名古屋ではやっていません。後に大阪ではやりました。名古屋では、そこまでいってないですね。『証拠法体系』という本の論文を一回に二、三本ずつレポートさせて、いろんな勉強をしました。刑事事件では、普段は前に言ったように、あまり法律問題が出てこないんです。でも、時々ポコッと出てくる。その時、勉強の下地がないと困る訳です。考える習慣がないと、問題点すら思い浮かびません。できるだけ色んな問題点を頭に入れとかなきゃいかんということで、勉強させたんです。自分の勉強にもなりますしね。名古屋にいる間に『証拠法体系』全四巻をほとんど読み切りました。前身の研究会があったんではなく、私が始めました。後々、大阪に行った時、その時のメンバーがまたいたりして、後まで続く影響力がありました。研究会の名前は、一部では「木谷ゼミ」と言っていたかもしれません。

――ゼミの参加者は何人くらいですか。

木谷　判事補は各部の左陪席、未特例判事補が主ですからね。刑事民事合わせて七、八人からせいぜい一〇人くらいまでです。来られない人もいましたが、右陪席クラスの特例判事補で参加している人もいましたから。

――その頃から後輩の指導をされること自体は比較的、違和感なく？

木谷　はい。私も部にいるだけでは接触する人間が少なくて淋しい。裁判長と話していても、もう一つ発展性がない(笑)。若い人が好きだから、そうやって勉強会をやった後に一杯飲むのが私は好きなんです。今、名古屋高裁の裁判長になった加藤幸雄君(後の名古屋地裁所長)がいますけど、彼は名古屋地裁の裁判長時代、行政部にいて、だいぶ意欲的な判決をいくつか下したようですね。当時のメンバーが今や高裁の裁判長クラス、もう定年に差し掛かっている人もいます。山名学君(後の名古屋高裁長官)など、かなり偉くなっている人もいます。

――名古屋にいらっしゃる頃は十数年目で、刑事裁判官としてマンネリ化したりとか、仕事がつまらなくなったりというようなことはなかったですか。

木谷　裁判官の場合は、転勤があって、そこで気分が一新します。事件が変わるし、付き合う人の範囲も変わる。気分一新という意味では転勤はいい。つまらなくなったことはありません。

名古屋地裁の合議部の裁判長は、大変、頭脳明晰な人でした。服部正明さん(故人)と言いますが、名古屋管内では一番の切れ者と言われていました。もともと民事の人なんですけど、刑事もできる〝両刀使い〟の裁判長でした。この人は、とっても頭が良いけれど、記録はあまり読まない。表紙を見たら大体結論が分かる、と言われるんです。それはちょっとオーバーですが、ともかく筋読みの早い人だった。記録を少し開けばバーッと事件の筋が分かってしまう人でした。

中日スタヂアム倒産に絡む特別背任事件

木谷　服部裁判長の下での一番思い出深い事件は、中日スタヂアムの倒産に絡む特別背任事件(名古屋地判昭和五二年九月三〇日判タ三五三号一三九頁)です。当時、高度経済成長の頂点に近い時代で、土地の値上がりが凄かった。会社も土地転がしで利益を得ようとしたのですが、いわゆる石油ショックで土地が大暴落した。値上がりを見込んで地上げした土地が値上がりしないで暴落してしまったんです。そこで、中日スタヂアムの役員たちと業者が特別背任罪(商法違反)に問われました。被告人が五人もいて利害も対立している。前の裁判長の時代からやっていたが、なかなか進捗していなかった。その事件に服部裁判長が意欲的に取り組んで、精力的に進行させました。弁護人も裁判長を信頼して協力したので、比較的、迅速に進行させることができました。そして、私が赴任して二年目の夏休み前だったと思いますが、結審したんです。そこで、夏休みに何十冊もある記録を官舎に運んで、その判決を起案しました。あの暑い名古屋の夏、冷房もない部屋で汗水たらして懸命に起案しました。

検事は懲役七年の求刑ですが、弁護人は無罪主張です。被告人たちには前科もないし、「執行猶予にしたい」という誘惑にかられる事件なんです。だけど、執行猶予にしたら検事が控訴することは間違いない。かといって、刑期を下げても実刑にしたら、被告人が控訴することは必至です。私たちは、全員無罪にしました。「自己若しくは第三者の利益を図り」とか「会社に損害を加える目的」があったとは認められないという認定です。彼らは、当時の状況で会社役員または業者として懸命に働いていたのですが、予想外の石油ショックが発生したため結果的に会社に損害を負わせたにすぎない、と見た訳です。結果的には、検事控訴なく確定しました。こういうのは痛快です(笑)。

——それは、まず木谷先生の判断があって?

木谷 それは合議の結論です。審理している間に、裁判長はとても筋読みの早い人ですから、話をしているうちに大体無罪という感覚が伝わってくるんです。そして、それはそうだとこちらも納得して、合議が比較的簡単にまとまった。それで書きました。白鳥事件と違って、こういう筋の判決は書きやすい。無理なく書ける訳です。

名古屋時代の無罪というのはこれとあと一件、『刑事裁判の心』に載せた取り込み詐欺事件(名古屋地判昭和五一年九月二〇日判時八四三号一二四頁)です。これは、前任者から最終段階で引き継いだ事件ですが、自白調書の信用性に疑問を感じ、詐欺の犯意がなかったとして無罪にしました。これも確定です。

——計二件ですか。

木谷 どう数えるかにもよります。被告人単位でいうと、中日スタヂアム事件の被告人は五人いましたから、五件になります。取り込み詐欺事件は被告人一人です。

第五章　最高裁調査官に――〝黒衣〟に徹した五年間

転居めぐり妻に苦労

――一九七九年(昭和五四年)に東京に戻られ、最高裁調査官になられます。

木谷　そこまでには、だいぶ苦労がありました。私に東京へ戻る話が正式に来たのは昭和五四年一月、上の子が中三の三学期なんです。異動先が東京だったら、もと住んでいた家に戻れるんですけど、年内にはなかなか東京だと言ってくれない。「東京方面だ」と言うだけなんです。それでは住まいを探せません。だけど、受験の問題があるから、そんなことを言っていられない。当時は、今と違って、子どもが中三の三学期に都内の中学校に在籍していないと、都立高校を受けることができなかった。でも一二月の末には、東京方面だということしか言ってくれないんですよ。そこで、年明けに家内が決断しました。子どもたちと義父を連れて戻ることにしたんです。何度も日帰りで東京へ行き、一生懸命に都と交渉して、一月の初めに在籍していれば受験できるということを確認してきました。

こっちは私立に行かせるお金なんてありませんから。年が明けて正月三が日がすんだ頃、慌ただしく引っ越しをしました。ところが、その段階でまずいことに、私が野球で足を骨折しているんです。札幌では足を四回捻挫したんですが、名古屋では左足と右足を一回ずつ、合計二回骨折しているんです(笑)。

その骨折は二回とも野球が原因です。私は、本当は足が遅いんですけど、裁判官の中では足が速いということになってしまった。それで、「一番レフト木谷」とか言って、一番バッターで塁に出ることを期待されるような役回りになった。人というのは属する集団が違うと立場が上がったり下がったりする。中学の時代には球拾いしかさせてもらえなかった私が正選手で、しかも「一番レフト」ですよ。最初の骨折は、張り切って二塁から三塁に盗塁した時でした。やめればいいのに、爪のついたスパイクも履いているんです。滑り込みが下手くそで、ポキッとやってしまった。激痛が走りました。その晩から足がパンパンに腫れました。でも、入院はしないし、法廷も休みませんでした。そんな体でよく通勤ができたものだと思うんですが、あの時は、役所の車で送迎してもらったのでしょうね。困ったのは法廷への行き帰りです。松葉杖をついて法廷に行くのですが、当時の木造庁舎にはエレベーターがなく、階段の上り下りが必要でした。ここは、相陪席(左陪席)の黒木辰芳君(現・弁護士)に背負ってもらって何とか法廷にたどり着いたのです。

二年くらい経って、最後の年の秋にまたやったんです。左足がまだ完全に直りきっていなくて走れないから一塁を守っていました。ピッチャーからの送球がそれて右足を外に出して球を取ったら、ランナーがその足をパンッと蹴っ飛ばして行った。そしたら、それまで折れたことのない右足が折れてしまった。それで、家族が東京に引っ越す時、私は松葉杖の姿です(笑)。家のこと、引っ越しは全部、家内一人にやってもらいました。あの時のことを考えると、今でも申し訳ない気持ちでいっぱいになります。かわいそうでしたね。

――引っ越し先は。

木谷　三鷹市の現在の住居に移りました。世田谷の官舎にいた三年目に、義父がいるから、そこに移ったことはお話ししましたね。二学期と三学期だけでしたけど、上の子はその中学に行っていましたから、友だちも少しはいます。そのことは、結果的に、もう一遍転校して帰ってくる時にはすごく役に立ちました。心強いですし、その友だちが色々と情報を教えてくれました。こうして上の子は東京へ帰ったんですけど、下の男の子が「僕、学年の途中で転校するのは嫌だ」と言い出しました。三学期は愛知で頑張って四月の新学期から転校したいと言う訳ですよ。気持ちは分かりますよね。それで私がコブ付きの単身赴任をしました。これは大変でした。私は足が悪いですから(笑)。

――それで三か月間二人で？

木谷　それが、まだありまして。最初、引っ越しの直後は私の母に来てもらって、二、三日いてもらいましたが、忙しいからすぐ帰ってしまった。そこで、息子と二人の生活が始まったんです。足も次第に良くなってきて、松葉杖はとれました。ところが、二月になると、「二月末から三月末まで、アジ研に行け」ということになったんです。

アジア極東犯罪防止研修所

木谷　「アジ研」というのは、国連アジア極東犯罪防止研修所という国連の組織です。これは東京の府中市にあります(当時、現在は東京都昭島市)。アジ研の研修には色んなコースがあるんですけど、その時は「高官コース」でした。これは、東南アジアの国々で指導的な立場にいる偉い人を呼んで、日本からもパーティシパント(参加者)が出る。そういう研修を三五日間でやるので、「三五日コース」とか「高官コース」と呼んでいました。その「高官コース」に参加しろ、というんです。三鷹の自宅から府中までは電車で二〇分少々で行けるから、私は家内のいる家から通うことができます。でも、そうすると息子はどうするんだ(笑)。

ここで窮地に陥りました。そうしたら、官舎のご近所に、息子と同じ学年の男の子(佐高君)がいまして、そこのお母さんが「ウチで預かってあげます」と言ってくれたんです。それで、息子は私がいない間、佐高家で預かってもらうことになりました。中学一年生ですが、一月生まれですからまだ幼いんですよ。体も小さくてね。かわいそうだったんですけど、ほかに方法がないから預かってもらったんです。だけど、後から考えると、それは本人のために非常に役に立った。「他人の飯を食う」という意味でね。私が育った木谷家では、お弟子さんが小学校の頃から来ているから、それを思えばどうってことないはずですけど、そういう立場の子どもとは覚悟が違いますからね。今まで親と一緒にいて、わがまま一杯にしていたのが、いきなりよその家に行ってかしこまっていないといけないとなると、大変なんですね。佐高君はいい子だし、お母さんも非常に親切にしてくれたんだけれども、やっぱりホームグラウンドの自宅ではそれまで外で遊んでいた時とは態度が違うらしい。それで、結構つらいことがあったらしくて、本人には官舎の鍵を与えておいたんですけど、ある時、官舎まで駆け戻って、母親に泣きながら電話してきたそうです。かわいそうなことをしたなと思います。

最高裁調査官への内示

——先生がアジ研にいらっしゃった時、次の内示は出ていたのですか。

木谷　はい、一月末に最高裁調査官という内示は受けていました。その話は名古屋地裁の所長からあったたか、高裁長官だったたか。どっちだったたか忘れました。

——それは、事務的に「君は調査官だ」という感じですか。

木谷　あの時、どういうふうに内示を受けたか記憶が定かでありません(笑)。最高裁調査官という内示は全然、想定していませんでした。最初、聞いたときは「私で務まるのかな」という感じです。その段階では、東京から名古屋に出る時に調査官候補にネームアップされたというようなことは、まだ聞いていません。まさか自分が調査官になるなんて考えていませんでした。ちょっとびっくりしましたね。

──東京に帰れるとしたら、まあ地裁かな、という感じですか。

木谷　そうですね。大体三年で帰れるという説を周辺の人が言っていました。「どうせ君なんか三年で帰るんだから」「東京から来た人は、みんな三年で帰っているよ」なんて言われる。でも、三年経った時に内示が来るかなと思ったら来ない。来たのは高裁判事職務代行の辞令です。「職務代行で高裁に行ってくれ」でしょ。いやあ、これはやばいと思いました。高裁に行ったら、一年で変わることはないんじゃないか、という気もしまして、ちょっとショックを受けました。

高裁の時には、また有名な事件の原審を担当したんです。例の「強制採尿の適否」というか、その結果、作成された鑑定書の証拠能力が問題になった最高裁判例がありました(最一小決昭和五五年一〇月二三日刑集三四巻五号三〇〇頁)。あの判例が出たのは私が調査官室に行ってからなんですけど、その前の昭和五三年に、その事件の原審が私の主任事件として来ました。「被疑者が嫌がるのを無理矢理、尿道に管(カテーテル)を差し込んで採尿した。そんなものは証拠能力がないはずだ」という主張をされてしまった。さあ、こいつは困ったぞ、と。いくら覚せい剤の取り締まりが重要であるからといって、被疑者にも人間としての尊厳というものがあるだろう。こんな捜査方法が許されるとは、私にはとても信じられない。

ところが、ちょうどその頃、違法収集証拠に関する昭和五三年判例が出されました。最高裁は「令状主義の精神を没却するような重大な違法」がある場合に証拠物の証拠能力を否定するというのです。その判例の理屈でいうと、本件では、採尿自体については令状を取ってやっていますから、令状主義の精神を没却したことにはならない。問題は、そんなことまでして令状を直接強制していいかどうか、ということです。疑問を感じながらも、結局、違法は違法だけれども証拠能力はある、ということになった。そういう直接強制は許されないという点では、三人の意見が完全に一致していました(名古屋高判昭和五四年二月一四日刑集三四巻五号三一四頁)。

ところが、最高裁に行ったら、そういう直接強制は許される、ということになってしまったんです。あの事件では、最高裁が捜索差押え令状で強制採尿することができると判示して、「強制採尿令状」という、一種の新しい令状を判例上作り出したのです。この事件が、名古屋高裁時代では一番大きかったかもしれません。

――右陪席だったんですか。

木谷　まだ左です。高裁って偉い人が多いんです。私の地裁時代の裁判長だった服部さんが、右陪席でいわば相陪席でした。高裁には、エースがいっぱいいるんです(笑)。高裁には行きましたが、まあ、四年で帰してくれましたから、良かったとしなくちゃいけないんです。

最高裁調査官の仕事

——では、最高裁調査官について詳しくうかがっていきます。まず、調査官というのは調査官室に属されますが、その機構から。

木谷　最高裁の建物の皇居のお濠に面した二階に第三小法廷、三階に第二小法廷、四階に第一小法廷に属する裁判官の部屋があります。長官室は三階です。そして、この裁判官室と直角にL字型の形で調査官の部屋があるんです。三階には、首席調査官室と刑事調査官室。四階には、民事調査官室と行政調査官室があります。刑事調査官室は、首席調査官室の隣が第一調査官室、その隣が第二調査官室、そして第三調査官室と並んでいます。私が行った時、刑事の調査官は上席を含めて一一人で、私は第一調査官室に所属しました。第一では、平賀書簡問題の時に札幌地裁の所長代行だった七期の渡部保夫さんが上席調査官として一番奥に席を占めていました、その隣が一四期の高木俊夫さん、後に、東京高裁部総括として例のゴビンダ(マイナリ)事件の控訴審裁判長を務めた人です。その隣に私がいて、さらに左側に一番若い一九期の堀籠幸男君(後の最高裁判事)が座っていました。こういうメンバーです。

——計四人ということになります。

木谷　第一調査官室はそうです。その隣の首席調査官室には西村宏一さん(後の福岡高裁長官)がおられました。堀籠君は、その後二か月くらいで人事局に異動しまして、その代わりに来たのが、さっき言った金築誠志君(後に最高裁判事)です。

——具体的な仕事の内容はどういったものですか。

木谷　やり方は、週に一遍、その一週間に提出された上告趣意を読みながら事件を「選別」する日があるんです。それは各調査官室の回り持ちでやります。上告趣意書が来ると、各調査官室で一週間分まとめてみんなでバーッと読んで、その難易度によって「粗《あら》選別」するわけです。

まず、事実誤認を主張している事件は、基本的には最高裁では取り上げないことになるので、「×」(バツ印)です。また、量刑不当だけしか主張していない事件は、最高裁ではほとんど相手にされないから、「△」(三角印)を付ける。憲法違反など色々言っていても、結局、量刑不当に帰着する事件も「△」です。他方、重要な法律問題を含んでいる事件や判例になりそうな事件、あるいは事実認定でも「かなり微妙」と思われる事件には、「○」(丸印)を付けるんです。それ以外に、超特大の事件や極めて難しい法律問題を含んだ事件には、「◎」(二重丸印)を付けます。

——粗選別は一人でするのではなくて、調査官室全体でやるんですね。

木谷　第一調査官室なら第一調査官室の四人でやります。各人が全部の事件を見ることはしません。

——一つの案件を四人で回し読みするのではなく、四つに分けてしまって、それぞれの人が「△」とか「×」を付けていく?

木谷　はい。読むのが早い人と遅い人とがいますから、事件を分けたりしません。書類の置いてある机を囲んだ調査官が順次、机の上から書類を取って選別する。早い人はどんどん処理してしまう。ゆっくりやっていると、あまり選別しないうちに山がなくなる(笑)。

もっとも、特に選別に迷う事件について、何人かで回し読みすることはありましたね。

——そういう方式だということは、ダブルチェックが第一次段階ではないということですね。

木谷　基本的にはありません。

事件を「配点」するシステム

——では、たとえば、実際に「×」事件を配点された人が書類を読んでみて、「×」と書いてあるけど、よく考えてみると、これは「×」ではないんじゃないか、と思った段階でダブルチェックが入るということになりますか。

木谷　先ほど述べたようなシステムですから、それはいくらでも変更可能です。実際の処理の段階でどう処理するかは、担当調査官の判断で自由にやっていいんです。これらの事件は、付けられた符号の種類(「〇」とか「◎」とか)に従って各調査官に配点されます。もっとも、裁判官への配点は、そういう選別と関係なしに、全部を順点(受付番号の順に各裁判官に配点)するんです。

――その点、詳しくうかがいたいんですけど、まず、最高裁の小法廷に配点されますね。機械的とよく言われますけど、それは具体的な書類としてはどこからどこに?

木谷　全国各地の高裁からです。最初、最高裁の訟廷事務室に書類(一件書類)が届きます。

――訟廷事務室に届いてから機械的に割り振るというのはどういう順番ですか。着いた順番?

木谷　そうですね。最高裁の裁判官は一五人いますが、長官は基本的に小法廷の合議に入りませんから、実質的には一四人です。この一四人に対して、事件番号が付く順に、誰々、誰々とやっていくんです。

――では、小法廷に配点されるというより、裁判官に配点されるのですね。

木谷　はい。各小法廷は、裁判官の人数で比率が決まっています。慣例的に長官は小法廷の事件に関与せず、長官が所属する小法廷は一人少ないことになるので、配点もその分、少ないことになります。

——その配点された時点で裁判長が決まるということになるんですか。

木谷　そうです。他方、調査官は、それとは別立てで、粗選別をまず行う。当事者が上告申立てをした段階では、調査官は決まっていません。上告趣意書が提出された段階で、粗選別をして担当の調査官が決まります。刑事調査官室でする粗選別は、もちろん刑事事件だけです。

——第一調査官室から第三調査官室までの、どの調査官室が粗選別をするのかは、どういうふうに決めるのですか。

木谷　これは輪番制です。第一調査官室が選別した翌週は第二調査官室がします。粗選別は三つの調査官室が一週間交代で、それぞれの部屋でやるんです。それは全体の事件を粗選別します。と言っても、粗選別した事件は、その調査官室に配点になるのではなく、あくまで調査官個人に配点になります。たとえば、ある週は第一調査官室に事件が全部来て、そこで粗選別をやる。そして、「○」事件なら「○」の符号に従って、順次調査官に配点します。

——第二調査官室、第三調査官室の分まで粗選別して配点する訳ですか。

木谷　そうです。この段階では、各調査官室への配点ということは考えられていません。「◎」事件も基本的に同じです。「◎」事件は「◎」事件で、順次配点しています。まあ、「◎」事件はなかなか来ませんからね。来た段階で次の調査官に配点する。だから、「ぼつぼつ自分のところに来る頃だな」とか分かります。「いい事件が来ないかな」とか、「あの事件は来てほしくないな」とか、やっぱりありますよ。

――各事件の大体の比率は？

木谷　やっぱり、「△」事件と「×」事件が圧倒的に多いですよ。「△」事件と「×」事件を合わせれば七、八割以上あるかもしれません。

――「△」事件と「×」事件の残りのほとんどが「○」事件で、「◎」事件は残りの一〇％以下ということになりますか。

木谷　「◎」事件はもっと少ないですね。「◎」事件は、年間一〇件あるかなしかではないでしょうか。私は特別配点をもらって、五年間で「◎」事件を三件やりましたが、普通の場合は「◎」事件なんて四年いるうちにせいぜい二件程度です。滅多にありません。結局、「◎」事件は一％にも満たない、極めて少数ということになります。

――「◎」事件は、上席が決めるんですか。それとも全部が選別ですか。

木谷　すべて選別です。粗選別で決めます。でも、「◎」事件かどうか、粗選別でそんなに揉めることはありません。大体、誰が見ても「◎」事件ということになりますからね。ただ、ひと口に「◎」事件と言っても、色んな意味の「◎」があるんですよ。それは、事実認定がものすごく難しそうだとか、記録が膨大だとか、難しい法律問題がありそうだとか、色んな種類があります。

――担当する「◎」事件の数が人によって違うというのは？

木谷　それは特別配点するからです。「◎」事件は「◎」事件で配点していきます。だけど、そうやっている最中に突然「◎」事件が来た場合、手許が混んでいる人に「◎」事件を渡すと、なかなか処理できないじゃないですか。それで、そういう時に、上席が「君は少し手許が空いてそうだから、特別配点でやってくれ」と、その裁量をするんですよ。粗選別をして「◎」事件と決まった時、配点の順番ではAさんだったとしても、Aさんがいっぱい案件を抱えている場合などには正式に配点せず、早い段階で誰々にやってくれというふうに決まるんです。

――では、Aさんと決まる前に、上席が「彼はいっぱい案件を抱えているから」と。

木谷　順番から言えば一応決まるんですけど、その辺は、下級審の事務分配と違って、これはあくまで行政事務ですから、割と自由にやっていました。

――ある調査官の担当が決定されたあとはどのように？

木谷　まず、書記官室で、その事件の一・二審判決と上告趣意書を、資料を整えて、担当の調査官に届けます。これらは、裁判官より先に調査官に届けるんです。それで、調査官の方で検討して、普通は裁判官と相談しないで調査官の意見を書いてしまいます。意見を書いて、報告書ができます。それを書記官室に戻すと、書記官が担当裁判官のところへ、主任の裁判長以下、各裁判官のところへ届けてくれるんです。

――調査官が担当裁判官のところへ直接、持って行かれるんじゃないんですか。

木谷　調査官は裁判官のところに行きません。報告書を書記官室へ送れば、あとはみんな書記官が動かしてくれます。報告書を調査官が持ち歩いていたら大変です。時間がかかってしまいますよ。最高裁は広いんですから(笑)。

――その報告書というのは、どのくらいの分量なんですか。

木谷　事件によります。たとえば、量刑不当の主張しかなくて全然問題にならない「△」事件ならば、裁判所で使っていたＢ５の罫紙数枚で書いていました。当時は手(万年筆)で書くんです。「裁判官は年寄りだから大きな字で書け」と言われました。その意味は、今になると良く分かります。「△」事件なら事案の概要をごく簡単に何行かで書いて、「上告趣意は量刑不当である」「これこれこういう理由で全然問題にならない」と書いて回すと、そのまま書面決裁でやってくれます。

――「×」事件も同じですか。

木谷　「×」事件は、もうちょっと書きます。だって、事実誤認の主張ですからね。簡単にではあってても、事実誤認でない理由を書かないといけない。しかも、選別する人によって色々と差がありましてね。本当は問題があるのに、「×」としているのもあります。そういう問題になる事件は、担当調査官が判断して、これは問題だということで、特に審議してもらうことがあります。「判例にするのが相当」とか、あるいは「原判決破棄相当」だというような意見を付けて本当にそうなった場合には「×」事件から「○」事件に昇格してもらえるんですよ。そうすると、そのあとの配点で一件、調整してもらえるんです。だから、粗選別をしたから調査官がそれに拘束されるということはありません。

調査報告書

木谷　報告書の分量は事件によると言いましたが、それは、事件の概要を説明するのに少し字数を使わないといけないのもあるし、「覚せい剤の自己使用一件である」なんて書いたらそれ一行で終わる事件もあるからです。

——「△」事件なら数枚ほどで、「×」事件は一〇枚くらい？

木谷　「×」事件は、箸にも棒にもかからない事件もありますから、数枚で終わってしまうのもありますが、詳しく書くのは一〇枚二〇枚、あるいはそれ以上書くこともあります。それも手書きです。今はみんなパソコンでやっているでしょうけど、当時、パソコンはありませんから、調査官は皆、万年筆で書きます。私のへたくそな字が随分、裁判官を悩ませたと思います。

——で、「〇」事件になりますと、今度はかなり……。

木谷　「〇」事件でも、これは「審議不要」ということで手書きですましてしまう事件もない訳じゃないんです。だけど、大部分審議が必要だということになると、これは手で書いて、当時は邦文タイプライターで何日かかけてタイプしてもらうんです。「〇」事件の場合、審議が必要なものはタイプに回します。

——タイプだと、それも事件によってかなり枚数に差があると思うんですけど。イメージ的にはどれぐらいの？

木谷　これも事件によります。鹿児島の夫婦殺し事件(最一小判昭和五七年一月二八日刑集三六巻一号六七頁)とか、柏の少女殺し事件(最三小決昭和五八年九月五日刑集三七巻七号九〇一頁)とか、石油カルテルの事件(最二小判昭和五九年二月二四日刑集三八巻四号一二八七頁)などはものすごい枚数です。石油カルテル事件の報告書は何百頁にもわたっていたと思います。この報告書は、私は持っていませんが、鹿児島の夫婦殺し事件と柏の少女殺し事件の報告書はまだ持っています。流山中央高校事件(最一小判昭和五八年一〇月二六日刑集三七巻八号一二六〇頁)のものも持っているかもしれません。

——それはもう、数十枚というくらいの感じですか。

木谷　数えてみないと分かりませんが、鹿児島事件は二〇〇頁近かったのではないでしようか。

――「◎」事件になると、それがさらに、ということに。

木谷 石油カルテル事件は「◎」事件で、大変でした。記録が膨大で論点も多く、報告書もすごく分厚くなる。

――「△」事件と「×」事件は報告書が書記官のところに行って、裁判長に行くという流れだったんですけど、「○」事件とか「◎」事件になると、またルートが違ってくるんですか。

木谷 いや、同じです。報告書が仕上がった段階で、書記官が回してくれます。

――先生がお書きになったものを拝読すると、裁判官にご相談に行かれたような記述が……。

木谷 ああ、それは、一九八二年(昭和五七年)の共謀共同正犯に関する団藤補足意見が付いた事件(最一小決昭和五七年七月一六日刑集三六巻六号六九五頁)ですね。これは事前に相談に行きました。というのは、団藤先生の退官が迫っていたからです。団藤先生が「共謀共同正犯について補足意見を書きたい。適切な事件が来たら補足意見を書く」と言っておられました。この事件は、団藤先生が補足意見を書くのに必ずしも適切な事件じゃないようにも思いましたが、退官される日が迫っていましたから、「こういう事件でも、先生、やられますか」と相談に行きました。そしたら、「やりましょう」とおっしゃる。そういう経緯があるんです。普通は事前に相談しません。

――では、その事件で相談に行かれたのは例外であって、通常は先程の書記官ルートが原則だと。

木谷　そうです。それと、上席調査官のチェックは、どの程度行われていたか、ということなんですけど、渡部さんが上席の時代にはほとんど行われてなかったですね。そんなものは、全然なかったと思います。

調査官室の「研究会」

木谷　「判例にするのが相当」という事件と、「原判決破棄相当」という意見を出した事件については、必ず調査官の研究会にかけるというルールがありました。それは、担当調査官が「破棄相当」と言っても調査官室の研究会で少数意見だったり、誰も賛成者がいなかったりすると、なかなか破棄してもらえない、というような現実があったんです。ともかく、そういう重要な判断をする場合には、担当調査官だけでなく調査官室全体の意見を聞いてくれ、ということになっていました。

――その研究会というのは第一、第二、第三の調査官が全員そろって刑事の調査官室で開かれるのですか。

木谷　そうです。あと、首席も入ります。

――それは、制度としての研究会なんでしょうか、それとも調査官の方々が任意に集まってやる研究会なんでしょうか。

木谷　いや、それは制度としての研究会です。参加者は全部で一二人です。事件を担当する調査官は上席を含めて一一人ですが、首席も入りますから合計一二人です（注　ただし、刑事調査官は、その後、行政調査官を増員する関係で減員された）。

――こうした研究会は、開く曜日が決まっているものなのですか。

木谷　どうでしょう。もう忘れてしまいました。曜日なんて決まっていなかったかもしれません。

――研究会は随時、必要があれば開く。たとえば、「◎」事件だけとか、「○」印もやるとか、そういった具合なのでしょうか。

木谷　「◎」事件は、法律問題を含んでいれば、必ずやります。「○」印でも重要な判例になりそうな事件はやります。また、判例にならなくても、上告理由に一見理由がありそうな事件について上告を棄却する場合、こういう理由で棄却してよいか、と。研究会はだいたいそんな形でやっていました。

――研究会は、担当調査官の申請に基づいて、開かれるものなのですか。

木谷　担当調査官だけではなく、他の調査官も当然知っているような、重要な事件がありますね。そういうのは仲間うちで「いつやるのだ」とか言っていましたから隠しようがないです。しかし、担当調査官からの申請というのが原則です。

――研究会を運営する事務局のようなものがあるのでしょうか。「次はA調査官のX事件を検討しましょう」などと発議する……。

木谷　そういったものはありません。配点の時期と、報告書を出す時期は、全くバラバラですからね。配点された順に、報告書が出る訳ではない。処理の仕方も、早い人と遅い人で相当、差があります。

大体、月一件はあります。一件以上ですね。まあ月に一、二件ぐらいのイメージです。

――年間二〇件も三〇件もあるという訳ではなく。

木谷　そんなにはなかったでしょうね。その年にもよるんです。判例の出るのが少ない年と、たくさん出る年と変動がありますから。当時、そんなに判例は多くなかったと思います。

――これは、書記官を通じて裁判官に出す前の段階ですか。

木谷　いえ、私なんかは報告書を出してしまった後で研究会にかけていました。そこまであんまり細かい手続は決まっていませんでしたから。人によっては、「調査官研究会の意見を聞いて、報告書をまとめます」という人もいました。

――失礼な言い方ですが、結構アバウトというか。

木谷　その辺は、当時はあまりきちっとしたルールはなかったですね。

――では、報告書を出したあとに研究会にかけるという場合も。

木谷 私はそうしていました。だって、調査官室の意見がどうだって、自分の意見は先に決まる訳ですから。「皆さんの意見を聞いて、報告書をまとめます」なんて、私は嫌ですよ(笑)。

――私は、調査官室というのは、システマティックに、組織的に処理しているというイメージを持っていたんですけど。

木谷 いやいや、いわば〝個人請負〟です。

――要するに、ある調査官の方が自分の判断で報告書をまとめられて、それを誰かが決済するとか、チェックを入れるとかというようなことはなかった。

木谷 それは、その後だんだん、そういう制度ができてきたように聞いています。現在では、上席がかなり厳重にチェックするようになったようです。私らの頃は、上席のチェックというのはそんなになかったですね。調査官の判断が、そのままほぼダイレクトに裁判長のところに行く。けれども、それが非常に特異な意見だと困るから、それをバックアップし、あるいはチェックする機関として研究会があったと理解しています。

――ただそれは、その担当調査官の方が申請をしない限り開かれない制度ですね。だから、調査官が確信的に、研究会の意見を聞く必要はない、裁判長に自分の判断で報告すると考えたら、それは可能だという事ですか。

木谷　難しい法律問題については、結局、研究会にかけることになります。ただ、突きつめると難しい法律問題があるのに、担当調査官が「問題ない」と判断してそのまま処理されてしまうことは、あり得ます。

この調査官の報告書はどうかなということになると、「調査官研究会の意見を聞いてくれ」と言われるんですよ。

――裁判官からの〝物言い〟みたいなものですね。

木谷　そうです(笑)。

裁判官による「審議」

――裁判長の決め方というのは、まさに機械的にスパッスパッといきますが、たとえば、外交官出身の裁判官に難しい刑事の事件が配点されたり、色々とパターンがあり得ます。そういう時に調査官の報告書がかなり重要に……。

木谷　そういう観点からの手加減はありません。だけど、そういう事件は、小法廷において、やはり審議になります。ちゃんと民事、刑事の裁判官がいますからね。検事出身の裁判官も入っていますから。そう簡単にはいきません。やっぱり、そういうキャリアの人が入っている限り、「この調査官がこう言っているから、その通りにしましょう」というふうにはならない。それに、行政官出身でも、事実認定などはかなりしっかりされますよ。私が担当した鹿児島の夫婦殺し事件の主任は外交官出身の藤崎萬里《まさと》裁判官でしたが、報告書をしっかり読み込まれて、審議では大変、的確なご意見を言っておられました。

――調査官の報告書は、小法廷の中で揉まれるんですね。

木谷　そうです。審議はそう簡単にはすみません。中には書面決済で回したものが途中で止まって、途中から審議に回されたという話も聞いています。「審議に回される」というのは、小法廷の裁判官が全員集まって正式に合議をするということです。私の事件ではありませんがね。

かなり信用性のある噂だと思いますが、平成二一年に第三小法廷で原判決を破棄した防衛医大教授の痴漢冤罪事件(最三小判平成二一年四月一四日刑集六三巻四号三三一頁)があります。あの事件は当初の選別は、「×」印だったという噂なんです。これは事実認定の問題なので、通常は書面決裁で回しても全然問題にならない訳です。それが途中で引っかかって、ある裁判官の意見で審議に回されたという噂を聞いています。

――それは、裁判官の方が審議するとか、しようとか言い出して決まるものなのでしょうか。

木谷　調査官の報告の段階で、「これは是非ともご審議あいなりたい」と書いてあれば、もちろんすべて審議になります。だけど、今みたいに「審議はいらない、持ち回りでやってほしい」というつもりで「×」印で出してしまったものが引っかかることも、たまにはあるんです。

——そうすると、調査官からすれば不名誉と言いますか、なるべくそういうのは避けたいという心理が働きますね。

木谷　そうです。だから、そんなふうにはならないよう慎重になるでしょうね。審議自体に調査官は入ります。だから、審議に入ると本当に手間がかかるんです。

——審議は、どういう部屋でやるんでしょうか。

木谷　ラウンドテーブルを囲む審議室です。審議室では、ラウンドテーブルに裁判官が座ります。上席調査官は入らず、担当調査官だけ入ります。

——審議では裁判長が色々と聞かれるのでしょうか。

木谷　調査官に意見を尋ねられたり、細かい事実関係はどうなっているかとか、そういうことを聞かれることはあります。説明は最初から主任裁判官がされます。調査官は基本的に何もしません。聞かれたことに答えるだけです。本来は、審議を傍聴しているだけなんです。でも、同じ部屋に調査官用の机と椅子があってそこに着きます。

——担当裁判長が説明をされるための資料などは？

木谷　調査報告書と一審・二審の判決、上告趣意書は必ず配布されます。

——小法廷ごとに独特の慣行がずっと続いているそうですね。

木谷　そうです。特に法廷での訴訟指揮は、他の小法廷ではその事件の裁判長に任されていましたが、第二小法廷では、最先任の栗本一夫裁判官がかなり口を出していました。

──審議の様子を教えてください。

木谷　審議の時には、意見を聞かれたら答えますが、そんなに、調査官の出番がある訳じゃないですよ。

また、審議時間は事件によります。まとめて何件かをやる場合もあるし、簡単にすむ事件もあるし、何回も続行する事件もあるし。私が最後に担当した石油カルテル事件は、月一回ずつ午後一杯の審議をして一年がかりです。お陰で私は大学の時と同じように留年して、(調査官)五年生になりました。石油カルテル事件は判示事項が一五項目もある大判決です。

調査のやり方と対象

──調査の仕方はどのような？　当時、データベースもありませんね。

木谷　当時の調査は全部手作業です。それは調査官室の後ろに書庫があって、大抵の文献はそこで調べられます。普通、我々が参考にしているようなものは大体そこにありましたから、書庫へ行って自分で探すこともありました。色んな判例の評釈を見ると、そこにも文献が引用してあります。そういうふうに目に入ったものは全部、調べます。だけど、今みたいにデータベースで完全に網羅できる訳ではないから、見落としは当然あり得ます。だから調査官の解説にも、参照できたものはこの限度だと書いてあります。

書庫には、『判例タイムズ』『判例時報』『ジュリスト』などがあります。それと書籍、学者の論文集とか解説書とかが網羅されています。ベテランの事務官なんかがいて、「この問題について少し探してくれ」と頼むと、結構探してくれます。でも、今思うと大学の「紀要」のたぐいはなかったような気がします。あの種の雑誌は、特別の場合は図書館で調べますが、通常は無視していました。調査官室の書庫は、最高裁の図書館とは別にあります。図書館に探しに行く事件もありました。国会図書館から取り寄せる場合もありますけどね。

――当時の複写の仕方は？

木谷　コピーは既にありました。

――調査のために、たとえば当事者や関係者に会いに行かれることは？

木谷　それは事実関係についてはありませんが、憲法三七条一項の迅速裁判保障条項違反が主張された峯山事件(最判昭和五五年二月七日刑集三四巻二号一五頁)の時に、私は、現地の裁判所の執務態勢について「どんなふうにやっているのかを見に行ってこい」と言われて、京都地裁の峯山支部に行って、調査してきました。それほど複雑とは言えない事件なのに、一、二審で合計二五年もかかっている。どうしてこんなにふうになったか、ということを調査しました。まあ、支部に行っても当時の裁判官はいないので、分からないんですけどね。どういう執務態勢でやっていたのかということは、書記官なんかで古い人がいると、ある程度分かります。そういうものを調べて報告した事件が一件だけあります。他には、自分で事実関係の調査に行ったことはありません。事実関係の調査は例外的であって、ほぼ紙媒体で調査します。

――調査対象ですけれども、判決は下級審を含めてされるのは当然のこととして、学説とか海外の裁判例などに関しては、どんな?

木谷　海外の文献ですか? 私は、大学受験時代には英語が得意でしたが、その後、勉強していなくて、外国留学の経験もありませんから、英語の文献を渉猟して読み込むということは、余りできませんでした。ただ、『月刊ペン』事件の時は、ある程度、外国の判例も読みました。それで解説にも若干、もしかしたら引用しているかもしれません。そういうことはありましたけど、普段はあまりそういうことまではしなかった。

――海外の文献を調べるのは調査官室の書庫ですか。

木谷　それは最高裁の図書館です。文献は多いです。アメリカの主要大学のロー・レビューなどは全部ありました。

――他の調査官の方も同じような感じですか。

木谷　英語に堪能な人もいます。隣に座っていた高木俊夫さんや、第三調査官室にいた佐藤文哉さん、龍岡資晃さんなどはアメリカへ留学していますから、英語がスラスラ読める。堀籠君も行っています。だから、そういう人は結構、外国の文献も読んだのではないでしょうか。それは人によって、裁量に任されています。憲法問題などの場合を除いて、普段そこまでやらないといけない事件は、そう多くありません。

——先ほど刑事局時代で触れられた翻訳官は、調査官室にはいないんですか。たとえば、この事件に関係ありそうな文献を見つけて「これ訳しておいて」とか。そういう補助スタッフ的な要素は全然ないんですか。

木谷　それはありません。書記官などで補助してくれるような方も、いません。調査官は学問も英語もできる人が多いですからね。私みたいに勉強しなかった人は例外なんです。留学していると、一年でも海外に行っていると格段に違う。

——学説に対する調べ方というのはどういうようなものですか。

木谷　公刊されている文献を調べる、判例評釈を調べる、そういう程度です。

——あまり重視されない……。

木谷　いえ、重視します。「学説がこう言っている」ということは裁判官が気にしますから。

——学説と言っても、少数説のそのまた少数説というのもありますけど、そういうところにまで目配りされるのですか。

木谷　そういうところまで目配りしたかどうか(笑)。そう言われると自信がありません。やはり通説とか、有力な反対説とかです。一人や二人が言っているだけではね。学説ももちろん見はしますけど、やっぱり判例が主ですから。

判決を起案する

——判決文の起案というのは？

木谷　原案は調査官が作ります。定型的なものは報告書を出す時に、起案を付けて出します。たとえば、量刑不当の上告趣意の場合の上告棄却決定です。これは三行半で、誰が書いても、書記官でも書けるものですからね。これは報告書に起案を付けて出します。それから、若干書いても、当然こうなるはずと結論が明白なものの場合も案文を付けて出す。書記官に回す段階で、調査報告書に付けて出すんです。問題のあるものは、審議の結果によって結論が全然変わってしまう訳ですから、それは出しません。それは「審議で決めてください」ということになります。もちろん、こちらの意見はあります。私はこう思うけれども、重大な問題だから審議で、慎重ご審議あいなりたい、と。結論が決まったら、その審議で大体どういう理屈だということは出ますから、それを基にして調査官の方で原案を作る。

——ということは、審議には常に出られているのですか。

木谷　はい、審議は全部出ています。自分が報告書を提出した事件の審議には全部出ているんです。裁判官が五人の小法廷だったら、ともかく審議室には六人います。事件によって調査官は変わりますから、この事件が終わったら、次の調査官が入る。こんなふうになります。

――ある調査官が、第一小法廷のA事件と、第二小法廷のB事件とを同時期に担当することも？

木谷　もちろん、あります。でも、各小法廷の審議日は別の日になっていたのではないかと思います。同時に何件か抱えることも、時にはありますが、普段は同時にそんなに沢山はありません。一、二件ほどです。裁判官の話を聞いて、道筋をつけてもらって起案します。

――その起案の修正は、どういうふうにしてするのですか。起案は叩き台みたいなものですか。

木谷　調査官が原案を作ります。それを審議の前に、裁判官の方に上げます。全員に配る。それに対して審議の席で、「これはどうだろうか」とか、「ここはこの表現まずいんじゃないか」とか、「ここは理屈が通らないんじゃないか」とか、色んな意見が出ます。そもそも審議の際に、結論に反対の裁判官もいますから、そういう人は、「私は反対意見を書く」となります。

かなり細かい表現についてまで裁判官から意見が出ます。ベテランの裁判官はやっぱり、細かな表現まで気にしてくれるんです。勉強になりますよ。たとえば、「言葉の使い方がこの言葉よりはあの言葉の方がよい」とか、そういうこともあります。こっちは、せいぜい十数年のキャリアですからね。やっぱり七〇歳近くまで裁判官をやった人は、すごいですよ。

――審議において、ある裁判官と別の裁判官が、同じ文言をめぐって一致しない、あるいは矛盾したことを言われるケースもありますか。つまり、こういうふうに直した方がいいと言われる裁判官と、いやこれはこのままの方がいいと言われる裁判官と……。

木谷　それはあり得ますが、話しているうちに自ずから折り合いが付く場合が多いですね。

――反対意見、少数意見を裁判官が書く場合、調査官はどの程度、関与されるんですか。

木谷　それは人によります。キャリアの裁判官はみな自分で書かれます。団藤先生とか伊藤正己先生なども、自分で書かれます。けれども、「ちょっとこういう意見だけど、書いてくれ」という裁判官もおられます。他の畑の出身の裁判官の場合です。

――弁護士出身の方とか、行政官出身の方とかですか。

木谷　そうですね。学者出身の方は自分で書かれる。伊藤先生も大体自分で書いておられた。一件だけ私は伊藤先生の補足意見を書いたことがありますけど。今は随分、皆さん自分で書いておられるんでしょうね。特に、一時の第三小法廷はね。

調査官解説

――調査官解説ですが、あれはいつ頃、執筆されるんでしょうか。

木谷　もちろん勤務時間外に書きます。家に帰ってからとか、土曜・日曜とか、そういう時に書くんです。役所では書けません。これは後ろ向きの作業ですし、本来の公務ではありませんからね。役所では前を向いて作業しないと事件が溜まってしまいます。役所では、一件片付いたら、すぐに次の事件にとりかかります。そうすると、調査官解説の仕事がつい溜まるんです。だから、私は勤務時間が終わったらすぐ帰宅するようにして、自宅ですぐ取りかかるようにしていました。私は判例が多かったんですよ。五年間で二五件ありましたからね。だけど、調査官の中には数件しか判例を出していないのに、なかなか解説を書かないで異動してしまう人もいます。判例集に登載された判例で調査官解説のないものもあるんですよ。私は判決があったら、できるだけ早く書きました。半年も置いたことはないと思います。二、三か月の間に書いていました。

――調査官解説はご自宅で書かれるということですが、これには、かなり文献が引用されています。ご自宅に参考文献が？

木谷　これは、報告書を作る段階で、コピーというか、資料はみんな集めていますから、それを利用します。

――自宅に関連するような文献を置いておく必要はなくて、全部、最高裁で調べて、報告書にまとめていって、それを持ち帰って家で書くという、そういう作業ということですか。

木谷　はい、資料は持って帰ります。この調査官解説の執筆は職務ではないんです。

――法律家の間では「調査官解説」が重視されているので、仕事として執筆されているのかと思っていたのですが。

木谷　それは、本来の職務ではないでしょうね。

――「～と思われる」という表現が多用される。あれは調査官解説の書き方の常道みたいなものなんでしょうか。

木谷　だって、「こうだ」という訳にいきませんから。判決は判決で、調査官がこうだと勝手に決める訳にいかないから。まあ、解説です(笑)。

職務ではないから、チェックはありません。後から言われたりとかも私はないです。陰で誰か言っているかもしれないけど、耳には入ってきません。調査官室として上司から、首席とか上席から解説について何とか言われたということは一切ありませんでした。その辺はかなりフリーな感じです。

大法廷回付の判断

――大法廷回付の判断に調査官室の関与はあるのでしょうか。

木谷　基本的にはありません。大法廷回付の判断は、やっぱり裁判官の判断です。大法廷回付相当かどうかは審議の席で決めます。それは小法廷ごとの審議の席です。

――調査官が「これは大法廷に回した方がいいのではないか」というのは？

木谷　うーん。それは意見を言ってもいいんです。私は、峯山事件ではそういう意見を付けたかと思いますが、他には思い至りません。峯山事件は、結論が微妙だったのですが、結局、大法廷回付はされませんでした。

――裁判官の方たちは、「大法廷回付をどうしようか」という話は当然されているんですか。

木谷　はい。あれは第一小法廷では、「大法廷回付相当」という意見でした。

――大法廷が回付を受けるかどうかは、長官の見解がかなり強く影響されるのですか。

木谷　いや、やはり裁判官の会議で決めるんです。議長は当然、長官ですが。

――結構、長官の影響というか、長官に左右されますか。

木谷　されるかなあ、よく分かりません。私は一件だけの経験だから。とにかく、峯山事件では、事実上の大法廷を開いてもらって、大法廷に回ったら合憲説になってしまうことがはっきりしたから、結局それで取りやめてしまったんです。裁判官全員が、それぞれの意見を言いました。

——それは大法廷で、ですか。

木谷　大法廷の裁判官一五人が集まってです。

——こうした事実上の大法廷審議というのは必ずしも今まで……。

木谷　制度化されたものではありません。その時はたまたま事情があったから。

——かなり意見が割れそうだという時には、そういうふうな形で行うということ自体は決して稀だということではない、ということですか。

木谷　どうでしょうか。その点は、私には分かりません。私はもう一件、柏の少女殺し事件の時に大法廷回付になりかかったことがあるんですけど、この時は裁判官全員は揃わなかった。刑事裁判官出身、検事出身のほか、刑事法研究者代表の団藤先生など、刑事関係の裁判官が各小法廷から二人くらいずつ出て、それで事件処理について相談しました。

個別意見は誰が書く?

——キャリアの裁判官の方は、ご自分で個別意見を書くということでしたが、検察官出身の方はどちらかというと……。

木谷　検事はどうだろう。人によります。横井大三さんなどは文章を書ける人なんです。

論文もいっぱい書いているから。だから書く気になったら自分で書いたでしょうね。

――行政官の方はやっぱり、調査官の方に？

木谷　どうでしょう。分かりません。やはり人によるんじゃないでしょうか。

――そういう傾向があるというぐらいの？

木谷　はい、自分で書くという人もいるかもしれませんから。「行政官の人はみんな調査官に書かせた」なんて私が言ったら、大変なことになってしまいます。「俺は自分で書いたぞ」と(笑)。

――事件によっては弁護人が学者の意見書を出すこともあります。法律問題について調査官が、書面だけではなくて直接、研究者から意見を聞きたいということはないものなのでしょうか。

木谷　やってもいいんでしょうけど、私はやりませんでした。そういうことをされていた方を、見聞きしたこともありません。

――アメリカの最高裁などでは、色んな人権団体とか研究者とかが数多く意見書を出す。そのため、名前だけは判決の中にいっぱい出てきます。しかし、日本では必ずしも……。確かに大きい事件になると多分、沢山の学者の意見書が出てくると思うんですけども、そういうことでなければ、必ずしも十分に学説などが調査官の所に行っているのかどうか気になるんです。

木谷　公刊物に載っているものは調べます。この事件の特殊性について論及するものは、弁護人が色々な人に頼んで意見書を書いてもらうことはできるからやっている場合が多いと思いますが、それがないとなかなか……。

——弁護人が提出してくる意見書には当然目を？

木谷　私が調査官の時代にはあまりありませんでした。あれは最近の傾向ではないですか。私も法政大学にいる頃、弁護士から「最高裁宛の意見書を書いてほしい」と頼まれたことがありますが、これは断りました。もっとも、高裁宛の意見書は、一件書いたことがあります。

——審議になった後に裁判官から、あるいは審議になる前の段階で担当裁判官から、追加の調査を指示されるということはあるんですか。

木谷　追加の調査というか、個人的に呼ばれて、色々と主任の裁判官とディスカッションしたり、質問を受けたりすることはありました。追加の調査は、私の場合はなかったけども、そういうことを命じた人もいると聞いています。大阪の滝井繁男君(元・最高裁判事、故人)からは、調査官に「この点、もういっぺん調べてくれ」と言ったら調査官が冷たい対応をした、という話を聞いています。調査官が裁判官に向かってそういう態度を取るとは……。

——冷ややかな態度を取ることがあるというのは、うかがったことがあります。

木谷　良くないですね(笑)。

――調査官を選ぶ仕組みはどのようなものですか。

木谷　調査官については、首席、上席が、ある程度、検討しているのではないですか。あるいは、よそからの推薦の場合もあるかもしれません。ある上席調査官の時代に、その人はあまり後輩のことを知らないため、誰を次の調査官として採用してよいか分からない。そこで、「誰か良い人はいないか」と相談を受けたことがあります。ですから、首席や上席が人選しているということは間違いありません。私が刑事局へ行った時には樋口さんが私を推薦してくれたようですが、調査官になった時の経緯は未だに分かりません。

――お知り合いというか、そういう方が、上席にいらっしゃった？

木谷　渡部保夫さんが上席におられました。ただ、私は札幌で渡部さんと平賀書簡問題で大げんかしています(笑)。でも、そうやって大げんかするくらいの勢いがあって良いというふうに思われたかもしれない。もし渡部さんが引っ張ってくれたのであれば、妙な因縁ということになります。

第六章　憲法判例をつくる――「四畳半襖の下張」『月刊ペン』など

「四畳半襖の下張」事件が配点される

――主に調査官時代に扱われた、刑事事件ではあるが憲法裁判としても重要とされている最高裁判決の形成過程について、詳しくうかがっていきたいと思います。まず何と言いましても、昭和五五年一一月二八日の「四畳半襖《ふすま》の下張《したばり》」事件（最二小判昭和五五年一一月二八日刑集三四巻六号四三三頁。月刊誌『面白半分』の編集長をしていた作家野坂昭如が、永井荷風の作とされる戯作「四畳半襖の下張」を同誌一九七二年七月号に掲載したことから、刑法一七五条のわいせつ文書販売罪に当たるとして、野坂らが起訴された事件）判決があります。

木谷　これについての粗選別は「◎」印です。第二調査官室か第三調査官室で選んできました。それで、「これは大問題だから「◎」事件でやってくれ」と言われました。その時ちょうど、「◎」事件になると、私の番だったのです。順番に来たものは普通の配点で、順序を飛ばして別の人にやるのが特別配点と言います。この事件は特別配点ではなく普通の配点です。順番で回ってきた事件が、たまたま「四畳半」だったということです。

——最初の印象としては？

木谷 私は、わいせつについて特別に勉強したことはないですから、なんというものが来たんだと思って、少し尻込みしました。

——あがってくるのは、上告趣意書と、原審判決(二審判決)、原原審判決(一審判決)の三点セットですね。これらをざっと読まれた印象としては？

木谷 この二審判決(東京高判昭和五四年三月二〇日)は、時國康夫さんが書かれた判決のようです。時國さんは憲法の権威ですから、かなり色々なことを考えて立派な判決を書かれていると感じました。

わいせつの概念については、チャタレイ事件(最大判昭和三二年三月一三日刑集一一巻三号九九七頁)、サド事件(最大判昭和四四年一〇月一五日刑集二三巻一〇号一二三九頁)という二つの大法廷判例でかなりがんじがらめになっていました。だから、これを大法廷に持って行けば話は別だけども、当時、大法廷に持っていけるような状況ではなかったので、小法廷で、どこまでのことができるかなということを考えました。今は当時よりさらに性情報が開放的になっていますが、当時でも、「チャタレイ」の頃とは時代が全然違う訳ですから、それと同じ感覚でやったのでは物笑いになるだけじゃないかということで、小法廷の判例ながら何とか少し前へ進められないかなと、そういうつもりで取り掛かりました。

――わいせつについては、今出てきた「チャタレイ」と「サド」という二つの大法廷判決があった訳ですが、調査されるに当たり、どういった意気込みを持っておられましたか。

木谷　意気込みですか。小法廷だから判例変更はできません。判例に抵触しない限度で、何かその間隙を突いて、精密化と言いますか、柔軟化と言いますか……、解釈の柔軟化をできないかという程度の意気込みです。

――大法廷回付が当時、難しい状況だったというのは、どういうご判断ですか。

木谷　いや、まあなんだか知らないけど、大法廷はなかなか受け付けてくれなかったですね。大阪空港公害訴訟が、既にかかっていました。あの事件の大法廷の合議が全然まとまらなかったのですよ。最後、てんでバラバラになってしまいました。毎週毎週、一生懸命に合議しておられるらしいのですけど、容易に多数意見が形成できない状況のようでした。毎週、合議をやっているから、大法廷に他の事件が入り込む隙がない。そういう状況でした。

――大法廷の合議が毎週というのは何曜日と決まっているのですか。

木谷　水曜日です。水曜日の午後いっぱいかかってしまいます。あれだけ大きな事件が入ってしまうと、同時並行で二つの事件というのはなかなか難しい。よっぽど緊急性が難しい。

高いとか、あるいは前例がないとか、そういうことでないと大法廷回付は難しい。まあ、峯山事件程度のものだったらやれたかと思います。しかし、「四畳半」では、ちょっと難しい。

——先生に「四畳半」が配点された時期は？

木谷　いや、よく覚えていません。昭和五四年の遅い時期か、五五年の春先に来たかと思います。私は、調査官室に五四年春に来たばかりですから、最初から「◎」印のとんでもないものが来たなということで……。

——その前に日活ポルノビデオ事件がありました。この事件の判決言渡しは五四年なのですけど、これはもう既に？

木谷　それはやっていました。日活事件は「○」印です。

——実際の調査というのは、どれくらいの時間がかかるのでしょうか。資料、判例の調査、あるいは学説を含む文献、海外のものを含めて、どれくらいの期間、労力がかかるのですか。当然、事件によって違うと思うのですけど、たとえばこの事件では？

木谷　これは、かなり時間をかけていると思います。私は、わいせつについて素地がないので、一から勉強しなければなりませんからね。それは、数週間単位というより、何か月単位です。「◎」事件だと、みんな年単位でやっています。ところが、この事件は、事実関係が争いになる事件ではなく法律論ですから、なかでは、比較的短期間に仕上がったと思います。

裁判長が「棄却以外ない」

――実際の報告書をまとめるに当たっては、まず資料・文献を集めた上で、「さて」と考えられると思うのですけど、その辺を検討する、先生の思考の過程というのは覚えておられますか。

木谷　忘れてしまいました。だけど、この事件は第二小法廷の事件です。小法廷が悪かったですね。第三小法廷には、環昌一さん(チャタレイ事件の弁護人を務めた方)や表現の自由の大家である伊藤正己先生もおられました。第一小法廷ならば、団藤先生がおられたから、もうちょっと議論になったはずです。ところが、第二小法廷は最先任の栗本一夫さんが取り仕切っておられました。そして、栗本さんが何かの時、調査官室に遊びに来られて雑談をしている時に、「あの事件はもう棄却以外ないんだからな」と、向こうからそう言われるんですよ。栗本さんは、「言論の自由、表現の自由と言っても、一番大事なのは政治的な言論であって、わいせつなんて、そもそもそんな真面目に相手にする問題じゃないよ」と公言しておられました。それが第二小法廷を事実上、牛耳っておられる裁判官のご意見でした。あの頃、最先任の栗本さんは第二小法廷の中で大きな発言力を持っておられましたからね。

――塚本重頼さんはどうでしたか。名誉毀損の本(『英米法における名誉毀損の研究』中央大学出版部)なども書かれていて……。

木谷　あの方は学識十分でご立派な方でしたが、ただ、どちらかというと大人しい方で、栗本さんと正面から喧嘩するようなタイプではありませんでしたね。後は民事裁判官出身の木下忠良さん、検事出身の鹽野《しおの》宜慶さん、弁護士からなられた宮崎梧一さんがおられました。宮崎さんは真面目な、弁護士出身の裁判官の中では事件に大変真面目に取り組まれる方でしたけど、この方も大人しい方で、やはり栗本さんに正面から反論されるような方ではなかったですね。こうしたことから第二小法廷の審議は低調でした。

――第二小法廷の審議は、どういう方式ですか。

木谷　裁判長(主任の裁判官)が回り持ちであるのは他の小法廷と変わりません。小法廷では、主任は、それぞれの事件ごとに決まります。事件の主任の裁判官が、その事件の裁判長をやる。裁判長が順番に変わっていくという方式です。法廷では、裁判官席の真ん中から先任順に右左右左と座って、五人が並ぶ。席の並び自体は選任順ですが、主任の裁判官が裁判長を務めますから、主任が右の方に座っていると、この人が裁判長として、「本件上告を棄却する」と宣告する訳です。それで、次の事件は違う方から、別の裁判官が「本件上告を……」と(笑)。そして、法廷での訴訟指揮も主任である裁判長がします。ただ、法廷での訴訟指揮については、他の小法廷ではその事件の裁判長に任されていましたが、第二小法廷では、栗本さんが事実上、口を出すことがあって、ややこしかった記憶があります。

――「四畳半」では主任(裁判長)はどなたが？

木谷　栗本さんでした。

「判断方法」で判例抵触を避ける

――「四畳半」では栗本裁判長が事前に釘を刺すかのような発言(「棄却以外ない」)をされていて、少しやりにくかった？

木谷　やりにくいですよ。タガをはめられてしまっていますから。だけど、その中で精一杯のことをしなければなりません。苦労しました。案文では、原判決の言っていることを、できるだけ生かした形で採り入れました。原判決のほうがもっとはっきりしています。こういう場合でないとわいせつと認めるべきでないということをはっきり言っています。けれども、最高裁の判決では「こういうことを考えて判断しろ」と。つまり、「判断方法」という形で判示してもらった訳です。もし原判決と同じように、「判断基準」という言い方をしてしまうと、判例抵触と言われかねません。判断基準でも判断方法でも、事実上は同じことかと思いますが、そこは判例違反と言われないように、ずるい言い方をしている訳です。考慮要素を列挙し、「判断方法」というところで逃げたんです。判断方法だったら、大法廷には反しないでしょう。これは大分、頭を使いました。

——裁判長は、ああは言うものの、せっかくの「◎」事件を、そうそう変なふうには扱えないという。

木谷　そうですね。だから、原判決が「わいせつ性がない」と言っていたら、それは大変だったでしょうけど、「わいせつ性がある」と言っています。小法廷も「わいせつ性はある」という訳ですから、結論は一致する。本当は、私の気持ちとしては、この事件は破棄したいのですよ(笑)。あんなもの、誰が考えても、わいせつとして処罰しなければならない事件ではない、と思うのですけど、色んなことでがんじがらめになっていて、どうにもなりませんでした。

——「色んなこと」と言うのは？

木谷　それは、判例の拘束力とか、小法廷でやらなければならないとか、栗本裁判長の意向とか、そういうような制約がありました。大法廷に持っていってくれて、判例変更してもいいからやる、というのだったら、いくらでもやりようがあったのです。だけど、それはやらないと言われるのですから。

——木谷先生の個人としてのお考えと、担当調査官としてのお考えが、若干、異なっていたということですね。改めて木谷先生個人としてのご見解は？

木谷　実際の本(「四畳半襖の下張」)を読んでみると、これをわいせつ物として処罰しなければならないとは思えませんでした。

まず、擬古文という点です。知的レベルの低い人には読めませんよ(笑)。意味が分からない。それでも想像しながら読むでしょうけどね。現在の時点で、わいせつということを考えると、文字に書かれたものは全然問題にすらされていないでしょう。当時だって、それに近かった。それと、原判決が言っているように、一応、文学的な要素があるという点です。それはまあ大したことないのでしょうけど、それについては色んな人が鑑定証人みたいな感じで証言していました。それを読むと、「もっともだな」というものがいっぱいありました。だけど、なかなか……。

――二つのお立場のうち一個人としてのお立場では、「四畳半」はそうした見解だったけれども、「チャタレイ」と「サド」に関してはいかがですか。

木谷　「チャタレイ」だって、きわどい部分は本当に部分的でしょう。だから、「四畳半」の判断方法を適用すれば、わいせつにはおそらく当たりません。問題になる部分の全体的な分量がごく一部で少なく、全体的に好色的な興味に訴えているとは見えないですから。そういう意味では、あのような判断方法という形で、事実上、判例変更しているのと同じですよ。

――「サド」については？

木谷　「サド」は、もともと読んだからといって、そんなに性的な欲求を著しく刺激されるようなものではないでしょう。グロテスクな感じ。そういうふうに言われています。記録に現れた限りで部分的に見ただけでも、そんな感じがします。だから、ちょっとおかしいのではないですか。

――なるほど。「四畳半」の判断方法で見ると「サド」も有罪とは言えない？

木谷　そうですね。エロというよりもグロではないかと。

――ただ、そういう先生としての一個人としての見解はあるけれども、今度は調査官として仕事しないといけない、と。しかも、最高裁の判例のタガと、しかも、当該小法廷の裁判長のタガまでもはめられてしまった。

木谷　そうです。やりにくかった(笑)。

――それで、先生の思考過程というのは。どういうような落し所を探ろうと？

木谷　色々考えて、真正面から行ったのではダメだから、その「判断方法」というのでやらなければいけないかなと思いついて、そういう形で、まとめたのです。

――判例に抵触しないようにする〝常道〟といったものはあるのですか。

木谷　そんなの何もないですよ。その事件の処理に当たって自分で考えるしかない。誰もそんなことは教えてくれませんから。「これ、解決が難しいぞ」ということで、「◎」印になった事件なんですよ。問題は単純だけれども、判例との絡みで解決がものすごく難しいということで、「◎」印になった事件です。それが案外早く片付いてしまったので、なんかお前の「◎」印は易しかったなということになってしまったのですけど、けっして易しくはありませんでした。

――そういう考える期間というのは、どれくらいですか。数週間とか？

木谷　それは忘れてしまいました。でも、ああでもない、こうでもないと結構、考えていますよ。一瞬にしてそのように思いつく訳ではありませんから、毎日少しずつ考えました。

――それは、机の前で「うーん」と腕組みされるのか、お風呂に入っている時などに……。

木谷　色んな所で考えていますよ。頭から離れないですからね。裁判官というのは皆そうなんです。しょっちゅう色んな事件のことを考えています。たとえば、布団に入ってもそうです。それはあります。よく言うじゃないですか、寝床に入ると、いい考えが浮かぶ。だけど、朝になると忘れちゃう(笑)。枕元にメモを置くこともやったことはあります。この件の時はどうだったかは、忘れてしまいました。

――上席とか、首席とか、他の調査官の方とかに、相談などはされないのでしょうか。研究会といった公式な場ではなく個別的に……。

木谷　相談しても、こういう問題についてはいい考えが出るとは思われません。本件は、普通の法律問題ではないですからね。自分の問題として考えないと、答えは出てこないですよ。自分で悪戦苦闘するしかありません。

――まさに孤独な闘いですね。でも、調査官の方が悪戦苦闘された成果、結果が判例として何十年も生き続けていく。それを意識された上での心境とはどんな……。

木谷　それはある程度、意識するでしょうけど、今言われたほど、そんなに大げさに考えたことはありません。

――検討が終わり、文面も実際の判決文に近い状態になりつつあったと、それを報告書という形で、まとめあげるということですけども、一気にまとめる、書かれるタイプですか。

木谷　どうでしたか。今だと、パソコンがありますから、書き直し、つなぎ合わせができるけど、当時は手で書いて邦文タイプに回すのですから大変です。書いては直し、またダメだと書き直したりして、原稿を仕上げるには時間がかかります。ただ、私は手で書くのは遅い方ではなかったですよ。わりと早く書けたのは間違いないです。また、こういうのは書きながら考える。

――実際に配点されてから書き上げるまで、大体どれくらいですか。

木谷　何か月かですね。半年までいくかどうか。「◎」事件に取り掛かっても、その事件だけに集中できるわけではありません。その間に常時配点されてくる「△」事件、「×」事件、場合によっては「○」事件を処理しながら、空いた時間で「◎」事件をやるわけですから、どうしてもある程度の時間はかかりますね。記録も、証言とかが中心ですけど、そういうものをずっと見なくてはいけないし。

――報告書をまとめられる前に、あるいは、まとめている最中に、裁判長の栗本さんにご相談という形はあったんでしょうか。

木谷　それはしませんでした。向こうから来て、「棄却以外ない」と言われましたから、「これはしょうがないな」と思い、その方針に従って書きました。そして、報告書は書記官に出すと、書記官が裁判官に持っていってくれます。

――では、裁判官が報告書を読んでいる様子というのは全然分からないんですね。先生の場合、報告書を出した後に、調査官室の研究会で検討された、と。

すんなり研究会を通る

木谷　この「四畳半」の事件の時は、法律問題を扱った私の事件にしては珍しく、調査官室の研究会で反対意見があったという記憶はないです。わりとすんなり通った記憶がある。

――刑事の調査官室だけの研究会ですね。先生の時は、議題は一件だけだったのですか。

木谷　「四畳半」だけです。

――研究会は一回に一事件について検討する訳ですか。

木谷　よほど簡単な事件だったら二件やることもあるけど、普通は一件だけです。研究会では、調査官から報告、プレゼンみたいなものがあります。でも、私の場合は、あらかじめ報告書のコピーを配ってしまいますから、そういったことは余りやりません。ごく簡単な説明だけです。

――報告書を配るというのは、全文を配る？

木谷　そうです。ですから、研究会の参加者は、全員報告書を読んできます。

――特に、異論はありませんでしたか。

木谷　「四畳半」については、あまり記憶がないところを見ると、強烈な反対はなかったのだと思います。一応、「上告棄却」ということで、みんな安心しますから。「破棄」という報告だったら大変です。判例との抵触とか、重大な問題になりますから。そうなると大変ですね。

小法廷の審議

――研究会でオーケーだったら、その後はどういう動きになるのでしょうか。小法廷の審議までに、裁判長から呼ばれることはあるのですか。

木谷　呼ばれたかもしれません。でも、その段階でも、あんまり記憶がないですね。だから、印象に残るやり取りがあった訳ではないと思います。審議もスラッと通った気がします。

——小法廷の審議というのは一回だけのものですか。

木谷　いや、事件によっては何回もあります。特に、論点の多い石油カルテル事件は、一年がかりでやりましたからね。それに対し、「四畳半」は、そんなに長期間かかっていません。ただ、「案文」の決定があります。案文というのは判決案のことです。判決の結論を出す過程に加えて、それをどういうふうに表現するか、という過程がありますから、一回では決まりません。小法廷の審議は、二、三回はあったでしょうね。裁判官による審議においても、あまり異論はなかったと思います。

——では、質問はありましたか。判例との抵触、大法廷判例との抵触はどうなのだ、とかそんな質問は？

木谷　記憶がありません。余り内容のある審議ではなかったのではないかと思います。何かあれば、もうちょっと覚えていますよ。この事件は、補足意見も反対意見もないでしょう。すんなり決まってしまったのです。

——報告書の段階での案文と、実際の判決文との差異はどうですか。

木谷　これも、あまり大きく離れていることはありません。ほぼ原案通りだと思います。

——修正する場合というのは、どのような場合ですか。

木谷　修正は場合によってあります。この事件の後、報告書を提出した長崎のエンタープライズの事件(最三小判昭和五七年一一月一六日刑集三六巻一一号九〇八頁)などは、ちょっと修正されてしまいました。原案は、もう少し人権保障に役立つような表現だったのですけど、大事な言葉をちょこっと削られてしまったんですよ(笑)。

――判決文については、当然、裁判官の方々が決定権を持っておられるから、それはやむを得ないでしょうが、細かい表現などの修正も、ちょこちょこあるんですか。

木谷　ありますね。第二小法廷はあんまりなかったけど、あとで、第三小法廷のよど号ハイジャック事件(最三小判昭和五八年一二月一三日刑集三七巻一〇号一五八一頁)というのがあるんですよ。ここで、主犯ではありませんが、主犯の少し下ぐらいの人が共謀共同正犯に問われた事件を私が担当しました。被告人に対しては共謀共同正犯が主張されていたのですが、被告人は、「当時、地方にいて第一審が認定した謀議の日には在京していなかった。だから、アリバイが成立する」という主張をしていました。この事件では、被告人が問題の謀議の席にいたかどうかが最大の争点なのです。一審は、特定の謀議の日を認定したのですが、高裁での審理の結果、その認定を前提とする限り、被告人のアリバイを否定できなくなったのです。そうしたら、高裁は、「謀議は、その日ではなくて、アリバイが成立していない別の日だ」といきなり認定してしまいました。これはどう考えても不意打ちです。だから、私は「こういう不意打ちの認定は許されない」と考えて、その趣旨の報告書を書きました。

この事件は第三小法廷でしたが、審議では「木谷の言うことはもっともだ。じゃあ、これは原判決破棄だ」ということになり、一旦は、弁論を開くことになったのです。弁論開催の日も指定されたのですけど、その間に、上席調査官から「木谷の報告はおかしい」というメモが出てしまったのですよ。私は、ちゃんと報告書に「調査官室の研究会では、私の意見は少数意見だった」という趣旨のことを書いて出していましたが、「いや、少数意見どころではない。単独意見に近い。木谷の報告書はそこもおかしい」という趣旨の強烈なメモが出てしまった。当時の上席は渡部保夫さんではありません。その時点では、上席が代わっていたんですけど、ことごとく私の意見にクレームをつけられてしまいました。そうしたら、裁判官のほうも、「上席がそこまで言うんなら、ちょっとまずいんじゃないか」ということになって結論が変わってしまったんです。

――上告審弁論を開いているのに、「上告棄却」という判決になった、と。

木谷　そうです。死刑事件以外で、弁論を開きながら上告棄却の判決をしたというのはこの事件だけで、他には例がありません。それ以前にも聞いたことがないです。そのように、結論がまるで変わってしまったけども、判決案は、弁論を開いた段階で「不意打ちだから破棄」という線で固まっていたのです。それが途中から結論が変わったので、何とかまとめなくてはならない。仕方がないから、不意打ちを指摘する前段はそのままにして、途中から、「だけれども、破棄しなくても、著しく正義に反しない」という文章につなぎました。前半と後半が木に竹を接いだようになっている。それは読むと分かります。現に、後日私が東京高裁の陪席をしている時でしたが、ある先輩裁判官(最高裁調査官OB)から「木谷君、あの事件は、合議の結論が途中で変わったのかね」と聞かれたことがあります。

――それだけ上席のメモの影響力というのは大きい、と。

木谷　最高裁判事ともあろう方たちが、どうしてあんな意見に左右されるのか、私には理解できないですけどね。

――事実上の影響力ですか。職制上の影響力はない訳ですからね。

木谷　だって、上席があんなところでメモを出すということは、予定されていませんから。こうしたことは制度としてある訳ではなく、しかも私の頭越しにやった。私の知らないところで出している訳ですよ。小法廷の裁判官に直接、出しています。そういうことをされました。判例となった部分は「不意打ちはしてはいけない」というもので良い判例なんだけども、その後半で、すべてをぶち壊しているんです。

――この事件では、判決要旨と判決の後半部分が確かに合わないですね。

木谷　だから私は、「最高裁は、原審が不意打ちをしているとして、不意打ちはいけないと言いながら、自分でそれ以上の不意打ちをしているじゃないか」と、その後、ロー・スクール生にも教えました。それも、「お前、上告棄却の判決を書け」と言われて、しょうがないから書いたんです。自分で書いていながら、「これは絶対おかしい」と思っているんだけど、小法廷が「それでいい」というんだから。

——書き直しも先生にやらせるんですか。

木谷　そうです。調査官は、言われた通りにやるしかありません。起案を拒否する訳にはいかないですから。調査官には裁判官の独立とかありません。「私は反対だから書かない」という訳にはいかないのです。

——その件は、研究会ではどうだったんですか。

木谷　少数でした。少数だけど、賛成が二、三人はいたはずです。

——よど号事件では、国外逃亡をした人を除いて全員有罪になったと思います。そういう事件の性質とか政治性とかが念頭にあったのでしょうか。

木谷　上席は何を考えていたか分かりません。

——厳罰主義みたいな……。

木谷　厳罰といっても法律論ですから筋が通らないですよ。

このほかに、柏の少女殺し事件の時も問題がありました。ここでは、被疑者の少年を取り調べた警察官の録音テープが出ているんです。少年を取り調べて、その少年が警察官の問いに応じて、「はい」とか「うん」とか言っている。だけど、調書の内容は、それとは全然違って、警察官の問いが答えになっていました。少年が「はい」と言ったら、その問いの通りに少年が供述したような調書ができている訳です。こういう取調べの結果できた供述調書は信用性がありません。当たり前です。ところが、上席は、「別に警察官は脅かしている訳でもなくて、穏やかに取り調べて、少年がちゃんと「はい」と言っているんだから、これは間違いないんだ」と言って、心証を取ってしまう。もう全然、話になりませんよ。これが首席、上席の指示(二五一～二五二頁)になって行きます。

――柏事件は「差戻し」ですね。

木谷　でも結局、差し戻された高裁でまた有罪になってしまった。そういう裁判長に当たったら、もう観念してもらうほかないですね。

――少し戻りまして、「四畳半」の大法廷回付の件をうかがいます。大法廷回付は、調査官としての先生のご判断で、「無理だろう」ということだったのですけど、その件について調査官室で議論したりすることはあり得るんですか。

木谷　それは、正式に調査官室の会議にかけたということはありません。けど、個人的に先輩に言ったら、「それは絶対無理だからね、小法廷でやるしかないよ」ということでした。大法廷に回したほうがいい、という意見は出る余地がなかった。

――もし回付相当の意見を出す場合、制度としては、調査官室として裁判官に、あるいは小法廷に言うのか、それとも担当調査官が言うのか。

木谷　うーん、それは担当調査官が回付を言ってもいいと思います。

――その時に、「調査官室の研究会で議論したうえで、大法廷回付が妥当だという結論に至った」ということを申し添えれば、さらに説得力が増す？

木谷　それはそうですね。

――しかし、その前段階の、先輩に相談されたところで、「回付は無理だろう」と。その当時、大法廷に回付することが検討され得る事件というのは他にありましたか。

木谷　刑事事件以外は詳しく分かりませんが、民事の方で大阪空港公害訴訟がすったもんだやっていました。刑事では、そういう事件は当時はなかったでしょう。

――それに相当するものは？

木谷　本当はありました。四畳半事件より少し後ですけど、永山事件なんて、まさにそうです。あれは、もう少し後、私が石油カルテル事件を受けた時にほぼ同時に来た事件です。あの時、私と稲田輝明君(現・弁護士)が「比較的、手が空いているから、一件ずつ受けろ」と言われたのです。まさに特別配点です。永山事件なんか、本当は大法廷ですべき事件ですよ。

死刑について

木谷　永山事件は、一審の死刑判決を高裁が破棄して無期懲役にした事件ですから、死刑言渡しの基準、さらには死刑制度の存否が正面から問われる訳です。そもそも、死刑制度について、現在、世界的には廃止国が多数を占めるに至っていて、日本は国連から廃止を勧告されています。永山事件において高裁判決を維持していれば、死刑の事実上の廃止に一歩を踏み出していたことになり、現在、世界でこれほど恥ずかしい思いをしなくてすんだと思います。諸外国が次々と死刑廃止に踏み切ったのはちょうどあの頃なんです。ところが、永山事件で、せっかく無期懲役にした高裁の判決を、最高裁がまた破棄して差し戻してしまったものですから、死刑が完全に生き残ってしまって、今、日本は本当に世界に向けて恥ずかしい状態です。アジアにだって随分、死刑廃止国が増えたでしょう。私は、「このままでは、最終的に死刑が生き残るのは中国と北朝鮮と日本だけだろう。それでもいいのか」と言っています。恥ずかしいじゃないですか。

――少し逸れますけど、いい機会なので、死刑について、先生のお考えを話していただけますか。

木谷　私は今、完全に死刑廃止論を言っています。あちこちでしゃべっています。このあいだ、NHKで永山事件のETV特集というのがあって、その時も出演して、それらしいことを言っています。ただ、裁判官在任中に私は死刑事件が一件もなかった。直接、審理を担当した事件で検察官が死刑を求刑された事件が一件もないのです。もっとも、調査官室の時には一件ありました。これは、殺人で無期懲役を受けて、仮釈放中にまた殺したという事件です。これは、簡単には「無期相当」とは言えない事件でしたので、

「上告棄却」ということになりました。

自分が審理した事件で死刑はありません。死刑求刑自体がなかったんです。だから、裁判官在職中は死刑の問題について、あんまり本気になって考えたことはなかったんですけど、後に退官してから色々と死刑の問題について意見を聞かれるので、よくよく考えてみると、「やっぱり死刑はまずい」という結論に至りました。最大の論拠は、団藤先生と同じで、間違った時に取り返しがつかないということです。

――誤判の可能性ですね。

木谷　そうです。他にいくつもあります。そもそも、死刑と無期刑とを区別する絶対的な基準を見つけることは不可能ではないか。裁判官・裁判員も、死刑を言い渡す時には大いに悩むと思いますが、結局被告人は、当たった裁判官・裁判員の考えや世論の動向等によって死刑になったりならなかったりする。それでいいのでしょうか。また、日頃死刑囚を実際に世話する刑務官は、そのことを通じ死刑囚と心の通い合いができるようですが、そういう刑務官がある日突然、自分が世話してきた人間を殺せと命じられる。そういう時の刑務官の気持ちを考えてみてください。この二一世紀の文明国日本で、なぜそんな非人道的で野蛮なことまでしなければならないのでしょうか。

刑罰の目的というのは、応報と、最終的には、その人を更生させて元の社会に戻す、それで一緒にやっていく、というためにあるのではないか。そうすると、死刑の場合は、後の方の目的を完全に捨ててしまって、応報だけでやってしまうということになる。

去年(二〇一二年)の六月に、ノルウェーから元裁判官や法務大臣などが来て、青山学院大学でシンポジウムがありました。その時、私に、「日本において死刑は今後も持続されるべきか」という観点からレポートをしてほしいという依頼がありました。たった一五分ですけど、私は今のようなことを言って、死刑に反対したんです。それがあって、去年、タイから招聘を受けました。アムネスティインターナショナル・イン・タイという団体が、「タイでも死刑が残っているので、日本で死刑廃止を言っている元裁判官はいないか」と日本のアムネスティに照会があったそうです。それで私は、二〇一二年の一一月末から一二月にかけて、タイでもそういう話をしてきました。私は、現在では、「死刑は絶対になくすべきだ」という意見です。

——一般的な、キャリアの裁判官の方の死刑に対するお考えというのは、先生は、どんなふうに見ておられますか?

木谷　うーん、原田國男君(元・東京高裁部総括判事、後に慶応大学法科大学院教授)は「反対」と言っています。先に述べたETV特集を担当したNHKの堀川恵子ディレクターの話によると、永山事件の調査官だった稲田輝明君も「今では廃止論者です」と言っているそうです。ただ、永山事件の判例解説には、そういう悩みが見えません。だから、ちょっとあれは残念なことをしたな、と思っています。あの段階で、何か手を打つべきだったんではないか、と思います。例の光市の母子殺害事件で、第一小法廷は、一・二審で無期懲役だったのを最高裁で破棄し差し戻してしまい、永山事件よりも言渡し基準をさらに緩めてしまった。これは、世界の潮流から見ても明らかに逆流現象で、良くない状況だと思っています。

――死刑を否定する見解の裁判官は、ごく少数だということですか。

木谷　裁判官の中で、あまり死刑について議論したことはありませんが、はっきり反対だと現職の人が言っているのを聞いたことは、余りないですね。元職の方でも、やはり少数でしょうね。

――それは、発言しないだけなのか、そう思っておられないのか。

木谷　分かりません。だけど、積極的に止めたらいいという意見を聞いた覚えはないから。私みたいに大きな声で言っていると目立ってしまうんです。その結果、タイまで来てくれ、ということになってしまって(笑)。

「四畳半」と憲法

――また、「四畳半」に戻ります。先生の調査官解説にも書かれていますけど、当時、奥平康弘先生(東大名誉教授)が憲法論の観点から、わいせつというのを表現の自由で考えるべきではないかという見解を出されて、学説上、有力化してきた時期だと思います。

そういう学説の展開とか、比較憲法的な知見について、当時の最高裁はどんなふうな態度で臨んでいたのでしょうか。それについて、調査官としては、どういう意識で、そういうものを採り入れようと考えられていたか。

木谷　さあ、憲法ですか。さっき言ったように、小法廷の意識は低いから、そういうことを特に調査するように命じられたことはないし、色々と聞かれたこともないです。表現の自由との関係が問題になることは当然、理解していますが、何しろ裁判官自身が、わいせつなんていうのは表現の自由の中では一番弱いものだと、そういう意識ですから、あまり問題意識として、高くなかったと思いますね。

――調査官としての先生の意識は、どうでしたか。

木谷　それはもちろん考えましたけど、どうも、これも弁解になってしまうけど、結論が先にありきだから、深く突っ込んだという記憶はありません。私が勉強したのは調査官の解説に書いてある程度です。

――視野には入っているけれども、憲法上の観点から重視して検討するまでは……。

木谷　調査官が憲法なんか言ったって、それは裁判官たちには歯牙にも掛けられないだろうという意識が先にありますからね。

――先生の調査官解説の末尾に「余論」として、「わいせつ文書・図画の規制について、わが国は、将来どのような方向に進むべきであろうか」と問題提起され、「最高裁判所が、このような方向に向けて一歩を踏み出そうとするかすかな胎動を感ずることは、必ずしも不可能ではないのではなかろうか」と結ばれています。調査官解説としては、異例の記述と感じられますが……。

木谷　それは最低限度の抵抗です(笑)。

そういったことは全然、問題にしてもらえませんが、「この判決を、そういう方向で捉えてほしい」という私の希望です。実際問題としては、その前後に言い渡された「愛のコリーダ」事件(東京高判昭和五七年六月八日判時一〇四三号三頁)とか「日活ロマンポルノ」事件(東京高判昭和五五年七月一八日判時九七五号二〇頁)などは無罪となりましたでしょう。四畳半事件の最高裁判決を、今述べたように捉えれば、無罪判決に到達しやすいことになるはずです。

――今から振り返られて、この解説の「余論」の「かすかな胎動」は斬新な表現だと思いますが、それが生きているなという実感は?

木谷　それは感じます。実際問題として、警視庁も文章のものは摘発しなくなりました。せいぜい写真とか動画でしょう。その後、野坂昭如氏は、これの現代語訳を出しました(『四畳半色の濡衣』文春文庫)。私も週刊誌で現代語訳を読みましたが、現代語訳のほうがはるかにわいせつですよ(笑)。だけど、警視庁は手を出さないものね。それは、もうそういう時代じゃないと、警察も諦めているのではないですか。

――性に対する国民の感覚が、時代の変化によって、受け止め方も全く異なると？

木谷　そうですね。もう、文章に関するわいせつというのは、「歴史」の方に入ってしまった。文章に関するわいせつ事件が摘発されなくなりましたからね。当時は、他にもありました。「ふたりのラブ・ジュース」事件（最二小判昭和五五年一一月二八日判時九八二号八七頁）とかね。あれもみんな有罪になってしまいましたけど、その辺が最後ですね。

あの頃、私の担当でわいせつ事件が三件続きました。昭和五四年の「日活ポルノビデオ」事件（最二小決昭和五四年一一月一九日刑集三三巻七号七五四頁）と、五五年の「四畳半」事件と、五八年の「ビニール本」事件（最三小判昭和五八年三月八日刑集三七巻二号一五頁）です。それで、私は〝わいせつ調査官〟になってしまった。でも、この三つを担当したのは偶然です。全くの偶然で配点されました。「ビニール本」事件では、準ポルノ、ハードコアポルノで区別するという伊藤正己裁判官の補足意見が付きましたが、調査の段階で伊藤先生と意見を交わした、やり取りをした記憶はありません。伊藤先生は、「この件は、ちょっとネタが悪いので、結論を変える訳にはいかない」ということでした。しかし、伊藤先生は表現の自由の大家ですから、「何も書かない訳にはいかない」ということで、ああいう補足意見を付けられたのだと思います。

――「四畳半」の調査官解説では、〈アメリカのミラー判決以前の判例理論とか、「チャタレイ」の一審判決の考え方とかが参考になるのではないか〉、〈わいせつ概念そのものについて、どういうふうに考えるか〉ということが書かれています。それと、「ビニール本」事件の伊藤補足意見とはかなり似通った構成があるように感じました。補足意見は伊藤裁判官ご自身で書かれたのでしょうか。

木谷　そうです。

――伊藤裁判官は木谷先生とやり取りをして意見を聞かれませんでしたか。

木谷　それはあります。私は、伊藤先生をそれ以前から存じ上げていますから。東大の「法学部山の会」の話をしましたね。私がいた頃ではありませんが、伊藤先生は、その後、「山の会」の会長になられて、OB会などで顔を合わせていました。しかも、私は在学中、伊藤先生のゼミを取っているんです。当時、成績の悪い学生は単位のあるゼミを取れないシステムでした。私は成績が悪かったから、当然そういうゼミを取れない。ただ、伊藤先生の英米公法のゼミだけは、単位がもらえないけど、成績が悪くても受講させてもらえるというので、私も入れてもらったんです。このゼミで一旦顔を合わせていて、後に、山の会の関係でも存じ上げていました。そうしたら、最高裁判事でみえたでしょう。だから、最初から伊藤先生とは結構、色々と気楽にお話ができる間柄でした。

「壁」が厚い大法廷回付

――先生が調査官当時、わいせつに関係する事件として、第一小法廷では大人のおもちゃ事件があって、団藤裁判官などが補足意見を書かれています。わいせつについては、当時の最高裁全体の裁判官でいえば、補足意見とか少数意見が書かれてもおかしくないような状況だったと思います。わいせつ概念そのものについて、場合によっては、「チャタレイ」とか「サド」を見直すべきだという意見の方がいたということだと思うのですけども。

木谷　第一か第三のどちらかの小法廷に行ってくれれば、「四畳半」事件の大法廷回付というのが、あるいは可能だったかもしれません。「四畳半」は、ポルノビデオとかビニール本とかの事件と比べたら、はるかに大法廷にふさわしいですよ。

――その後、結果的に、このわいせつ概念の問題は大法廷で審議されることがないままです。二〇〇八年(平成二〇年)にメープルソープという写真家の作品集の事件が問題になりましたが、そこでも「四畳半」の判断方法に従って、第三小法廷は、わいせつ性を否定する判断をしています(最三小判平成二〇年二月一九日民集六二巻二号四四五頁)。基本的に、わいせつの問題では「四畳半」の判断基準でやるというふうな形になっていますね。

木谷　わいせつの問題については、四畳半事件最高裁判決で示された判断方法が大きな役割を果たしています。他方で、なぜ大法廷で判断するということにならなかったのか、と。それは本当に、そう思います。

――何か問題があるのではないでしょうか。最高裁の制度などを見て、どういうところが問題だと思われますか。

木谷　係属した小法廷(第二小法廷)が悪すぎたということです。小法廷が大法廷に回付しない限り、よそから「大法廷にしろ」とは言えませんからね。波を立てるのは事件が係属する小法廷ですから、そこが全然そういう意思がないのでは仕方ありません。でも、後から考えてみると、担当調査官としては、やはり大法廷回付相当という意見を上申しておくべきではなかったか、と反省させられています。

――長官は制度上、大法廷回付を小法廷に打診することは可能ですか。

木谷　それは分かりません。ただ、制度としては、長官が当該小法廷に所属していれば別です。小法廷の一員として大法廷回付を提起することができます。「四畳半」の時、長官は第三小法廷所属でした。

――それは、かなり偶然的な要素になってしまいますね。ちょっと疑問に思うことがあります。最高裁は憲法判断という大きな役割を担っていますが、調査官室は刑事と民事と行政とに分かれている。ところが、憲法問題は刑事事件、民事事件、行政事件にかかわらず、横断的に生じてくる。とすると、たとえば表現の自由の問題について、どう考えるのかというようなことは当然、民事事件でも行政事件でも発生し得る。そういったことについて、刑事・民事・行政の各調査官室が横断的に議論をすることはないのでしょうか。

木谷　国家賠償請求訴訟の時などはあります。たとえば、刑事の接見交通権侵害を理由とする訴訟は、民事の国家賠償請求訴訟になる訳ですけど、そういう事件の真の争点は刑事の問題ですから、民事の調査官から刑事のほうに意見を聞いてくるということはあります。私の時にはなかったけど、実際にはやっているようです。今の憲法問題については具体的な記憶がないですね。

——振り返ってみると、調査官の顔ぶれとも関わるのかもしれませんけども、昭和四〇年代の後半から五〇年代の前半というのが、猿払事件とか徳島市公安条例事件とか、この四畳半事件とか、かなり表現の自由に関して重要な判例が出た時期、その後の最高裁判例理論の中核になるような判例が出た時期であると思います。逆に言うと、その後、それほど大きく発展している訳ではないとも思えるんですが、それは何故だとお考えですか。

木谷　いや、分かりませんね。昨年(二〇一二年)一二月の最高裁判決(国公法事件＝堀越事件および厚生労働省職員国家公務員法違反事件。最二小判平成二四年一二月七日刑集六六巻一二号一七二二頁、同一三三七頁)は、猿払事件の判例を変更する絶好のチャンスだったと思うんだけども、両方とも小法廷で棄却するというアクロバットをやってしまったので、びっくりしました。どうして、あれを大法廷に回さなかったのか、私は未だに分かりません。

――先生のご見解は？

木谷　堀越事件は原判決の結論でいいと思うけれども、最高裁としてはもう少し何とかできなかったでしょうか。原審は下級審だから最高裁の大法廷判例に拘束され、それに抵触しないように苦心しながら無罪にしたんです。最高裁がその結論を維持するのだったら、それこそ大法廷に回して、猿払判例を修正するか変えるかした方が良かったんじゃないですか。たまたま逆の結論を出した世田谷事件も同じ第二小法廷に係属したのだから、大法廷に回す絶好のチャンスだったと思います。最高裁は、猿払判例の理論をそのままにして、堀越事件は無罪、世田谷事件は有罪としたのですが、普通の人は、片方が無罪で、もう片方が有罪だというのは、ちょっと理解できません。

――この二つの事件は、課長補佐と一般職員という役職で類型的に区別できるという見方も……。

木谷　そういうところで区別して本当にいいのでしょうか。

――刑事裁判官の調査官としては香城敏麿さん(故人)がおられます。先生より少し前の時期ですが。

木谷　香城さんは、抜群の力量の持ち主でした。オピニオン・リーダーで、その手の憲法判例にはほとんど全部関与しています。労働基本権の事件も猿払事件も、みんな香城理論です。ただ、あの人の理屈は難しい。難しくて理解できないというとバカにされるから、みんな分かったような顔をしているけれども、本当は分かってないので、みんなが分からない理屈を言うのだから、本当は頭が悪いんじゃないかという説もあります(笑)。ともかく、非常に強力なオピニオン・リーダーでした。

――香城さんは、調査官を辞められても、なお影響力が残っていたということですか。

木谷　関与された事件が判例になっていますからね。しかも、皆、解説が残っています。香城さんは調査官に二回なっているんです。最初の時はヒラ、二回目は上席です。

――上席にも事件が配点されますか。

木谷　私が調査官になった頃、上席は、まだ全くヒラの調査官と同じ事件配点でした。しばらくして、上席は他の調査官の指導に当たるべきだという観点から担当事件が減らされた。それで、上席の渡部さんの担当は一般の調査官の四分の一に減りました。ところが、渡部さんは一般の調査官の指導を余りしない。そういうことより、自分の事件を一生懸命やる方がお好きだった。だから、その時点では、みんな釈然としない気持ちでしたよ。だけど、その分、各調査官の自由にやらせてもらえた。何でも口を出す次の上席と比べれば、はるかに良い上席でした。次の上席は考え方が堅すぎるし、色んなところで妙な口出しをされるので、私はやりにくかった。その後の香城さんは、また、ずいぶん強力なリーダーシップを発揮したんじゃないですかね。私は、香城さんと在任時期の重なりがないのでよくは分かりませんが。

――首席はどなたでしたか。

木谷　最初は西村宏一さん(後の福岡高裁長官)で、その後、井口牧郎さん(後の名古屋高裁長官)に代わり、私が調査官室を出る直前は可部恒雄さん(後の最高裁判事)でした。

――首席に対する配点は？

木谷　首席だけは配点されません。それも昔、首席調査官の制度ができるまで、昭和四〇年代初めくらいですけど、中野次雄さんという人がおられまして、この方が事実上の首席をしておられたことがあります。当時は首席調査官制度がなかったから、事実上のものだったのです。この方が事実上の首席でおられた間には、リベラルな良い判例がたくさん出ています。

――ちょっと逸れますけど、最高裁の機構図をウェブページで見ますと、裁判部門と司法行政部門なかんずく事務総局との二つに大きく分かれているのですけど、調査官室はどこに位置づけられるのでしょうか。

木谷　それは、もちろん裁判部門の補助機構です。前に説明したように、実際の建物でも、裁判官の部屋があって、L字型に調査官の部屋があって、しょっちゅう行き来ができるようになっています。

――裁判部門の部長はいますか。

木谷　補助機構の部長に相当するのは首席調査官でしょう。機構としては、裁判部門には大法廷と三つの小法廷がある。調査官は、小法廷に付いているというより、裁判官に付いている。裁判部門全体に付いている、というのが正確かもしれません。

――調査官制度についてですが、若い時に調査官に付くアメリカのような制度を採っている国もある一方、キャリアを積んだ職業裁判官が付く日本の制度は日本独特のものということもできます。調査官制度そのものについては、どういう感想をお持ちですか。

木谷　あまり深刻に考えたことはありませんが、キャリア裁判官だけで調査官をやっているというのは、安定性はあるけれども、少し柔軟性・発展性に欠けるかもしれません。もっと外部の血、弁護士さんとかを入れた方がいいのかもしれません。

――研究者はどうですか。

木谷　そうですね。調査官には事務処理能力も要求されますから、実務家でないとやっていけないという面があります。研究者の先生方は、全体に慎重すぎてなかなか事件に結論を出せないのではないかと心配しますが、そうしたハンディキャップがあっても、少しタイプの違う人を入れた方が良いんじゃないかと思います。現在は全体に少し堅すぎます。私くらいの者が中で浮いてしまうのですから(笑)。

――では、続く判例にいきたいと思います。次は、一九八一年(昭和五六年)四月一六日の『月刊ペン』事件です。これも先ほどの「四畳半」と同じように、粗選別の段階からうかがっていきたいのですけれども、これも最初から「◎」印ですか。

木谷　いや、「〇」印だったと思います。

――「〇」印ですか。この粗選別は、どの調査官室ですか。

木谷　忘れました。どの調査官室が選別したか。自分で粗選別した訳ではなく、通常の配点です。

――この判決が一九八一年四月ですから、配点は八〇年ですか。

木谷　一九八〇年です。八〇年のわりと早い時期ですね。一月から三月あたり、もうちょっと後かな。配点の経緯は分かりません。

――もう全く機械的に？　当時は「◎」事件を持たれていた訳でなく、「〇」事件もなかった状態ですか。

木谷　いや、「〇」事件は常時いくつもあります。

――同時にいくつぐらいですか。

木谷　上告事件は年に二〇〇〇件ぐらいありますから、それを一二で割っていけば、月別に来ている事件数が分かります。「〇」印は、そんなに多くありませんが、常時回ってきます。ちょっと数は分かりませんが、一人の調査官が一、二件より多く、常時、複数持っている。

――その中にポロッと入ってきたという感じですか。後に憲法判例に残っていく、そんな第一印象はありましたか。

木谷　判決と記録を読んでみると、明らかにおかしい訳です。「これはおかしい」ということがまず最初にありました。まあ、憲法判例になるということは余り意識しないで、名誉毀損の刑法解釈が頭にあるから、そっちの方で「やっぱりおかしいんじゃないか」ということがまず頭に浮かびました。池田大作さんの女性問題が「公共の利害」の関心外だと言われたら、みんなびっくりしますよ。それはもう、常識的に考えておかしい、と私は思うんです。

これは余談ですが、裁判官当時、砂川事件で駐留米軍違憲の判決をした伊達秋雄弁護士が創価学会側の代理人をしておられました。この事件では、被告人は一・二審で有罪ですから、創価学会側が連戦連勝した訳ですね。ところで、私が現在いる事務所（二〇一八年に退所）の佐藤博史弁護士の話では、その時、佐藤氏と同じ事務所におられた伊達さんが、佐藤氏に「佐藤君、これはちょっと勝ちすぎだよ」と言われたそうです。「勝ちすぎだよ」というのは、〈程々の勝ちがいいのだけれど、本件ではちょっと勝ちすぎで問題だ〉という意味だったらしいんですね。それで案の定、最高裁では逆転してしまった、と。だから、「やっぱり勝ちすぎは良くない」ということを佐藤弁護士は盛んに言っています。

——先生は、配点された後、上告趣意書と原審判決、原原審判決を読まれた……。

木谷　読んだらおかしい。最初から直感的に、おかしい、と。

——そこから、資料、文献収集を始められたと思います。これは、「○」事件で、先ほどの「四畳半」は「◎」事件ですけれども、調査自体の姿勢といいますか、時間の掛け方とか労力の掛け方とか、そういうものは変わりませんか。

木谷　そうですね。だけど、これは結論が、どう考えてもおかしい訳ですから、破棄する方向へ、どういう理屈が立てられるか、ということを懸命に考えました。「四畳半」の方は、結論がおかしいんだけども動かせないという前提があって、判例をどうすり抜けるか、という次元の低い話ですから、調査官としては余り面白くない。それに対して『月刊ペン』は、やりがいがあります。「原審がおかしい」とはっきり言える訳ですからね。

——これもやはり、調査に数か月……。

木谷　この事件は、そんなにかからなかったと思います。わりと早めに報告書を出した記憶があります。三、四か月くらいで出したのではないでしょうか。ただ、判決が遅れてしまったのは、報告書を出した後に主任の団藤裁判官からしばらく音沙汰がなかったからなんです。相手が相手だから、団藤先生も少し悩まれたんじゃないのかな、と思います。それで、なかなか審議のお呼びもかからなかった。その辺は、『刑事法ジャーナル』(三四号六四頁以下)にも書きましたが、その後、国会で動きがあって、最高裁に対する質問が出るということになってきて、まもなく団藤先生から呼び出しがかかったんです。後は一気呵成に弁論、そして判決となりました。

——団藤先生は通常、調査官から報告書が出ると比較的早く、お呼びがかかるんでしょうか。

木谷 団藤先生は、特別に早いということはないけれども、そんなに長く置いておかれる方でもありません。本件では、すぐにもお呼びがかかるのではないかなと思っていたのに、なかなかお話がこないので、あれあれと思ったという記憶があります。

——調査官の研究会では、どうでしたか。研究会の方が先ですか。

木谷 正確には覚えていませんが、調査官の研究会では、反対はもちろんあったと思います。反対はあったと思うけど、そんなに強力なものではなかった気がします。

——それは異論というくらいで、判決への影響力はないものなのでしょうか。

木谷 やっぱり反対はありました。色んな細かなところを突いてくるんですよ。前にもお話しましたが、研究会に当たり、私は調査報告書のコピーを事前に配布して、手の内を全部さらす方針でした。他の調査官にこちらの手の内を全部見せてしまう。だから、相手は、突こうと思ったらいくらでも突きを入れる場所を発見できる。まあ、もう少し上手にやる人は、私みたいに報告書を全部は見せずに口で説明して、相手がこう突いてきたらこう返す、などとシミュレーションして作戦を練るのではないでしょうか。私は全部こちらの手の内を見せてしまっているから、他の調査官はその先を言ってきます。たとえば、「池田大作さんの女性問題は公共の利害に関する事実かもしれないが、相手の女性の立場はどうなるんだ。池田さんのことを報道することによって相手の名誉を毀損してしまっているじゃないか」ということは当然、言われたと思います。それは、その頃から問題になっていました。相手というのは、TさんとかWさんとかです。当然、そういう問題は出てきます。そういうことを問題にすると、その関係では事実の証明ができなくなり、結局、池田さんの関係でも有罪になるということになってしまいます。そういう細かなところを言う人がいたかもしれません。

——それに対しては、どういう?

木谷　調査官解説に書いたように、色んな考え方ができます。〈密接不可分で分離できない場合は、池田さんに関する事実を摘示する際に必要な限度で相手に関する名誉を毀損しても、それは仕方のないことだ〉という言い方とか、〈この事件の場合は、一応、相手は国会議員ですから、その人たちも含めて公共の利害事実と言っていいんだ〉とかね。色んな見解があり得ますが、この事件では彼女たちの名誉侵害が問題になっている訳ではない。ともかく、原審は、「池田さんの女性問題が、公共の利害に関する事実ではない」と言っている訳ですから、「そこがおかしい」と言えばそれですんでしまうので、最高裁で細かく言う必要はないんです。そこはまた原審に戻って議論すればいいことだと思うんです。

実際は「木谷判決」

——その研究会の後、団藤先生からお呼びがかかったんですね。団藤先生の最初の反応はどういう感じだったのでしょうか。

木谷　団藤先生も、結論は報告書に賛成だというご意見でした。

——「私人といえども」というアプローチについては？

木谷　基本的には賛成だったと思います。

——かなり色々ご質問はあったんでしょうか。

木谷　ご質問というか、色んな話をされました。細かなことは、みんな忘れてしまったけれども。

——基本、この報告書の線で行こうという？

木谷　基本はそうです。判文(判決文)はちょっといじったんですよ。この判決には、中村治朗さん(最高裁判事)も意見を言われました。「社会的活動に対する評価」……これが入ったんです。最初は「社会的活動に対する批判」の一資料として、という原案だったのが、中村さんのご意見で、「評価」もあると言ってね。

――「批判」としていたのが、「ないし評価」という五文字が加わった、と。それは審議の時ですね。この事件の場合も、審議は、結論の審議と、判決文の審議の二回ですか。

木谷　そうですね、一回ではすんでいない。二回か三回です。審議はすんなりといきました。ただ、判決文の審議の席で、中村裁判官が「評価」という文言を入れた方がいい、と。それは記憶にあります。

――では、逆に言いますと、その五文字以外はほぼ……。

木谷　そうですね、ほとんど原案の通り、通ったんではないかと思います。あとは、「てにをは」みたいなところは修正があったかもしれませんが。いわゆる規範に相当するようなものはほとんど変わっていないと思います。

――そこに至るまでに、団藤さんのご意見などを先生が採り入れられたことも全然なかった？

木谷　この事件では余りなかったと思います。報告書の線で、わりとすんなり行ったんですよ。

――一般には、団藤先生が書かれたという見方があると思うんですけど、実質的にはほとんどすべて先生が？

木谷　実際は「木谷判決」ですよ。そういう見方をしていただけるのは光栄の至りで、こんなことは明かさない方がいいんでしょうねえ。明かさない方が有り難みがあって(笑)。

——結論はすんなり決まって、後は私人の私生活上の行状云々という表現などに関して議論はほぼなく、これで行こうという感じですか。

木谷　そうですね。私の判文は、細かなところは別にして、比較的すんなり通った。特に異論はなかったと思います。

——藤崎さん、本山さんは特に発言は……。

木谷　藤崎さんはずいぶん頑張っておられましたが、本山さんの発言はあまり記憶にありません。あの方については、日弁連推薦ではなく一本釣りで最高裁判事になられたという噂もありました。

——そうなんですか。しかし、弁護士枠で入っている。

木谷　そうです。昔はそういうことがあったんですね。今はよく分かりませんが、最近の弁護士出身の方たちは、昔と比べればしっかり発言しておられます。

——本件は刑事事件で、刑事が専門の団藤さんが主任をされました。これも偶然ですか。

木谷　全く偶然です。調査官も配点だし、裁判官も配点。もう偶然に団藤先生のところへ行ったんです。

——仮にですけど、これは「〇」事件ですよね。木谷先生に配点されて、判例として残るものになったんですけど、もし違う調査官が担当されていたら、どんなふうになったんでしょうか。

木谷　それは分からないですね。人にもよりますし。人によっては、全然そんな判例にしないで、平気で上告棄却したかもしれません。

――直感的に、最初に読まれた時に「これはおかしい」と思われたというのは、十分に証拠調べをしないというのは問題があると？

木谷　原審は、事実の証明をさせないんですからね。事実の証明をさせないまま控訴棄却判決をするのでは話にならない、と思います。立証できるかどうかは別として、立証は許すべきです。本件は、原審に差し戻された後、有罪にはなりましたが罰金ですみました。やっぱり門前払いは良くないですよ。

――立証できるかどうかは別として、事実の証明はさせるというのが……。

木谷　立証を許せば告訴人の名誉が侵害されるという議論があると思いますが、それは他人を告訴した以上、しょうがないですよ。名誉毀損で告訴して他人の刑事責任を追及しているんだから。人の処罰を求めるのに、自分だけ「高見の見物」を決め込むというのは、池田さんあたりになると許されないと考えるべきでしょう。

――刑事事件で、刑罰である以上、というのはやはり大きいのでしょうか。

木谷　そうでしょうね。人の処罰を求めているんですから。自分は「高見の見物」をしていて、人だけ処罰してくれ、というのはちょっとまずいんじゃないですか。

――団藤さんが裁判長で、木谷先生が調査官だったということは大きかったでしょうか。

木谷　大きかったですね。本山さん辺りが裁判長だったら、やりにくかったと思いますよ。だから、組み合わせが上手くいったと思います。うまくいく事件はそういうものなんですよ。うまくいかなかった事件は、調査官も裁判長も両方悪かったとか、そういう事件です。本件の場合、調査官が私で、かつ裁判長が団藤先生だったということが、まあ、それが良かったんでしょうね。

――調査官解説に、表現方法とか事実の調査の程度は……。

木谷　公益目的の方で考える、と。

――という話なんですけど、公益を図ることと、表現方法とは違う……。

木谷　それは推認の問題です。ひどい書き方をすれば、そういう目的もなかったのではないか、というような推認が働く。そういう意味で、そっちの方で考えるべき問題だということです。だけど、事実というのは客観的なものなんだから、それはもう表現方法がどうであったとしても、事実が動くというのはおかしいじゃないかという考えですね。

――ただ、わざと揶揄することによって、公益を果たす可能性もありますね?

木谷　それはそうです。だから、揶揄しているから、常に公益目的がないというふうにはならない。その一要素として考えろという訳ですからね。

――「専ら」というところの解釈ということですか。

木谷　だから、あれは「主として」と考えるべきこと。これは刑法の解釈としては一致していますからね。

――事実調査の程度も公益性という……これも推認ですか。

木谷　そうでしょうね。

――私などは、相当性のところの問題ではないか、と考えることもできると思ったんですけども。

木谷　うーん、それはそういう考え方もあるかもしれませんね。

「刑法解釈に専ら関心」

――この事件では、上告趣意自体は憲法違反、主として二一条違反の主張です。他方で、刑法二三〇条の二の解釈問題として処理することもできるという典型的な事案です。これは、最高裁に持っていくためには憲法違反の主張をする必要があって、弁護士が常に悩む部分です。この判決では、上告趣意を簡単に斥けた上で、職権で判断をするとしたため、議論の枠組み自体は憲法問題ではない形になります。本件では、あえて憲法問題について踏み込んだ判断をしているという意識はあるんでしょうか。

木谷　どういうふうに書いたかな(笑)。判例自体は、ほとんど刑法の解釈です。私は、専らこちらに関心がありました。判決要旨にも憲法は出てきませんか。

——アメリカの判例を引用するところとかでは、どのように？

木谷　憲法は背後にはあるんですけど、直接は刑法の問題だということです。この時は、少しアメリカの連邦最高裁の判例を読みました。ニューヨーク・タイムズ事件判決などです。本件は、さっきの「四畳半」なんかと違って、上告趣意の出来があまり良くなかったと思います。

——一方で、上告をする側は、あえて憲法論にしなくてはいけない。他方で、調査官や裁判官は、あえて憲法問題にしたくない、と。同じことを論ずるのに方向性が違います。

木谷　憲法問題を避けて通れない事件と、そうでない事件があります。できるだけ憲法問題にはしたくない、というのが調査官の本音です。憲法違反の論旨に全部まともにつき合っていたら、大法廷事件ばかりになってしまう。にっちもさっちもいかなくなる。だから、そこをすり抜けて、刑法の実体法の解釈でやれるものはやるというのが調査官の腕だ、というように教育されている訳です。

——こうした姿勢に対して裁判官の方々から異論は特に……。

木谷　裁判官の方から異論が出るということはまずありません。まあ、いろいろとテクニックがあるんです。まず、「所論は違憲を言うが、実質は単なる法令違反の主張にすぎない」とかね。この判決でもそう書いているんじゃないでしょうか。「憲法違反の主張があるが、実質は刑法の解釈問題だ」と。あるいは、「原判決が認定しない事実を前提とする議論である」とか、「原判決が判断していない点について違憲を言う」とか。そういうのはみんな「欠前提」と言って、「前提を欠く議論」ということになってしまうんです。そういうことを先輩の調査官がいろいろと考えて、憲法違反の論旨を排斥する場合のテクニックがいっぱい集積されている。それを駆使する訳です。

――逆に、上告を棄却する時には憲法に踏み込んだ判断をしてもよいというところもあるんでしょうか。

木谷　合憲判決も、原則として小法廷ではできません。憲法に違反しないという判断は、大法廷判例と同一の判断なら小法廷でできますが、そうでなければできないのです。しかし、その論点にぴったりの大法廷判例がないことも多い。そういう場合は、「大法廷判例の趣旨に徴して明らかだ」ということにして、大法廷の判例をいっぱい引用するんです。一見すると全然関係なさそうな判例まで引いてやる。だから、判例を沢山引用してある事件ほど、本当は危ないんです。論点に関係する直接の判例がないと、あまり関係なさそうな判例をいっぱい引いてくることになりますから。次の佐世保エンタープライズ事件なんか、まさにそれです。

――最高裁裁判官経験者の御著作だったと思いますが、「判例の趣旨に徴し」というのに関して、こうした表現はいかがなものかということを書かれていますが、先生はどう思われますか。

木谷　「趣旨に徴し明らか」というのは、裁判所法の条文からは離れている。裁判所法一〇条によれば、小法廷限りで合憲判断ができるのは、要するに、「前にした大法廷の合憲判断と同じである」場合に限られると要件を絞っています。そこに言う「同じである」という要件を、「判例の趣旨に徴して同じであることが明らか」という場合にも拡張解釈して適用する訳ですから、そこにゴマカシが入るんです。

――広くとれるような……。

木谷　そうです。この判例とこの判例とこの判例、三つ合わせれば、この今回の判決が憲法に違反しないということが明らかではないかと、こういう訳です。逆に言うと、小法廷制度が憲法判断を避ける大きな理由になる。普通の小法廷事件をやりながら、こういう憲法判断をするというところに無理があるんです。だから、今から思えば、一九五七年(昭和三二年)に出された「中二階案」(最高裁の機構改革案。最高裁に大法廷と「中二階」の小法廷六つを設け、大法廷の裁判官九人は憲法判断と判例変更に専念し、小法廷の裁判官三〇人は通常事件の第三審の仕事に専念するという構想)は良かったのではないか、と私も思います。この案では、憲法判断をする最高裁判事は大法廷で憲法判断に専念させる、そして、大審院的な仕事をする人は小法廷判事として専らそういう判断に専念させるということになりますが、そういうやり方は、案外良かったのではないかと思います(注　最高裁判事を務めた畏友・泉徳治君も、その著書の中で、中二階案を支持している。『私の最高裁判所論』日本評論社、一一一頁)。現在は、小法廷で大審院的な仕事をしながら、ときどき大法廷で憲法裁判所判事の仕事をする訳ですから、どうしても憲法判断は回避したくなるでしょう。裁判官の方で、伊藤先生みたいな特殊例は別として、ほぼ憲法裁判官としての役割は果たしていない。だから、「中二階案」がどうしてダメになってしまったのか。今、埼玉弁護士会が盛んに「中二階案」の復活を主張しているんですけど(たとえば、二〇一二年一〇月のシンポジウム「これでいいのか！　最高裁――自由と人権の確立をめざして」)、なかなか今時、こんなに国のお金がなくなってから最高裁の判事を増やせというのも難しそうですね。

――最高裁の裁判官を四五人くらいにするという話です。

木谷　調査官がだいたい三〇人ですから、調査官クラスをみんな最高裁判事にしてしまえばいいんですね。そういうニーズがあるんですからね。昔の大審院には判事が四、五〇人いました。

――ただ、最高裁の判事は、閣僚と同じ給料にしている……。

木谷　そうです。小法廷判事は調査官クラスにして、現在の最高裁判事の給料より下げてもいい。小法廷の仕事だけやるんだったら、そんなにたくさんの報酬はいりません。

――給料も「中二階」に。

木谷　余談になりました。

エンタープライズ寄港阻止佐世保闘争事件

——では、次は「佐世保」です。翌一九八二年(昭和五七年)一一月一六日のエンタープライズ寄港阻止佐世保闘争事件の最高裁判決に移りたいと思います。これは、粗選別では?

木谷「〇」印だったと思います。この選別も自分でやった覚えはありません。配点で、普通に来ました。

——第一印象はいかがでしたか。

木谷　この事件は記憶も大分、薄れています。これも、どうしようかなと思って大分、考えたんです。大法廷に回付すれば、もう少し自由がきくんでしょうけど、小法廷でやるとなると、難しい。だから、「中二階」を作って、憲法事件は遠慮しないでどんどん大法廷に回すというふうにすればいい。そうしないと、今の状態では大法廷判例は本当に数が少なくなってしまってダメですよね。

——しかし、大法廷に回付するかどうかの場合には、その時の長官の個性、意識が色濃く反映されるんではないでしょうか。

木谷　出るかもしれませんね。

――長官が大法廷推進の立場であれば、先生がおっしゃるような方向に向かうと思うんですけど、そうではなかった場合は……。

木谷　今の制度では難しい。やはり制度自体を「中二階」などに変えない限り、なかなか難しいのではないでしょうか。

――今の制度には構造的な問題があるということですか。

木谷　どうしても小法廷の事件に目が行ってしまいますからね。佐世保事件でも、いろんな判例……あまり直接の先例がないから、だいぶ苦心して、あの判例この判例と引っ張ってきてゴマカシをしているんですよ。

――この佐世保事件では、上告趣意書など三点セットが回ってきた段階で、最初にどう考えられたか、ご記憶としては？

木谷　忘れてしまいました。だけど、なかなか破棄は難しいだろうな、というのが第一感ですね。先ほどの『月刊ペン』みたいに、これは絶対破棄だという意見は出せないですよ。この件では、伊藤先生は意見を付けておられましたか。

――付けておられません。後に吉祥寺駅構内ビラ配布事件の最高裁判決(最三小判昭和五九年一二月一八日刑集三八巻一二号三〇二六頁)で、パブリック・フォーラムに関する伊藤裁判官の補足意見がありますが、その中で、この佐世保事件の判決を引用されています。ですから、佐世保事件の時に、伊藤裁判官がどういうご意見だったのかな、と思うんですが。

木谷　やっぱりパブリック・フォーラムのことは、伊藤先生が審議の席で言っておられましたから、そういう考え方があるということは確か議論になっていたはずです。伊藤先生がどうして個別意見を付けられなかったか、私には分かりません。

——当時、具体的に審議の途中で、お話はなかったですか。

木谷　この事件の主任裁判官は寺田治郎さん、次期長官なんですよ。当時は第三小法廷所属ですが、長官就任が内定した頃です。最初に私が提出した案文では、もう少し不許可の条件を厳格に絞ってありました。しかし、実際に出された判決では、不許可にできるのは、「かかる事態の発生を阻止することができないと予測される場合に限られる」ということになっています。この点、当初の案では、そこをもう少し絞ってあって、「阻止することができないと明らかに予測される場合」というようになっていた筈です。ところが、案文審議の段階で、そういう「明らかに」を削られてしまった記憶がありま す。寺田さんも、最初は「木谷の案文でよい」と言っておられたと思うのですが、長官内定のニュースが出た段階で、絞りを緩める案を提示されたように記憶しています。

——次の、同類の事件に影響するからですか。

木谷　そうかもしれませんが、分かりません。最初は私の案でいいと言っておられたのに、審議の段階で大分、原案を手直しされてしまったんです。

――まず報告書をあげられて、審議までに寺田さんと相談をして。

木谷　話をしました。大体、「その案で、これでいい」というお話でした。報告書には案文を付けて出していました。ところが、「それでいい」と言われたのに、いざとなったら、なんか緩められてしまったんです。最初の私の案は、条件をかなり厳格に絞ってあったので、結論は棄却だけど判例としては比較的良いものができそうだと私は思っていました。実際になったら、だいぶ「ユルフン」(緩いふんどし)で、あのような判例になってしまいました(笑)。

――案文の段階では、「明らかに」という言葉があった、と。

木谷　その言葉がありました。

――この審議は、結論の審議が一回と、案文の審議が一回の計二回ですか。二か所くらい削られたご記憶があるけれども、特に異論とか意見が他に付いたご記憶はありませんか。

木谷　伊藤先生は、あまりそういうことを言われなかった。

――伊藤さんは発言もなかったですか。

木谷　いや、発言はされました。黙っておられる方ではありません。どのような発言かは、よく覚えていませんが、確かパブリック・フォーラムの話はしておられました。

――調査官室の研究会での検討のことはご記憶にありますか。

木谷　あまり記憶がありません。
――先生からすると、「四畳半」は「◎」事件で、『月刊ペン』は「○」事件で、これは「△」事件くらいのエネルギーといいますか……。
木谷　いえ、そんなことはありません。「○」印は「○」印です。これは、やっぱりまとめるのが大変でした。
――判決文の「事態の発生を阻止することができないと予測される場合に限られる」という部分を、どの程度重みのあるものとして見るかです。
木谷　そこに「明らかに」と書いてあったんです。
――伊藤裁判官は、吉祥寺の事件では、その部分が、まさにパブリック・フォーラムに配慮しているからそうなんだ、という言い方になっています。ですから、伊藤さんは、この佐世保の事件をそういうふうに理解できる判決だというふうに引用されていることは明らかです。ただ、もう少しそこが明確になっていれば、ということですね。
――調査官解説では、国会の審議の答弁などにも触れられています。
木谷　はい。それは、議事録を読みました。
――政府側の答弁では、原則として不許可はない、ということを強調されているように受け止めましたが。
木谷　だから、私は「明らかに認められる」で、いいじゃないかと思いました。しかし、裁判官がその文言を削ってしまった。

——時代的には、憲法判例理論も、その後そんなに大きく動いてはいない。まさに、集団でのデモなどが法廷で正面から争われるということが次第に下火になっていきます。

木谷　大がかりな激しいデモというのがなくなりましたからね。

——この佐世保の事件は、そういう激しいデモのあった、かなり最後の頃の判例です。

個別意見も書く

——これまでの「四畳半」『月刊ペン』「佐世保」の三事件の他に、先生の思い出に残るものとしては、既に一部触れられているように、「鹿児島の夫婦殺し」「よど号」「柏の少女殺し」「流山中央高校」「石油カルテル」といった事件があると思います。「よど号」「流山」の事件などで、判決や調査官解説を読んで、強く印象を持ったのは「手続の適正」ということです。いずれの事件でも、当事者の対立構造をかなり重要視されていることがうかがえました。刑事裁判官のキャリアを積まれた上で調査官として調査を担当されて、刑事手続について当事者の対立構造が崩れているような場合、最高裁はどう考えるかについて、先生はかなり腐心されたのではないか、という印象を持ったんですけども。

木谷　そうですね。やっぱり当事者主義というのは、対立する当事者が論争することによって真実に到達する、という考えですからね。だから論争がないと当事者主義と言えません。論争しないまま片一方の主張をバッと採用してしまってはダメだ、というのは常に思っています。実際に自分で裁判をやっても、そういう一方的な裁判は今までしたことがありません。一方の当事者の反論を聞かないまま判断するというのは、あってはならないことだと思っています。最高裁で調査する時にも、そういうことが出てくると、「ありゃ、これは何だ」という具合に本能的に反応します。私の考え方からすれば、考えられないようなことを原審がやっている、ということが時にありました。その典型が先ほどの「よど号」の不意打ちであったりとか、「流山」の事件とかです。立証させなかったり反対尋問に曝させたりしないまま、被告人に不利な認定をするのは、どう考えてもまずい。

――いずれも結論としては棄却になっているということではありますが。

木谷　そういえば、そうですね。だけど、『月刊ペン』は破棄になりました。あれも、まさに反論させなかったケースですから。

――よど号のハイジャック事件とか、流山中央高校の事件のように、結論としては上告棄却するという時、どういうふうに判断をされているんですか。

木谷　「よど号」は、ともかく破棄するつもりだったんですから、十分案は練り上げて作ってありました。ところが、それが途中で変わってしまったから、あのように、変てこりんな判決になってしまったのです。「流山」の事件でも、私は「破棄」の意見で、当然、破棄されるべきだったと思います。ところが、あの事件については、肝心の谷口正孝裁判官があまり賛成してくれませんでした。「余罪のほうだけでも保護観察は当たり前じゃないか」と言われたんですけど、それとこれとは話が別だと思うんですね。問題の放火事件について有罪認定をされた上で保護観察に付されるのか、余罪だけで保護観察に付されるのかは、本人にとっては非常に大きいと思います。

――そうですね。この事件では、団藤裁判官と中村裁判官は補足意見を書かれていましたけど、審議ではどういう意見があったのでしょうか。

木谷　団藤先生と中村さんは、私の意見に非常に好意的でした。私の意見に近かったんです。ただ、お二人のご意見は、反対意見になっていません。肝心の法廷意見が、何ともヌエ的な曖昧なもので、反対意見を付けにくいものになってしまったからです。法廷意見があのようなものになったのは、刑事の専門家である谷口さんの意見が非常に強力だったからだと思います。結局、結論は棄却だけども、こういう意見をつけておけば、少しは少年本人の気持ちも収まるんではないかということで、お二人が意見を付されました。

団藤先生の意見は随分長いですよ。少年法立法当初のことから書かれていて非常に格調が高い。ところで、判例集を見ると、団藤意見の中間に、事実認定に関する部分があります。団藤意見として普通、引用されているのは冒頭と末尾だけで、事実認定部分は引用されないのですけど、判例集には、その中間に事実認定部分も掲載されています。実は、団藤意見のこの部分は私が書いたのです。それを団藤先生が採用してくださって、団藤意見の中に、表現を多少いじりながら挟み込んでくださったのです。私が書いたものが〝天下の〟団藤意見の一部になっているのですから、私も非常に鼻が高い(笑)。団藤先生が「流山」の事件について「事実経過を報告するように」と言われ、私が急遽手書きで、例の下手くそな字で書いて提出したものを、その後、団藤先生がご自分の意見の中に採り入れてくださったんです。ただ、少数意見、個別意見に関して、そうしたことは一般的ではありません。団藤先生は、他の少数意見は全部ご自分で書いておられますから。

――余談になりますが、中村治朗さんはどういう方でしたか。

木谷　素晴らしい方です。考え方もリベラルです。人格者だし、だから調査官も中村さんの言われることには従っていました。特に民事のほうでは神様のように思われていた方です。

――調査官時代に事情判決を。

木谷　そうですね。当時、首席だったのかな。

――奥平先生が確か、そういうふうに書かれていたと思います。公選法の事件で、どうやって争うんだという議論があった時に、選挙無効で争うということを最初に言い出したのは彼じゃないか、と。おまけに事情判決ということも言い出したのも彼だと、まあ知恵者だというふうに言っておられました。

木谷　それは間違いないです。

――先生にとっても、やはり影響力は大きかったですか。

木谷　中村さんの言われることには重みがありました。第一小法廷は団藤先生がいて、戸田弘さんも理論家でした。戸田さんの後を引き継いだ谷口さん、民事の中村さん。この四人は素晴らしかった。当時、第一小法廷が審議のレベルの一番高い法廷で、他とは違っていた。

――それは、たまたま集まられたということですか。

木谷　分かりません。団藤先生が最高裁にいらしたのは一九七四年(昭和四九年)です。それで、団藤先生が入ったなら、刑事裁判官としていい加減な人は置けないよ、ということがあったかもしれません。団藤先生と議論ができる人とい

団藤裁判官の送別会にて(向かって左端が著者)

う基準で選ばれたのかもしれません。戸田さんにしろ、谷口さんにしろ、刑事裁判官としては抜群の論客、理論派ですからね。だから、良い小法廷になりました。戸田さんの前任者は岸盛一さんです。岸、団藤の時代に白鳥判例ができました。その後が戸田さん、谷口さんです。刑事裁判官の枠に選りすぐりを入れた。

――最高裁の判事には、刑事裁判官と民事裁判官、キャリアの裁判官出身の方がいますが、刑事事件における刑事裁判官出身の最高裁判事というのは特別な重みがあったという訳ですね。

木谷　人によって、です。だけど、刑事裁判官と言っても全然重みがなく、ともかく威張っていて、他の裁判官の口を封じてしまう人もいました。それで黙ってしまう裁判官も情けないとは思いますがね。

事実上の大法廷審議をする「小委員会方式」

――今の「よど号」や「流山」などが対立構造の問題とすると、審級制なども含めて、裁判制度の中でどう適正な手続を構築するかというようなところで、「石油カルテル」や「柏の少女殺し」といった事件の調査を担当されたのではないかと思うんですが、その辺りはどういうふうにお考えですか。特に「柏」の事件では大胆な解釈が示されていますね。

木谷　「柏」の事件は、調査官として私がした仕事の中で最大級のものだと思っています。あの結論に持って行く論理構成が難しかった。ともかく、少年法二七条の二による「保護処分を取り消さない」という決定(「不取消決定」)は、単に職権発動をしないというだけのものであるから、それに対して抗告はできないというのが、当然の解釈とされていました。そのため、高裁は少年の抗告を不適法として棄却したのです。最高裁への再抗告は、この高裁決定に対するものでした。

ここで、問題が二つあります。一つは、本来抗告できないと考えられていた不取消決定に対する抗告が許されるか、他の一つは、最高裁への再抗告の理由として、憲法違反、判例違反以外の理由を主張できるか、というものです。前者の問題も難しいですが、後者の問題も、少年法三五条には、憲法違反、判例違反「に限り」再抗告できると書いてあります。そして、少年法には、そもそも刑訴法四一一条(著しく正義に反する事由による職権破棄に関する規定)のような条文がないのです。だから、少年法では、保護処分決定(刑事手続における有罪判決に相当)に対する再抗告においても、刑事事件におけるような職権破棄はできないというのが、当時の確定した取扱いでした。この決定は、こういう従前の扱いを二つとも一挙にひっくり返してしまいました。

――これはかなり議論があったんではないですか。

木谷　この事件が一番大変でした。私がもみくちゃにされたのは、この「柏」の事件と

「よど号」の二つですけど、「柏」事件の研究会では、「木谷が言っているのは立法論だ」と言って、皆に袋だたきにされました。確かに、それに近い。立法論だと言ってしまえばそれまでですが、無実の疑いのある少年をこのまま放置していいのか、ということが根本にありました。何とか屁理屈でもいいから理屈を立てたいと思って色々考えました。それで、あのような理屈にたどり着いたんです。確かにかなり無理しています。研究会での賛成は一人か二人あったかないかです。これは単独意見に近かったんですけど、小法廷の方で、主任の伊藤先生、また、横井大三さんが強力にサポートしてくれました。横井さんは検事出身ながら非常に話が分かる。ものをリベラルに考えられる方でした。

それで、これは事実認定がやっぱりおかしいので救済する必要があるということになりました。しかし、問題が大きいので本当に小法廷限りでやっていいのか、ということが問題になりました。そこで、この時も「事実上の大法廷」ではないけれど、各小法廷から刑事に詳しい裁判官が集まって会議をされました。第三小法廷からは伊藤先生と横井さん、第一小法廷からは、団藤先生と谷口さんかな、第二小法廷からは牧圭次さんか誰かが出てきて、「小委員会」みたいなものをやったんです。団藤先生は、「やるんだったら、大法廷を開いたぐらいのつもりでやってくれ」というような形でエールを送ってくれました。しかし、全体としては、「どうも小法廷としては無理ではないか」というような雰囲気にも思えたんですけど、その会議から帰ってきた第三小法廷の審議では、伊藤先生と横井さんが「この方向で行く」とおっしゃる。それで、そういう方向が決まったんです。

それで、案文の作成に入る訳ですが、この段階でも、当時の首席調査官と上席調査官が二人とも大反対なんです。「そんな理屈はとんでもない」、「話にならない」ということで、私は随分、叱られました。彼らは裁判官のところへ行って、直接、話をされたような感じでした。

実は、私の当初の案では、事実認定についても、原原審の認定はおかしいんだということを匂わした上で、もうちょっと踏み込む案文を考えていたんです。そして、伊藤先生に「事実認定について補足意見を付けていただきたい。事実認定の問題なので、私が書きますから」と言って、案を作っていました。法律論だけで原決定を破っても、ひょっとすると差戻審でまた有罪になってしまうおそれがある、危ない、と当時、私は本能的・直感的に感じたんです。それで、そういう案も用意したけども、首席、上席から「小法廷で破棄の方向で決まったならしょうがないけど、事実認定については一切、踏み込むな」というふうに厳命されました。それで涙を飲んで作ったのが、この案なんです。状況は、「よど号」の時と同じなんですが、この時は、小法廷がしっかりしていたので、「原決定取消し」の結論までは動かさずにすみました。不幸中の幸いです。

――その「厳命」は、職務命令みたいになるんですか。

木谷　なりません。普通そういうことはあり得ません。担当調査官が小法廷から請け負ってやっているんですから。そこを上から割り込むというのは、普通はしないですよ。本来ならおかしいと思います。制度上は、上席調査官といえども、審議が始まった事件について担当調査官に命令する権限はないはずです。

――調査官室の研究会において、多数決原理で決めるものではない？

木谷　ある一人の調査官の単独意見であったとしても、その意見がいくら調査官室の総意に反していても、それが小法廷で採用されたら、裁判官が決めることなんですから、その線で決まるはずですよ。

――先ほどの「よど号」のメモみたいなもので、上席とか首席が裁判官を説得して、それが奏功した場合は許容されるとしても、上席と首席が担当調査官に対して、「これは出すな」とか言うことは本来あってはならない……。

木谷　おかしいですよ。しかし、命令されてしまっていますから、事実認定に関する補足意見は引っ込めました。まあ、法律論だけでも、取り消すというのはすごく意味がありますから、それで引っ込んだんです。しかし、その後の経過を見ていると、あそこで事実認定に関する歯止めが、最後のもうひと押しができなかったというのが悔やまれます。もう、いかにも刑事の裁判官が有罪にしそうな証拠状況だったのですが、差し戻した結果は案の定、有罪認定でした。

——この事件では、判例集の参照条文に憲法は出てきませんが、調査官解説の中では三一条と一四条をあげられて、〈この審級制度が完全な立法裁量かというと、そうではないんじゃないか。憲法三一条、一四条との関係を考えると、不合理な形で通常の手続と違う扱いをすることはできないんじゃないか〉というように書かれています。当時の学説状況から考えると、かなり踏み込んだ解説をされています。

木谷　そうですね。そもそも、少年法には再審の規定がありません。そこで、少年法二七条の二を再審的に運用するという家裁の運用が生じていた訳です。しかし、「保護処分取消しの申し出は、単に職権発動を促すだけだから、取り消さない決定に対しては不服申立てができない」というのが普通の解釈でした。でも、それはやはりおかしいんじゃないか、と考えました。かなり苦労してやった結果なんです。

——そういう意味では、先ほどの当事者の対立構造とか審級制度とかも含めて、手続がフェアになされているかを、かなり重視されていたんですね。

木谷　それは当然だと思います。「石油カルテル」も同様です。

——そうですね。あの事件も同じように、手続が本来どうあるべきかということでは非常に興味深かったので、関連してうかがいました。それと、前に、法律論が面白くなったのは調査官に就任した後だと言われていました。

木谷　そうです。自分が考えたことが最高裁判例として出ていくことがある訳ですから、これは痛快です。醍醐味です。

第七章　最高裁における事実認定審査のあり方

——誤判・冤罪を防ぐ——

事実認定で苦労した事件

——調査官として、事実認定で苦労された事件があったらお話ください。

木谷　事実認定では、ずいぶん苦労しました。調査官として上告趣意を頭に置きながら原判決、そして記録を読み合わせてみると、どうしてこういう認定になるのかよく分からない有罪判決がかなりあります。私は、当時から、刑事裁判で一番大切なものは「無《む》辜《こ》の不処罰」であると考えていましたから、冤罪の疑いのある事件にぶつかると、黙っていられなくなります。しかし、他方、最高裁は基本的に法律審であって、むやみに原判決の認定に容喙《ようかい》するべきでないとされています。そこで、その兼ね合いが難しくなるのですが、原判決にどの程度おかしい点があれば最高裁が破棄するのかについては、担当調査官、主任裁判官によってかなりの温度差があったように思います。

私が、原判決を無罪ないし被告人に利益な方向で破棄するべきだという報告書を提出した事件は、合計九件あります。そのうち、純粋に憲法論、法律論に関するものは峯山事件、独禁法違反の石油カルテル事件の一部、つかれず事件(二七〇頁参照)の三件で、あとの六件は、何らかの形で事実認定の問題が絡んでいます。そのうち一番大きな事件は、有名な鹿児島の夫婦殺し事件(最判昭和五七年一月二八日刑集三六巻一号六七頁)です。

――先ほど少しお話が出ましたが、どんな事件だったのですか。

木谷　この事件について検察官が描いたストーリーは、次のようなものです。つまり、友人宅を訪れた被告人が、当初、友人の留守中にその奥さんと情交関係を持とうとしたが、ちょうど同衾しているところに友人が帰宅したので、当初、奥さんと一緒になって友人を殺害し、その後、発覚を恐れて奥さんまで殺してしまったというものでした。しかし、どういう訳か、二人を殺した凶悪事件であるはずなのに、第一審判決の刑は懲役一二年です。控訴審は被告人の控訴を棄却していました。そして、とりあえず問題であったのは、第一審で約六年半、控訴審で四年の審理日数がかかっていたことです。つまり、一・二審判決で算入された未決勾留日数が合計三六〇〇日(つまり一〇年)、それに法定通算されるべき未決を合計すると、最高裁係属の時点で、算入された、又は通算されるべき未決だけで主文の刑に近くなっていました。そこで、当時の渡部保夫上席が、この事件は迅速処理を図る必要があるとして、事件が係属した第一小法廷に上申して、特別配点の措置を採られました。そして、当時手許に多少ゆとりのあった私に特別配点されたのです。これは「◎」扱いであったと思います。

――いつ頃のことでしょうか。

木谷　あれは、三年目に入った私が、多少自信を持ち始めた一九八一年(昭和五六年)春のことだったと思います。特別配点の措置を講じられた渡部さんは、間もなく転出されたという記憶ですから、おそらく三月頃ではなかったかと思います。

――調査・報告はどのように進んだのでしょうか。

木谷　まず、上告趣意を読んだのですが、驚きました。弁護士経験が数年しかない若い弁護士さん――今や大家になられた若き日の金井清吉弁護士――が国選弁護人として書かれたものでしたが、問題点を鋭く指摘してあって、大変な説得力がありました。しかし、そういう趣意書が出た場合でも、原判決や記録を読み込むと、「何だ、そうだったのか」という具合に疑問の氷解する場合もかなりあるのです。でも、この事件に関する限り、そういう現象は遂に起きませんでした。というより、読めば読むほど疑問は深まるばかりで、私には、第一審や控訴審がどうして有罪認定したのか、その理由が全然理解できませんでした。

――それでは、そういう方向ですぐに処理できたのでしょうか。

木谷　一・二審の記録は十数冊あって、細かいところまで徹底的に読み込みました。したがって、読み込むのにそれなりの時間がかかります。また、記録を読んだ結果、私自身は「原判決破棄以外ない」という心証に固まりましたが、一・二審とも有罪認定している重大事件ですから、万一の読み間違いがないかどうか、ずいぶん慎重に点検しました。その上で、腕によりをかけて「原判決破棄、差戻し相当」という報告書を書き上げ、自信を持って提出しました。それは、もう夏に近かったのではなかったかと思います（報告書の日付は六月二九日になっている）。

――そうなると、身柄拘束が主文の刑を超えてしまう恐れがありますね。

木谷　そうなんです。そのことを苦慮していた最中に、報告書の完成と相前後して、弁護人から保釈の申請がありました。そこで、刑事裁判官出身の谷口裁判官にご相談に上がったところ、「それは保釈を認めるしか方法がない」というご意見でした。

――最高裁で保釈ですか。

木谷　最高裁でも保釈できることは、法律上明らかです。ただ、現実の問題として、最高裁で保釈されるケースは滅多にないはずで、私も他に経験したことがありませんでした。刑事裁判のベテランである谷口裁判官の指示を得たので、主任の藤崎裁判官にもご了解を得た上で、保釈申請について「保釈相当」の意見を提出し、審議で決めてもらいました。この事件は、そもそも弁護人が国選ですから、保釈申請自体が通常考えられないことですが、刑期のことがあったので、弁護人もあえて申請したのだと思います。

――保釈はすんなりと認められたのですか。

木谷　すんなりです。この段階では、事件処理の方向性についてもある程度、意見を申し上げたかと思います。裁判官も、その段階で「破棄やむなし」の決断をされたように思います。確か、保証金も、五〇万円程度ですんだはずですが、それにしても、お金のない被告人にとっては大金です。親族が頑張ってお金を作ってくれたようです。

――本案の本格的な審議は秋口からでしょうか。

木谷　そうです。この事件の主任裁判官は、外交官出身の藤崎裁判官でした。刑事事件については、あまり知識をお持ちでなかったのですが、報告書を懸命に読み込んで、審議では立派な報告をしてくださいました。

――審議はすんなり通りましたか。

木谷　はい。この事件は私の担当事件にしては珍しく、どこからもクレームがつかず、審議もスムーズに通りました。団藤先生は「この事件を破棄しないで、どの事件を破棄するのか」とまで言ってくださいました。

――事実認定上、どういう問題があったのですか。

木谷　農家の夫婦が殺害されて死体で発見され、夫の友人であった被告人に嫌疑が向けられました。しかし、警察は、本件で被告人を逮捕するだけの資料を持っていなかったので、まず、別件(軽微な詐欺、準詐欺など)で逮捕勾留します。被告人は、逮捕後三か月近くも否認を貫いたのですが(その間、警察は起訴された別件の公判段階の勾留を利用して取調べを続けていた）、遂に自白に落ちました。結局、被告人はこの自白に基づいて起訴されるのですが、この自白については、客観的な証拠による裏付けがほとんど何もないのです。唯一の客観的証拠が被害者（奥さん）の陰部から採取された陰毛が被告人に由来するという科警研の鑑定でした。

しかし、この鑑定には重大な疑問がありました。警察は、対比鑑定用に被告人から陰毛二三本を提出させているのですが、実際、法廷に提出する段になったら、一八本しかありません。五本が所在不明なのです。これでは、そのうちの一本が鑑定資料（証拠陰毛）とすり替わっていないと断言できないではありませんか。しかも、問題の証拠の陰毛（被害者の陰部から採取されたもの）には、抜去毛の特長である「毛根付着の事実」まであります。それだけでなく、その後、検察官が警察に命じて捜索させた結果、発見されたとして毛髪五本を提出してきたのですが、鑑定の結果、これは陰毛ではなく頭毛であったと分かるなど、漫画のような展開になっているのです。ところが、どういう訳か、裁判所は追及をここで止めてしまい、「証拠の陰毛は適正に管理していたから、対比用の陰毛とすり替わるはずはない」という捜査官の証言を鵜呑みにして、鑑定結果を是認し、有罪認定の最大の根拠にしていました。こういう認定は、許される筈がありませんね。

——ほかに、どんな問題があったのでしょうか。

木谷　いろいろありましたが、たとえば、凶器が発見されていないのですね。被告人は、その地方に特有の農具である「マンガの刃」を使ったと自白させられているのですが、それが現場から発見されないのです。そこで、警察は、被告人に「どこかで処分しようとして、運転してきた自動車の荷台に載せて帰宅したところ、途中、県境のところまで来たら荷台からなくなっていた。どこかで落ちてしまったのだろう」という自白をさせます。警察は、まず、被告人が言うような状況でマンガの刃が荷台からなくなることがあり得るのかを検討します。警察は、被告人車の荷台に小さな腐食溝が二、三あることに着目し、ここから落ちたのではないかという前提で、被告人が凶器を置いたという状況を再現させて問題の道路を走る走行実験をしますが、四回実験しても凶器は全然落ちませんでした。そこで最後に、警察は、被告人車の荷台にあった腐食溝にマンガの刃先を差し込んだ状態で走らせたところ、遂に、県境の手前数メートルのところで落ちるのが確認されました。検察官は、この実験結果をもって、「凶器を載せて帰宅する途中車の荷台から落ちて紛失した。そういうことはあり得る」というのです。しかし、荷台の腐食溝に差し込まなければ落ちないという事実は、むしろ「被告人の自白は虚偽である」ことの証左であると考えるのが素直な考え方でしょう。

それだけではありません。途中で落ちたとされるマンガの刃は、結局、発見されていないのです。現場と県境まではたった七〇〇メートルしかありませんから、警察は、その辺一体を懸命に捜索しましたが、結局、発見されませんでした。私は、こういう裏付けのない自白を信用する裁判官のセンスを疑います。

別件逮捕の判例を作り損なう

――では、この事件の解決は、すべての点で満足の行く結果だったのですか。

木谷　自分では八〇点くらいと思っています。満点でないのは、一点だけ心残りがあるからです。それは、別件逮捕に関する判例を作ってもらい損なったという点です。

前にも申し上げましたが、被告人は別件逮捕勾留中にそれとは無関係な本件の取調べを受けたのですが、別件起訴前の勾留中には自白しませんでした。自白したのは、別件起訴後の勾留期間中です。起訴後も被告人は本件について連日のように取調べを受け、その結果、身柄拘束開始後三か月近く経過した時点で遂に自白に落ちるのですが、このような自白に任意性があると考えるのは合理的でありません。しかも私は、これは違法な別件逮捕勾留中の自白でもあって、証拠能力はないというべきではないかと考えましたが、もし最高裁で自白の証拠能力を否定する判例を作るとなると、法律論としても大問題になります。もちろん研究会にもかけなければなりません。被告人の身柄の問題も切迫していました。そこで、報告書では、自白の証拠能力に問題があることは指摘しましたが、主要な論点としては取り上げず、主として信用性の問題として解決し、破棄差戻し相当の意見を付しました。具体的な事案の解決、被告人の救済としては、一番現実的な方法でした。しかし、あとから考えると、別件逮捕や余罪取調べの限界に関する判例を作ってもらう最大のチャンスを逃したように思われて、あの時どうしてもうひと頑張りしなかったのかが悔やまれます。

別件逮捕、余罪取調べの限度の問題は、その後、自分が第一線に復帰した後、次々にぶち当たった重要問題で、未だに判例上、解決されていません。そのことを考えると、本件は、実務をリードする最高裁の判例を作ってもらう大きなチャンスであったと思います。そういうチャンスを逸したことは、今さらながら悔やまれます。

本件の国選弁護人報酬は、破格の金額が支払われました。確か、その後に選任された二人目の弁護人の分も含めて合計一五〇万円だったと思います。私が、通常の報酬基準額の五割増か一〇割増というような意見を申し上げたら、主任の藤崎裁判官が「そんな金額では申し訳ない」と言われて、結局一五〇万円になったのです。私は「政治的決断というのはこういうものか」と大いに感動した記憶があります。本件は、確定審（通常審）の上告審段階で有罪判決が破棄され、再審手続まで行かずに冤罪を防止できたケースですが、事実認定に関する最高裁の役割の重大性をつくづく実感させられる事件でした。

――基本的に法律審であるとされる最高裁が、事実認定に果たすべき役割についてどう考えられますか。

木谷　それは難しい問題ですが、私は「刑事裁判における最大の不幸は冤罪である」と考えていますから、最高裁は、事実認定においても、積極的な役割を果たすべきだと思います。かつての松川事件、八海事件、仁保事件など、最高裁が重大事件（死刑事件）について有罪判決を破棄したケースはいくつもあります。また、私が調査官室にいた昭和の終わり前後までは、本件のような形で有罪判決破棄の事例がときどきあったのですが、一九九〇年（平成二年）から約二〇年間、そのような動きがピタッと止まりました。その結果、後に完全な冤罪であると判明する足利事件や東電ＯＬ事件について、誤った有罪判決が確定してしまい、それを再審で是正するのに長年月が必要になったのです。これらの事件については、誤った控訴審判決を最高裁がなぜ是正できなかったのか、不思議に、かつ、残念に思います。もっとも、その後、裁判員制度の実施をにらんでのことと思いますが、二〇〇七年（平成一九年）頃以降、最高裁が有罪判決を破棄するケースが出てきたのはいい傾向です。

最近、私は弁護士になって、各地の冤罪事件の救済に携わることが多くなりましたが、こういう証拠でどうして有罪判決が書けるのか、また、そういうひどい判決がどうして確定してしまうのかと不思議に思うことがしばしばあります。最高裁には、もっと積極的に事実認定を審査してもらいたいと思います。

――事実認定を問題とした事件は、ほかにもあったのでしょうか。

木谷　原判決を事実誤認で破棄した事件としては、他に後で述べる交通事故の事件があるだけですが、これまでお話した、よど号事件、柏の少女殺し事件、流山中央高校事件などは、判示事項は法律論ですが、その背景には事実認定の問題があります。

――どういうことですか。

木谷　柏の少女殺し事件についてお話しましょう。柏事件は、法律論ですごく苦労し工夫した事件であるとお話しましたが、なぜそんなに苦労したかというと、前提として事実認定に重大な問題があったからです。

本件は、小学校の校庭で昼間、少女が胸を刃物で刺されて死亡した事件です。警察は、当時、学校に来ていた知的障害のある中学二年生(本件少年)に目をつけて、任意同行の上、取り調べます。すると、少年は、自分が包丁で刺した事実を認めました。もっとも、胸に刺さった包丁からは少年の指紋などは検出されていませんでしたが、少年が近くのスーパーで凶器の刃物と同じ型の包丁を買った事実が確認されたため、警察は少年を犯人として検察官に送致し、検察官は家裁に送致しました。そして、少年は、審判でも事実を全面的に認めて中等少年院に送致されました。ところが、その後、付添人が少年と接見してみると、少年は、「実は自分は刺していない」と言い出しました。驚いた付添人が「それでは、君が買った刃物はどこにあるのか」と聞くと、少年は、「自宅押入れの段ボール箱の中にある」というのです。付添人が押入れ内の段ボール箱を開いてみると、なんとそこに凶器の刃物と同型のものが確かにあり、それには少年の指紋も付着していたのです。付添人は、この包丁が発見された事実を新証拠として保護処分取消しの申立てをしたのですが、家裁によって「取り消さない」という処分を受けてしまいました。そこから先は、先ほど述べた通りです。この「取り消さない」決定に対し付添人が抗告を申し立てたが、「中立権なし、不適法」という理由で棄却され、最高裁に再抗告を申し立ててきていたのです。

これらの事件の処理を通じ、私は基本的には法律審である最高裁においても、誤判・冤罪の防止にはある程度、積極的な姿勢で臨む必要があると考えるに至りました。通常審で救済されなかった冤罪者は、それを取り消してもらうのに再審の申立てをするほか方法がありませんが、再審によって救済されることは確実でないうえに、それには気の遠くなるような時間と労力がかかります。できれば、最高裁が上告審段階で誤った有罪判決を取り消すべきだと思います。

第八章　調査官時代の思い出の事件——調査官解説は二五件

鹿児島夫婦殺し事件と「柏」事件

——調査官として一番思い出に残っている事件は？

木谷　今述べた鹿児島夫婦殺し事件と「柏」事件です。柏事件も非常に大変だったけれども、充実感がありました。

柏事件の決定は一九八三年(昭和五八年)九月五日です。私は、調査官室に入って四年経って、本当は昭和五八年の四月に調査官室を出るはずでした。そうしたら前年に石油カルテル事件が配点された。五七年中には報告書は出してあったんですけど、五八年三月段階ではまだ審議も始まっていない。そこで、主任裁判官の木下忠良さんが「これ、一年かけて審議するから、期限を延伸してもらえ」ということで異動延伸の要請があり、一年留年になったのです。その段階では、「石油カルテル」は報告書を出しているから、手元にはもうやっかいな事件はなかったんですけど、そうしたら、間もなく柏事件が来て、その次は流山事件です。立て続けに難しい少年事件が二件来てしまった。ものすごく苦労しました。それまで、家裁勤務の経験がなく、少年事件はやったことがなかったからです。少年審判というのを経験しないで、こういう判例形成に関わってしまったんです。逆に言うと、だからこそ柏事件などの判例ができたかもしれません。少年審判にどっぷり浸かってしまっていると、「ああ、こんなもんだ」というふうに思ってしまったかもしれませんからね。

——ちょっと逸れますが、先ほど、調査官の異動に関して裁判長からの希望があって、というお話がありましたけども、そういうように裁判官からの希望によって異動が先送りされるというのもあり得ることなんですか。

木谷　この事件は特別でした。あの段階で次の人にバトンタッチしてしまったら、裁判官も次の調査官も困ります。もう報告書が出て、これから審議が始まるというところでした。百何十冊の記録ですから、今からもう一遍、調査し直すというのは大変なことなんですよ。

——ということは異例なことではなくて？

木谷　異例です。そう滅多にあることではありません。あの事件は、桁違いにスケールが大きかった。ただ、民事の調査官は原則が五年と言われていましたから、これが民事事件だったら異動を延伸しなくてもすんだかもしれません。

——調査官時代のお仕事は、件数としては大体何件くらいになりますか。

木谷　処理した件数はちょっと分かりません。判例は私、二五件作っています。これは抜群に多いんです。未だに記録は破られていないと思います。

――歴代一位ということですか。

木谷　最高裁発足当初、あの判例がものすごく多かった時代は、こんなものではなかったでしょう。ただ、我々の頃以降は、普通、少ない人では数件、多くても十数件程度です。私はバカみたいに多かった。あんなに一生懸命やらなくても良かったのかなと思うのですが(笑)。

調査官解説も二五です。しかも石油カルテルは判示事項が一五項目ありますからね。

――調査官解説の二五件を読ませていただいた、私の個人的な感想ですが、調査官解説は調査官の個性もやっぱり出ると思います。どちらかというと、理論的にバサッと書かれるタイプの調査官解説ももちろんあります。

木谷　「香城理論」で知られるあの香城敏麿さんの解説のことですね。

――木谷先生の調査官解説を読むと、空中戦のような理論でバサッというような形ではなく、かなり実質的に検討されるという印象を非常に強く持ちました。下級審での裁判官としての立場と最高裁とでは違う部分がある。最高裁だから、ある意味で抽象的、理論的に判断をする必要があるということと、やはり事実が非常に重要という、それまでやってこられたお仕事との間で、何か悩まれたりというようなことはありませんでしたか。

木谷　それは事実認定でも、「自分だったら、こんな判決はしないよ」というのはかなりありました。だけど、最高裁で事実認定に容喙《ようかい》できるのは限度があるから、それは悩みといえば悩みです。ある程度のところは目をつむらざるを得ない。そういう面はありました。

――理論的にバッとやるような形ではない調査官解説が非常に多いですね。

木谷　はい。私は、香城さんみたいな能力がないから、彼のようなことは逆立ちしてもできません。私は私のスタイルでやらざるを得ないと割り切りました。

私の調査官解説の中に、薬事法に関する「つかれず」の事件(「つかれず粒」という医薬品に当たるものを無許可で販売した有限会社が薬事法違反で起訴された事件。最三小判昭和五七年九月二八日刑集三六巻八号七八七頁)というのがあります。

――それは、表現の自由との関係が問題になる点で、「四畳半襖の下張り」事件で扱ったわいせつ概念とも類似性のある事件ですね。伊藤裁判官の補足意見も付いています。

木谷　これまたぶっちゃけた話になってしまいますが、この事件はもちろん研究会では全然ダメでした。調査官室では、「こんなものをまともに取り上げるのはどうかしている」とまで言われましたが、私は「どうしてもおかしい」という意見でした。そこで、弁護士出身の木戸口久治裁判官のところにご相談に行ったのです。小法廷の審議では、

「調査官室の意見の大勢に従って、これは棄却だ」ということになりそうだったので、木戸口さんに「裁判官、これはちょっと反対意見を書かれませんか」と言って、売り込みに行きました。すると、木戸口さんは、「自分は薬事行政にちょっと疑問を持っている。この事件のやり方はおかしい」ということになって、「反対意見を書きたいから案を作ってほしい」と言われました。それで木戸口反対意見を書きました。そこまでが第一幕です。

――それに伊藤裁判官が乗っかったということですか。

木谷　いや、伊藤先生は多数意見なんですけど、反対意見が出てしまった、反対意見の説得力がありすぎて、多数意見は迫力ないから、「君、補足意見を書いてくれ」と言われるんですよ。それで私は、この事件で法廷意見と反対意見と補足意見と、三つ書きました。伊藤先生の補足意見も私が書いたんです(笑)。

――この判決は、シンプルで、どこまで国民の健康を守るか、国がどのくらいでしゃばるか、という話ですが、非常に面白い。

木谷　被告人に言わせれば、「百害あって一利なし」という言葉があるけど、自分が作ったものは「百益あって一害なし」だから、「作ってはいけない」という理由が分からないと言うんです(笑)。

――でも、酢は体に良いんだから医者なんかに行かなくてもいいと宣伝されたら、本当に医者に行かない人が出てくる心配がある。だからそういう規制をしているのではないですか。

木谷　確かに、「宣伝の仕方が悪い」という点で処罰するなら分かりますが、本件では医薬品を製造したという理由で処罰しているんです。もっとも、根本的には、そういうことは国民が自分でちゃんと判断しなさいという問題で、私は、国がそこまででしゃばることはないのではないか、という意見です。これも結構、思い出に残る事件です。

その他の事件

——他に調査官時代の事件で、今出てきたもの以外に、別の観点から思い出に残るというものはありますか。

木谷　迅速な裁判の関係があります。峯山事件の他に、控訴審が破棄しても、できるだけ差し戻さないで判決しろという第二小法廷の判例がありました(最二小判昭和五八年五月二七日刑集三七巻四号四七四頁)。

——「迅速な裁判」については、峯山事件と、この「差戻し」の事件と二件ありますが、いずれも結論的には棄却ということで、「峯山」の方は団藤反対意見が付いています。この二つの調査官解説を読むだけでは、迅速な裁判についての木谷先生のお考えが読み取れなかったところがあります。この二つの事件を調査される中で、先生ご自身は迅速な裁判の問題について、どういうふうにお考えになっておられたのでしょうか。

木谷　迅速裁判保障条項に関しては、高田事件の大法廷判例があります。あれはかなり思い切った判例ですよ。一審の免訴判決には、後に最高裁長官になった若き日の島田仁郎君が構成員として入っています。彼は、当時イギリス留学から帰国した直後だったと思うのですが、留学の成果が判決に結実したと考えています。その判決が高裁でひっくり返った。しかし、最高裁がそれをもう一度ひっくり返したのです(最大判昭和四七年一二月二〇日刑集二六巻一〇号六三一頁)。そういう経過で、非常に劇的な結末ですけど、少なくとも判例がある訳ですから、この判旨を前提にすれば、峯山事件なども当然、救済されて然るべきだと思いました。だから、報告書もそういう線で書いています。それで、第一小法廷でも一旦は報告書の通り「破棄」という線でまとまったんですけど……。『刑事法ジャーナル』(三四号六五頁以下)に書いたような経過で、結局、中村さんが意見を変えて、合憲判決になったんです。だから、あの辺は誠に残念な結果です。

――戸田さんと団藤さんが反対ですね。

木谷　はい、戸田さんは八王子職安事件第一審判決(東京地八王子支判昭和三七年五月一六日判時三〇二号三四頁)で、公訴棄却判決をしています。峯山事件程度の事件で二五年も引っ張ったのでは、譲れないでしょう。第二小法廷の事件は、高裁が破棄して差し戻したんですね。控訴審は事後審なんだから、破棄した場合できるだけ自分では判断しないで差し戻すのが本来なんです。ですから、この高裁判決は一般論としては正しいのですが、一方に迅速裁判の要請がありますから、何でも差し戻せばいいということにはならない。一審で長いことかかって審理した事件で、高裁がもし一審判決をおかしいと思ったのなら、自分でもう少し調べてできるだけ自判するべきだという趣旨です。一審判決に一部おかしい点があると言って、その点を指摘して全部を破棄し差し戻してしまったのは、やや無責任のような気がします。この事件も『月刊ペン』の事件も、高裁の裁判長は新関雅夫さんです。刑事局の局付時代の第一課長ですよ。

――昔の上司ですね。

木谷　だけど、変な判決をしているんだから仕方がない。

――その他に思い出深い事件というのは？

木谷　触れていない事件が一つあります。これは刑集(最高裁刑事判例集)に載っていない事件です。交通事故の事件で、北海道東部の広大な畑地を貫通する真っ暗な国道上での追突事故です。被告人は、対向車とのすれ違いに備え、前照灯を下向きにして時速七〇キロメートルで走行中、前方約二五メートルの地点に無灯火で駐車している車両を発見して追突させてしまいました。他に光源のない北海道特有の事故であり、結論的には、前照灯の照射範囲でその「駐車車両を発見することができるかどうか」が争点になった事件なんです。原審の認定がおかしいということで破棄しました(最一小判昭和五六年二月一九日判時九九六号一三一頁）。それは「×」印で来た事件だけど、そうやって破棄して差し戻したのがあります。

――いわば掘り起こしをしたということですね。

木谷　そうです。

――先生がいらっしゃらなかったら、また闇から闇に……というふうに。

木谷　そうですね。もともと「×」印ですから、多分そうなったでしょうね。あと、外国人の黙秘権に関する事件もあります。これも二つあります（最一小判昭和五六年一一月二六日判時一〇二三号一三一頁、最三小判昭和五七年三月三〇日刑集三六巻三号四七八頁）。

――これも憲法論としては面白い。適用違憲の可能性が出てきます。

木谷　無理な理屈ではないかと思ったんです。この理屈は、ちょっと分かりにくい。後は、鳥取県赤碕町（現・琴浦町）の町長の選挙違反事件（最二小判昭和五六年六月二六日刑集三五巻四号四二六頁）があります。対向的共犯の一方が不起訴になっている場合、他方に対する起訴が憲法一四条に違反するか、という問題に関するものです。

――はい、これも面白いですね。

木谷　この判旨には、私は余り賛成していません。というのも、これも小法廷では全然問題にならないというので、そういう方向で処理せざるを得なかったのです。この事件の原審は、「被告人に対する起訴は憲法の平等条項違反だ」と言って、一審の有罪判決を破棄して公訴棄却の判決をしていたんです。町長に対するこういう起訴が平等条項に違反しないと考えられるかどうかについては、かなり悩みます。判旨は、一般的な場合を想定して、そういう場合、本件のような事案では起訴されるではないか、という理由で平等原則に違反しないとしたのですが、「一般的」というのは抽象的ですからね。この判決の処理の仕方にはちょっと疑問があります。当事者からすれば、なぜ向こうは起訴されないんだ、と思うでしょう。

石油カルテル事件は余りにも規模が大きくて大変でした。この事件は、論点が多岐にわたるので、後に最高裁長官になった島田仁郎君との共同調査を命じられたのですが、主任調査官は私で、結局、報告書も告発の効力の部分だけを島田君にお願し、後は私が一人でまとめました。

この事件についても、本筋とは関係ありませんが一部無罪判決があるんですよ。事件当時、九州石油という会社が東京都内に二つ(A、B)あって、カルテルに参加したのはA会社なのですが、その後、A会社はB会社に吸収合併されている。そして、現実に起訴されているのはB会社であって、カルテルに参加した会社は別のA会社だから、B会社にA会社の行為の責任を問うことはできない、という理屈でした。原審は、合併の効力自体を否定してB会社の刑責を肯定していたのですが、少し無理な理屈でした。この事件では、司法試験の受験勉強以来、久しぶりに商法の勉強をしたりして、その意味でも大変でした(笑)。

それと行政指導に従った場合に違法性が阻却されるかという興味深い論点もある。もうちょっと要領の良い人だったら、この内いくつかの論点はすっ飛ばしたかもしれませんが、私はバカ正直に全部判断して全部判例にしてもらったので、判示事項が一五にもなってしまいました。

――法廷もさぞかし壮観だったでしょうね。

木谷　そうです。言渡しの時、私は傍聴席にいました。

――調査官の席は決まっているんですか。それとも空いている席に？

木谷　決まっている訳ではありません。空いている席に座ります。これは刑事事件としては難しい事件なんです。

あと、証拠保全としての押収に関する裁判に対し準抗告申立てができるとした判例(最二小判昭和五五年一一月一八日刑集三四巻六号四二一頁)は、刑訴法の判例として意味があります。

他方、逮捕に関する裁判(最一小判昭和五七年八月二七日刑集三六巻六号七二六頁)については、準抗告ができないとしました。逮捕のほうも「勾留に関する裁判」に含まれるとして準抗告できると解する余地はあったかなと後で思いましたけど、当時は実務感覚で「全然ダメだ」という頭のままやってしまった。逮捕期間は三日しかないので、不服をいちいち申し立てられては大変という感覚だったんです。逮捕自体は三日間で処分のかたがつく。一方で、不服申立てをしようにもできない現行犯逮捕との対比の問題もある。逮捕状が出た事件についてはその裁判に対して準抗告できるとしても、現行犯逮捕の場合は準抗告の余地がないから、アンバランスじゃないかという問題はあります。

道路でカモをバンッと撃ったという事件(最三小判昭和五四年七月三一日刑集三三巻五号四九四頁)は、私が調査官室に行って最初に作った判例なんです。ともかく「最初は比較的、簡単な事件で判例を作って度胸をつけろ」と言われていました。そういうことで毒にも薬にもならないと思って判例にしてもらいました。でも、これだって「捕獲とは捕獲行為を意味する」という判旨には、常識的には異論を入れる余地があり得ます。

――日常用語からすると、そうですね。

木谷　捕獲行為と言われると、ちょっとどうかな、と思います。普通の日本語で「捕獲する」といえば「捕まえる」ことを意味しますから、「捕まえはしなかったが捕まえようとする行為をしたから捕獲だ」というのは若干引っかかりますね。

「刑事調査官室の手引」

――今の「度胸をつけろ」と言われるというのは、上席から言われるんですか。

木谷　いや、先輩調査官です。まあ、やり方を少し覚えろ、という意味でしょうね。最高裁の判例というのは、下級審の判例と比べて、書き方が違います。だから、案文の書き方とかに慣れないと書けません。

――それはどういうふうにして？

木谷　最小限度のことをスーッと書きます。下級審だと、こっちからこういって、こうじゃない、ああやっぱりこうだと、いくらでも書けます。最高裁の判例だと、そういう書き方はしません。こう考えるべきであるという答えをいきなりバーッと書く。無駄な言葉があってはいけないし、不正確な言い回しがあってもいけない。本当に、点の打ち方一つにしても、神経を使います。

――案文のモデルというのは、最高裁の判決文ということになる訳ですか。

木谷　そうです。最高裁の判決文をいくつか精査して読み込んだ上で書きます。それでも書く人の個性が出ます。書く人によって変わります。

――調査の仕方などは、先輩からやり方を伝授されることがあるのですか。

木谷　「刑事調査官室の手引」というものがありました。Ａ４くらいの大きさの冊子です。そこには、こういう主張があった時には、こういう処理の仕方があるとか色々と〝悪知恵〟が書いてあります（笑）。

秘中の秘です。これは、厳重に管理されています。裁判所から外には持って出られません。全部、番号がついていますから。調査官を辞めた時には即座に返します。

――それを見ながら、実際の事件を処理される時に……。

木谷　やっかいな論旨で、どうやったら小法廷で処理できるとか、憲法判断しないですませられるかという、そういう〝悪知恵〟が書いてあるんです。他方、手引には文献の探し方とかは書いてありません。それは自分でやるしかない。手探りです。

――前のお話では、小法廷の審議には、上席は来ずに担当調査官だけ来られるということでした。「峯山」の時には、事実上の大法廷審議というものがあって、そういう時に上席は？

木谷　あの時は、確か上席がおられたと思います。首席もいたんじゃないかな。

――通常の大法廷の場合は？

木谷　担当調査官以外に、首席と上席は入ります。

――では、事実上の大法廷の時には、担当調査官は……。

木谷　私はいました。首席も入ったと思います。

――先生の調査官在任中、「事実上の大法廷審議」というのは一回だけですか。

木谷　大法廷の一五人が集まったのは一回だけです。もう一回は柏事件の「小委員会方式」です。

――刑事が専門分野の裁判官が集まる会議ですね。「事実上の大法廷」の時のご印象は？

木谷　長官が司会をして、一五人の裁判官が先任順にずらっと並ぶ。壮観です。それで、長官が指名して、みんなに意見を述べさせました。皆さん滔々と述べられました。聞いていると、やっぱり合憲意見が多数なんです。圧倒的に合憲説が強い。それで、団藤先生も諦めた。

――その時も、先生の報告書は全員の裁判官に事前に配られている訳ですね。

木谷　そうです。しかし、その時は質問なんかありませんでした。

――滔々と、というのはお一人どのくらい喋るんですか。

木谷　まあ、人によります。長い人と短い人がいます。長い方だったら五分も一〇分も喋る。短い方でも二、三分は喋ります。

――それで、見解を次々順番に……それはもう、アトランダムに？

木谷　どうだったか。端から順ではなかったと思います。

――長官の裁量ですか。

木谷　最初、手を上げさせたかどうかも忘れました。覚えがないけど、ともかく、あの時は全員が喋りました。各裁判官が結論として合憲か違憲かというのは、それで分かるようになっている訳です。

――審議には、書記官の方もいらっしゃるんですか。

木谷　記憶ははっきりしないが、書記官もいたんでしょうね。

――調査官として先生のご発言ですが、全く質問がなかったから……。

木谷　残念ながら私は発言していません。

――でも、「事実上の大法廷審議」に関与されて、意義ある時間だったんじゃないでしょうか。

木谷　だけど、結論が結論だから(笑)。

――先ほどの柏事件の「小委員会」のような形でというのは、誰のイニシアチブでそういうふうに？

木谷　三小(第三小法廷)から他の小法廷に呼びかけて、集まってもらったと思います。誰に出てもらうかということについては、主任の伊藤先生が横井大三さんの助力を得てイニシアチブを取られたと思います。他の小法廷の刑事専門の人に出てきてもらうというふうにしたのです。もちろん、私は行きましたが、イニシアチブを取られたのは伊藤先生と横井さんです。

――柏事件の「小委員会方式」のような前例はありますか。

木谷　分かりません。あまり聞いていない。異例だったかもしれません。あの時は調査官室が本当に猛反対だったからね。

(編者注　一九八三年四月から五年間、最高裁調査官を務めた塚原朋一氏(後の知財高裁所長)の『自由と正義』二〇一三年六月号掲載の論考「昭和末期の最高裁調査官室のある風景――

私の場合」によれば、刑事における柏事件の「小委員会方式」のような「事実上の大法廷」の審議が、当時、民事においても複数の事件において開かれた、と明らかにされている」

第九章　三〇件に及ぶ無罪判決

——被告人の言い分に耳を傾ける

大阪高裁判事に

——調査官時代の後、一九八四年(昭和五九年)四月、大阪高裁に行かれます。

木谷　今度は高裁判事です。札幌のときは高裁判事職務代行判事補、名古屋も職務代行判事。大阪に行って職務代行がとれて、ようやく正判事です。まだ左陪席ですが。高裁の判事って偉いんですよ(笑)。

実は、その時は大阪に行くと思っていませんでした。大体、調査官をやると、その後の人事では、地方から入った人は東京の地裁か高裁、東京から来た人は外へ出ることもある、というように聞いていました。私は名古屋から行きましたから、おそらく東京に行けるんだろう、と思っていました。そうしたら「大阪に行け」でしょう。しかも、子どもは高校から予備校とか大学とかです。家族は行けませんから、単身赴任になってしまったんです。

——単身生活を四年間された大阪時代の思い出はどうですか。

木谷　日常家事は全部一人でやりました。家内はひと月に一遍くらい来てくれるんです。義父が八〇歳を超えていて一緒に行けないということで、初めて単身赴任しました。非常に大変でしたけど、逆に結構楽しい思いもありましたね。

大阪時代、最初の裁判長は松井薫さんです。最高裁家庭局の課長もやった人です。良い人なんですが、議論はやや一方通行でした。一定のところまでは受け入れてくれるけど、あるところまでいったら押しても引いてもびくともしないような頑固な所がありました。その人の左陪席を二年やりました。

あとの二年の裁判長は、野間禮二さんという、理論家として通っている方でした。禮二さんの弟さんが野間洋之助君といって、私と司法研修所時代のクラスメートです。彼は、当時大阪地裁の裁判長でした。お兄さんの禮二さんは、私より一〇期上です。野間さんは当時、体調があまり良くなくて、「自分は記録を十分読み込めないから、木谷君、君が全部読んで左陪席の起案も全部直してほしい」と言われたんです。そのころ私は、右陪席になっていたんですね。それで、自分の主任事件の起案をするほか、合陪席（左陪席）の起案の手直しと両方やることになり、大変忙しかった覚えがあります。

元被告人からの贈り物

――大阪はやはり事件が多い？

木谷　多いですね。しかも、「締まらない原判決」が多いんですよ。締まらないというか、ピシッとしていないという意味です。その頃の高裁判決には、いくつか面白いものがあります。

実は、私が後に法政大学法科大学院の教員をしていた時、夏に清涼飲料水の入った段ボールを一箱、大阪から送ってくれた人がいます。差出人の名前は「Nさん」でしたが、どうも記憶がはっきりしません。思い当たる人がいないんです。そこで、「あなたは一体どなたですか。知らない人から送ってもらっても困るんですが」と手紙を出したら、「実は、私は木谷裁判官が陪席をやっているときに大阪高裁で裁判を受けた被告人です」というんです。そして、「自分は無罪の主張をしていて、結局、通してもらえなかったけど、すごく丁重に審理してくれて自分の言い分も十分聞いてもらった。そのため、ここまで聞いてもらってダメならしょうがないと思って諦めました」と書いてありました。私は、法政大学に行ってからよくテレビに出るようになっていたので、「あの時の木谷裁判官だ」と気がついたようです。大阪当時、私は陪席ですよ。陪席だけど、覚えているんですね。それで、「送らせてもらいました」と書いてあったので、結局、有り難くいただきました。最後に「でも、木谷さんも随分、年を取られましたね」と一言余計なことも書いてありましたが(笑)。

——その裁判の当時はおいくつですか。

木谷　私は四〇代の後半です。贈り物と手紙の件は、その二〇年も後のエピソードです。

すごく燃えた事件

木谷　もう一つ、無罪にはなっていないけど、すごく燃えた事件（大阪高判昭和六二年一〇月二日判タ六七五号二四六頁）があります。殺人死体遺棄事件で、被告人は暴力団組長です。共犯者もかなりの人でした。相棒（共犯者）のほうが先に捕まって自白に基づいて死体も発見された。ところが、先に逮捕されたその相棒は、「自分は主犯じゃない」、後から捕まったN（私たちの裁判を受けた被告人で、先程の清涼飲料水のNさんとは別人）の「指示命令に基づいてやった」と弁解していました。そして、Nが捕まった頃には、その弁解が採用されて懲役一五年の判決を受けて、これが確定していました。後から捕まった本件の被告人Nはどう言ったかというと、「それは嘘だ。あいつが主犯だ」と。「あいつが殺すと言うから、殺させないために現場まで付いていったんだ」「そうしたら最後の場面で俺がちょっと席を外した隙に、やつが殺してしまった」「殺しちゃった以上、しょうがないから一緒になって埋めた」「だから死体遺棄は認めるが、殺人は関係ない」と、こういう主張でした。

被告人と共犯者の間で供述が完全に食い違っていますが、弁護人は「こっちの被告人の言い分が正しい」と主張します。原審（第一審）でもその主張をしたんだけれども、裁判長から「主任の左陪席が来年、転勤する。それまでに判決したいから協力してくれ」と言われたそうなんです。その上で弁護人は、「裁判長がそこまで言うなら、これはこっちの言い分を通してくれるんだな、と思って協力してしまった」「それで徹底的に争わないまま判決を受けたら、こっちの主張が全部排斥されて、被告人は懲役二〇年に処せられてしまった。これはとんでもない話だから、高裁で徹底的に審理し直してほしい」と言われるんです。この方は、下村忠利弁護士という方で、現在では、大阪の高名な刑事弁護士ですが、当時はまだ経験が不足しておられたんですね。でも、そんなことを言われても、そんな事情は記録には出ていません。私は「本来、一審で十分争うべき問題について一審で争えなかったから高裁で調べろというのは筋が違う」と言ったんですけど、弁護人が頑張りますから、ともかく記録をよく検討しました。そうすると、やっぱり被告人Nの言い分のほうが正しそうなんです。そのため、私たちは、食い違っている双方の供述のどちらが信用できるかということを、傷の状況との整合性から判断しようと考えて鑑定を命ずることにしました。鑑定をしたら、ものの見事にNの言い分に合う鑑定が出てしまった。検事も黙っておられずに当然、再鑑定を申請しました。

　そこで再鑑定をしました。再鑑定の結果は、最初の鑑定より少し後退するんですけど、基本的にはNの言い分に近いんです。結局、このNの言い分を採用するということになりました。ただ、Nの言い分は、殺させないために現場まで付いて行って、たまたま少しだけ席を外したが、その間に相棒が被害者を殺してしまったというものです。ところが、Nは、それまで相棒が「殺したい、殺したい」と言っているのを知っていたのに、真っ暗闇の中、道路の方へ行って、しばらく煙草を吸って帰ってきたということですから、殺人について全く責任がないというのも不自然です。結局、検察官が不作為による殺人幇助の訴因を追加したので、原判決を破棄した上、この訴因によって有罪を認定しました。つまり、Nは「俺がいなければあいつはやるんじゃないか」「俺がいるとやれないけど、いなければやるかもしれない」という気持ちで席を外したとみて、これを不作為による幇助としたのです。これは、「不作為による殺人幇助」の教室事例の一つで、多くの刑法の教科書に掲載されています。この判決には本人が上告したけども、結局そのまま確定しました。量刑は懲役一二年です。懲役一二年というのは幇助としては結構重い。死体遺棄が付いているし、実質は正犯に近いですから。ところが、ずいぶん経ってからのことですが、このNから東京の自宅に電話が掛かってきました。この人は、真面目に服役して出てきた後、自分の弁護人だった下村弁護士のところで事務員になったんだそうです。

——組関係者だった人が？

木谷　組関係者だけど、組はやめて真人間になったんです。下村弁護士に聞くと、「とてもいい奴で、今では心友だ」と言う。下村弁護士からそういう話は聞いていましたが、電話が掛かってきたのには驚きました。私が法政大学にいた頃、電話を掛けてきて、「Nです」と名乗りました。「木谷さんが一生懸命に審理してくれたので、服役して真人間になることができました。今は下村先生のところで真面目にやっています」と言うんです。そういうことを伝えるためにわざわざ電話してきました。前科もある元暴力団組長ですよ。そういうことが実際にあるんです。

——他のケースでも、そういう裁判を受けた被告人が……。

木谷　いくつもあります。「A駅の傍で焼き肉屋を開いたから、食べに来てほしい」と手紙をくれた元暴力団の親分もいますし、少年鑑別所から逃げ出そうとして屋上から飛び降りたが未遂に終わった少年が、少年院を出た後、私が水戸家裁の所長をしていた頃に「会いに行きたい」と言ってきたこともあります。少年に「どうしてか」と聞くと、「お父さんのように思えるから」という答えでした。

——逆に、不安になるような……。

木谷　そんなのはありません。脅迫まがいのものでなくて、「感謝する」というものばかりです。裁判官冥利に尽きますね。そういう人たちには、言い分を完全には容れてあげられなかったわけですけど、それでも弁解を十分聞いてもらったと理解してくれたんですね。そういうことで、「男一匹」が立ち直ってくれれば、こんなに良い事はありません。「やけのやんぱち」になって、刑務所から出てまた悪いことをされたら、また裁判して、最終的には、国が一生そういう人たちの面倒を見なければなりません。真人間になってくれれば、こんなにいいことはないですよ。

――そういう言い分を聞かれるという姿勢はやっぱり……。

木谷　樋口先生です(笑)。

――やっぱりですか。樋口先輩の姿勢を学んでいかれて、それを一貫した方針にされたのがそういう結果に。

木谷　そうなんです。こういう経験をすると、裁判はひとつとして気を抜いてはいけないとつくづく思います。ポンと蹴飛ばしてしまえば、それっきりの事件なんていっぱいあります。だけど、それではいけないでしょうね。裁判官にとってはありふれたつまらない事件でも、本人にとっては一生のかかった大問題なんです。

無罪を示唆して差戻し

――大阪高裁では無罪判決は……。

木谷　先ほど述べた暴力団組長の事件は、破棄して有罪の自判ですが、他に、無罪を示唆して差し戻した判決二件と破棄無罪判決を二件記憶しています。

差戻し事件のうち一件は、ウイスキー窃盗事件(大阪高判昭和六三年二月一七日判タ六六七号二六五頁)です。わずか三〇〇〇円相当のウイスキーを一本盗んだ疑いで任意同行した被疑者(被告人)を、警察が徹夜で取り調べたという事件です。これはいかにもやり過ぎだということで、そのままでは自白の任意性に問題があるとして破棄差戻しになりました。

他の一件は、ひき逃げ事件(大阪高判昭和六二年六月五日判タ六五四号二六五頁)です。検察官が被告人を犯人であると主張する最大の証拠は、現場から採取されたという自動車の塗膜片でした。検察官の主張によると、この現場遺留塗膜片が、後刻、被告人の車から採取された塗膜と、色調、成分などの点で完全に一致するというのです。しかし、よく調べてみると、遺留塗膜は、何回か鑑定に付されているのですが、鑑定を重ねるたびに形状が大きくなっている。もともと鑑定に付したのは微細な塗膜で、常識的に考えると鑑定して材料を費消するのですから、それが小さくなることはあっても大きくなることは考えられない。そういう目で見て行くと、被告人の車からの塗膜採取の状況にも不明朗な点があって、結局これは、鑑定対象の現場塗膜が後刻、被告人の車から採取された塗膜とすり替わってしまったのではないかという疑問がある、ということになりました。この事件では、札幌で扱った白鳥事件や最高裁調査官として調査・報告した鹿児島の夫婦殺し事件の経験が役に立ちました。

その他に、最後までやりませんでしたが、かなり微妙な公選法違反事件がありました。この事件では、当時、金沢大学におられ、その後法政大学に移られた憲法の野中俊彦先生が証人として証言されました。事件とは関係ないことですが、その時の法廷で野中先生とお会いしたことが、私のその後の人生と関係があります。私は、二〇〇四年に法科大学院が発足するのと同時に、法政大学法科大学院に行くことになったのですが、当時、その研究科長をしておられた野中先生が私のことを覚えていてくれまして、即座に「木谷さんなら来てもらって構わない」と言ってくれたそうです。これは後から推薦者であった福井厚教授から聞いた話です。そういうふうに事件の縁というのはバカにできません(笑)。

――その裁判の時、野中先生を選定されたのは?

木谷　あれは弁護人の推薦でした。中身のことは忘れてしまったけど、私は弁護人の言い分が通るのではないかと思っていました。結局、引き継いだあと、次の構成ではダメだったようです。私の考え通りにしてくれれば無罪が出たんです。私の無罪意見は、合議ではなかなか通りません。

――破棄無罪の事件はどういう事件でしたか。

木谷　二件とも交通事件ですが、そのうち一件は、左に大きな死角のあるコンクリートミキサー車を運転して、左方に鋭角的に曲がる細い三叉路を左折するに当たり、危険防止などの任務に当たるガードマンの誘導に従って、時速一〇キロメートルで左折をした結果、左方から右方に向けて無理な横断をした被害者(自転車)に気づかず、同人と衝突して死亡させたという事案で、原判決は、ガードマンの誘導に従うだけでは足りず、一時停止して安全を確認するべきであるとしていました。しかし、これでは、ガードマンの誘導の意味がなくなります。原判決は、運転者に過酷な注意義務を課したものと考えました（大阪高判昭和六二年五月一日判時一二四〇号一三九頁）。

他の一件は、道交法の安全運転義務違反罪の判示方法に不備があるとして原判決を破棄した上、無罪を言い渡したもの（大阪高判昭和六一年七月二日判タ六二〇号二三七頁）ですが、やや特殊な事例ですので、説明を省略します。

研究会——大阪刑事実務研究会など

木谷　大阪時代の一番の思い出は、研究会を沢山やったことです。「大阪刑事実務研究会」というのは今でも続いていますけど、管内の裁判長クラスの人たちが集まってする月に一遍の研究会です。その他に、同期の石井一正君など裁判官何人かと、刑事法研究者、鈴木茂嗣先生（京都大学名誉教授）とか三井誠先生（神戸大学名誉教授）とか、光藤景皎先生（大阪市立大学名誉教授）などとの研究会、これも月に一度していました。陪席裁判官の勉強会も、名古屋の時と同じように、地裁の若い左陪席クラスの未特例判事補を中心とした勉強会ができましたが、それとは別に、右陪席の特例判事補クラスの勉強会を頼まれて、勉強会が二つできてしまった。合計四つになります。それを月に一遍ずつやると毎週です。官舎が歩いて帰れるところだし、単身赴任で身軽だったからやれました。
その頃の若手の人たちとの勉強会のやり方ですが、私は高裁で判例係を担当したのですよ。各部でやった判例を全部読んで、公刊物に載せた方がいいものがあったら、その中から選んで、出版社(判例タイムズ社や判例時報社)に送る。放っておくと、皆そういうものに載せたがらないから、私のところで、「これどうですか」というふうに担当部に勧めて出すようにしてもらった。そして、やや職権を乱用したきらいがありますが、そういうホットな判例を判事補諸君に教材として与え、「研究してくれ」と言うんです。勉強会では、担当者が研究結果を発表しますが、終わった後に、「その判決のコメントを書いてくれ」と指示します。もちろん、私が手を入れて恥ずかしくない形にして送るのですが、それを送ると、コメント料として一件一〇〇〇円くらいくれる。それを貯めておいて飲み会をする。そういうことをやっていました。そういう研究会は、当時はあまりありませんでしたね。

——先生は元々、判例誌の編集者とお知り合いだったのですか。

木谷　はい。若い刑事局時代に何かと接触がありました。そういうふうに判例とコメントを送ると言うと喜ばれましてね。大阪の判例は、放っておくとなかなか出ないのですよ。

——あまりルートがなかったんですね。でも、大阪は面白い事件があります。

木谷　そうなんです。面白いのがあるんですよ。私は、職務の範囲内で高裁判例はみんな読みますからね。地裁の裁判例までは見ていません。それを全部見ていたら時間が足りません。そんなふうにして、週に一遍は研究会でしょう。それで、よく仕事がやれたものだと思います。北新地では、よく飲みました。高い店には行きません。安い大衆酒場です(笑)。

――議論する訳ですか。

木谷　行く前に議論します。五時半か六時頃から二時間くらいやって、それから飲みます。判事補は、大阪だけではなく、京都や神戸からも来ていました。

あの頃、私は結婚して二〇年余り経っていました。結婚して一年後には子どもができて、その後は二人だけの生活はなかったでしょう。単身赴任中たまに家内がくると急に二人だけになってしまうので、最初は面食らいました(笑)。だけど、後になったらいい思い出です。あんなに早く家内が亡くなると思っていなかったから。もっと大切にしておけば良かったとつくづく思います。二人で京都、奈良はもちろん、吉野など色々なところに行きました。そんなことを大分させてもらいました。家内は、金曜日の夜に来て月曜日の朝に帰ります。「帰る時は後ろ髪を引かれる思いだった」と後日言っていました。家内は義父の世話をしていたのですが、当時は、長女が大学に入って家の仕事を手伝ってくれたので、そういうことができました。

浦和地裁へ

――その後、一九八八年（昭和六三年）に東京ではなく浦和地裁（現・さいたま地裁）に行かれた。その経緯は？

木谷　いや、全然分かりません。調査官室から出る時は、まさか大阪へ行くとは思わなかったけど、今度は一か所回り道した訳だから当然、東京に戻る、と思うじゃないですか。三年で東京に戻っている人もいるのに、私は大阪に四年もいました。しかも、単身赴任で行っている。周りも「どうせ、あなたは三年で帰るんだろう」などと言ってくれるから、つい、その気になります。だけど、満三年の時は全然お呼びがなくて、もう一周回る訳でしょう。ちょっとこたえました。それで、その次の年、今度もなかなか任地を言ってこなくて、挙げ句の果てに言ってきたのが浦和でした。浦和なんて自宅から通えるのかどうかもよく分からなくて、最初はどうしようかと迷ったんですけど、「東京から通っている人もいっぱいいますよ」などと言われて、それで受けることにしたんです。

――実際に通われたんですか。

木谷　通いました。私の自宅は、三鷹市といっても京王線沿線、調布に近い方で、通勤時間は乗り換え三回で一時間半を超えます。これは大変です。通勤時間も一時間程度ならいいけど、一時間半を超えると急にきつくなる。特に、浦和に通った頃は腰が悪かったので大変でした。腰を悪くしたのは調査官時代です。

――何かきっかけが？

木谷　その話をしていませんでしたね(笑)。

名古屋の時、足を二回骨折しましたが、調査官になってハイキングなどに行くようになり、完全に骨折の後遺症が消えた。なかなかしつこくて、いつまでも痛かったんですけど、二年くらいで完全に治った。それで嬉しくなって、今度はジョギングを始めたんです。ジョギングというより、本格的に走ってしまった。そうしたら面白くなって、朝、走って出勤した後、水曜日は大法廷の審理しかないからお呼びがかからないということで、お昼休みに皇居の周りを走ったり、帰宅後また走ったり。土曜・日曜は一〇キロメートル、二〇キロメートル走るとか、そんなことをやっていました。それで調子が良かったんですけど、調子が良すぎて余り走りすぎたため、段々、腰がズーンと重くなってきた。「これはトレーニングが足りないせいだ」と勝手に思って、また走る。メニューを加重してまた走る。走りだすと走っている間は治るんですけど、終わって帰ってきて三〇分ほどすると、また一段と重くなってくる。お風呂に入っても治らない。そんなことをやっているうちにある時、ギクッと来ました。ぎっくり腰です。これは、最初はわりと簡単に治るんです。それで「治った」と思って走ると、またやる、という状態です。

それで調査官をやっている時代になかなか治らなくなってしまった。大阪へ行った時も少し痛かったんです。

——走りはやめられて？

木谷　散歩を主にしたんですけど、よくなってくるとまた走るというふうで、段々深みにはまってしまいました。大阪にいる時にも、ちょうど夏休みに入った頃、寝込んでしまって、家内に迎えに来てもらったことがありました。その後の水戸時代と比べるとまだ軽いのですが、ときどき腰痛を起こすというような状況で、良くなかったですね。

裁判官転勤考

——浦和転勤について、先ほど「受けた」とおっしゃっていましたが、受けないこともあり得るのでしょうか。

木谷　「ちょっと考えさせてください」と言って、一晩置いた記憶があります。

——もし、嫌だと言ったら、別のところに……。

木谷　もっと悪いところを言ってくることは確実です。先送りということもあるかもしれませんが、翌年、確実にもっと悪いところが来ます。

——では、やっぱり受けるしかない。

木谷　「受けない」と言うと、高裁長官も困るらしいんです。長官の指導力がなかったと見られるのではないですか。それで、「受けます」と言ったら、長官は「受けてくれますか」と喜んでおられました。

――それで、一時間四〇分の生活を。

木谷　大阪からは裁判長も「ぜひ東京に返してくれ」という意見で、高裁長官も、その旨、最高裁に上申してくれた、と聞いています。東京地裁も、それを了承したというふうに伝わってきたのですけど、私は、間に立った最高裁に意地悪されたのではないかと思っています。「あんな奴を東京地裁に持って行ったら何をするか分からない」と思われていたんじゃないですか。

――斬新な発想で、裁判に取り組まれるという。

木谷　分かりません。自分では全然気づいていないのですが、私の存在がちょっと邪魔になっていたのかもしれません。結果的には、浦和に行ってよかったのですけど、その時は正直言ってちょっと落ち込みました。最高裁調査官として丸五年働いて、十分な実績を上げたつもりでいるし、それで大阪で単身赴任も四年やっていますから、「それなのに、まだよそへ行けっていうのか」と思いました。もちろん、そんなことを言うのは贅沢なんです。浦和といったら大都会ですから、「大都市の裁判所の裁判長で行けというのに何の不満があるか」と普通なら怒られてしまいます。でも、そういう気持ちになったことは事実です。

——首都圏だと、東京、横浜、浦和などはA級の扱いとか……。

木谷　A級というけど、都市手当は、東京が一二%で、大阪が一〇%。浦和あたりは六%です。

——そんな低くなるのですか。

木谷　一旦、東京勤務になると、転勤後三年間は一二%が付きます。だから、たとえば、東京から地方に行っても三年で戻ればずっと一二%が続く。だけど、一旦、地方に出て、そのあとまたどこか地方に行ってしまうと、都市手当は完全に消えてしまう。私は大阪に四年いて、最初は一二%だけど、最後の年は一〇%に落ちました。浦和(現・さいたま市)に行ったら、最初三年は一〇%ですけど、最後の年は六%です。勤務地と手当がリンクしているんです。東京から通うのだから、浦和で生活している訳ではないけど、そういうシステムでした。

初の部総括

——浦和では初めての部総括です。当然のご担当と思いますが、どういう意気込みでしたか。

木谷　まあ、裁判長をやるのは初めてですからね。勤務の場所は本意ではないけれども、裁判長でやるのだから思い切ってやれるという思いでした。

――木谷色を出せる。

木谷　まあ、そうです。私が裁判長をやったのは、後にも先にもこの四年間だけです。後で高裁特別部の部総括もありますが、それは名目的なもので、実際はほとんど仕事をしていないですから。

――部の正式名は？

木谷　浦和地裁（現・さいたま地裁）第三刑事部です。浦和地裁には、第一から第三刑事部まであります。ただ、当時、第二はまだあったのですけど、私がいる間に合議部ではなくなった。裁判長が転勤した後、補充しないということで、単独係二つになってしまって、私が浦和を出る時には合議部は二か部しかなかった。事件数が少し減ったのでしょう。それで補充しないことになってしまった。

――担当は？

木谷　合議事件の裁判長のかたわら、単独事件もやります。けっこう大変なんです。色んなことがありますからね。

――浦和は結構、事件が多そうな印象です。

木谷　私の頃には、そう多くなかったのですけど。

浦和地裁，初法廷(1988 年 4 月 26 日)

浦和時代の無罪判決

――浦和時代の無罪判決は計何件ですか。

木谷　一〇件近くあります。全部を紹介するのは大変ですので、特徴的な判決を紹介したいと思います。

――まず、アパート放火事件(浦和地判平成二年一〇月一二日判時一三七六号二四頁)に関して、うかがいます。最初に耳を傾けた被告人の言い分というのは？

木谷　この事件は、私は最終段階で引き継ぎを受けました。ずっと隣の部(第二刑事部)で審理をしていたのです。私は第三刑事部でしたが、本件を審理していた第二刑事部が人員削減の関係で、裁判長の転勤とともに合議部でなくなってしまった。それで、本件を私のほうで引き取ったのです。ほとんど最終段階でした。

だけど、元の裁判長や右陪席は、「弁解は全然問題にならない」という意見だったようです。左陪席が私のほうに移ってきたのですが、この人は「おかしい」と思っていたので、最終的に無罪の結論になって喜んでいました。

――左陪席の方が、先生に疑いがあるということを話された？

木谷　私がおかしいと感じたのは、それを聞く前です。記録を読めば、やっぱりおかしいことが分かります。どこで引っかかったかな。そこまでは覚えていないですけれど、証拠の上で合理的に説明できない点がいくつもありました。この事件では、別件逮捕・勾留中の自白の証拠能力を論じているのですが、東京地裁でした富士高校事件の証拠決定について批判する見解があったので、その見解が誤りであることを詳細に指摘しました。そういう意味で、この事件の判決は、富士高校事件の延長戦のような形になりました。また、現在、問題になっている「取調べの可視化」についても少しだけですが触れました。

――アパート放火事件の被告人はパキスタン人ですけれど、外国人の事件が、この時期から比較的増えてきます。この事件は、日本の刑事司法が十分に対応できていない、外国人事件の制度や運用について問題があったことをうかがわせるような事件だったと思うのです。外国人事件について特に、木谷先生が気をつけておられたことはありますか。

木谷　私が外国人事件と本格的に取り組むようになったのは、浦和に行ってからです。つまり裁判長になって、こういう事件にいきなりぶつかることになったのです。大阪の時代は外国人の問題について、そんなに頭を悩ませたことはありませんでした。私の所属が高裁だったこともあります。ところが、浦和地裁に行くと、こういう外国人の事件がぞろぞろあったのです。しかも、当時はまだ法廷通訳人を確保するのも大変な時代でした。この事件の被告人はパキスタン人で、使用言語はウルドゥー語という少数言語ですから、それを通訳できる人がなかなかいません。本件で法廷通訳人になってもらった人も決してそんなに日本語が上手ではなかったけれど、捜査段階の通訳人と比べるとまだまし。捜査段階の通訳人の日本語は本当にひどかったようです。被疑者の意思や言葉が、十分捜査官にも理解されていない。コミュニケーションが非常に不十分な状態のままで、警察が被疑者を追及したというところに一番の問題があります。

取調べの可視化

——後に、先生は、「可視化の問題について強く意識するようになったのが、このアパート放火事件だった」と述べておられますが、具体的には、事件の審理のどの段階で、そういう問題をお考えになられたのですか。

木谷　自白の任意性の審理をしている時です。本人は、「供述調書の意味も、黙秘権があるとか弁護人選任権があるとか、ろくすっぽ告げてもらわなかった」と言っているわけです。確かに、調書には「黙秘権、弁護人選任権を告げた上」と書いてある。だけど、本当に意味が分かる方法で本人に告げたのかどうかということは、それだけでは全然分かりません。結局、警察は「告げました」、本人は「告げてもらっていません」と言い合いになります。しかし、こう言われただけでは判断のしようがない。これはやっぱり、

「最低限度そのステージだけでも可視化しなければ仕方ないではないか」と思いました。もっとも、私自身は、本来の取調べの方法については、本人の言い分を良く聴いた上で、警察官の言い分を批判的に検討すれば、そんなに間違った事実認定はしないですむだろう、と自信を持っていました。実際、現実のやりとりに関する双方の主張を詳細に検討すると、これは被告人側の言い分を否定するのは難しいという結論に到達することが少なくありません。現に、そういう方法で任意性否定の結論に至った事件は無数にあります。だけど、その権利告知の場面だけは、どうにもならない。一方は「告げられていない」、もう一方は「告げました」というだけですから、判断のしようがない。これはやはり可視化しないと話が先へ進まない。そう思いました。

――では、まだこの段階では、可視化というのは、今、議論になっているように取調べの全部を、というところまでは……。

木谷　私が自分で審理をする限りでは、そこまでの必要性を感じていなかったという意味です。だけど、裁判官の中には、私のように突っ込んだ審理をしないでおいて、すぐに警察の言い分を信用してしまう人も少なくないのです。「被告人は嘘をいう。警察官は嘘をつかない」という単純な論理で取調べ状況に関する事実認定をしてしまう。そういう人の裁判を前提にすると、やっぱり全面可視化ということに行かざるを得ないだろうということです。自分でやる限りは、可視化されていなくてもそんなに間違ったことにはならないのですけど、ただ、取調べ状況について延々と審理するのは時間の無駄ですね。あんなことで「言った」「言わない」の押し問答をするというのは、時間とエネルギーの壮大な無駄であると思っています。

――警察あるいは検察で本人が発言したかのように要約した調書を作成することによって、刑事裁判が短い時間で審理を進め、証拠調べを行うということがあって、便利だからこそ、そこから抜け出せないという面があるように思います。可視化をして、取調べの状況をすべて録画して、それをすべて弁護人や裁判官がチェックをすることになった場合、それはそれでものすごく大変な気もするのですけど、そういうような点はどうお考えですか。

木谷　取調べを可視化しても、裁判所が全部の事件について取調べ状況を見なければならない訳ではないでしょう。取調べに問題のある事件は一部ですし、問題になるステージというのも一部です。だから、通常の争い方の事件であれば、裁判所は被告人・弁護人が問題にする場面を見れば足りる訳ですから、裁判所自体はそんなに苦労は増えないと思います。逆に可視化をすれば、そういう水掛け論をしないですむという点で、非常に意味があります。リクルート裁判なんて、任意性の審理だけで何年もかけている。そんなことをやるのが刑事裁判だと思ったら大間違いです。そんな裁判をしなければならないくらいだったら、もう可視化した方がいいと思います。もちろん、取調べの最初から最後まで問題になる事件もありますが、そういう事件では仕方ありません。裁判所も実際にやり取りを見る必要があります。

――そうすると、可視化は、自白の任意性が問題になるような事件とか、外国人のように供述録取の信用性とか、あるいは供述の内容がどの程度、真実かが問題になる事件とかに限って採り入れるべきでしょうか。

木谷　そうではないですよ。あくまで全部の事件について、取調べの全過程を録画しておくのが前提です。しかし、実際の裁判でその録画が必要になる場面はそう多くないだろうというだけです。実際、全件・全過程の録画をしておかなければ、後から「あそこが問題だ」と言われた時に、「いや、その場面は録画していませんでした」ということになって何にもなりません。全部の被疑者に弁護人が付いている訳ではありませんし、捜査官が「本件では録画しなくても問題ないと思いました」と証言して、それでおしまいになるようでは困ります。録画はしておくが、後から点検しなければならないのは全部の事件ではないだろう、という意味です。

――実際に争点になった場合に、それを調べるというのであれば、任意性について非常に楽に判断ができるようになるということですね。

木谷　今より楽だと思いますよ。

――捜査側には「全部可視化すると、被疑者は本当のことを言わない。取調べが難しくなる」という反論があります。

木谷　それは、取調べの工夫により乗り越えられる問題だと思います。外国では、これまでのような糾問的な尋問というやり方はやめる方向になっている。本人に自由に語らせ、その自由な供述の中から捜査官が真実を探していく、というのが取調べの真のあり方だということになってきています。だから、従前取調べは英語でインテロゲーション(尋問)と言っていたのだけど、いまやインタビューだとされています。インタビュー方式で自由に語らせるというのが最適な取調べ方法なので、「お前こうだろう、やったんだろう、嘘つくな」ということを言って、無理に供述を引き出すというのは、もう時代遅れなのですね。

――つまり、警察が真実を追究して被疑者に迫って明らかにするというよりは、被疑者に自由に語らせて、その結果、出てきたものからどう判断するかを裁判所に任せるというやり方ですね。

木谷　警察内部の検討でも、そういう方向に行かなければダメだというようになってきているようです。佐藤博史弁護士が警察へ行って色々と話をして、向こうの情報も得てくるのですけれど、もうそういうような取調べマニュアルもできています。検察庁のほうが、むしろ遅れている。

――ただ、警察といっても現場のほうはまたちょっと違う?

木谷　現場は、今までそうやって教わってきています。「吉展ちゃん」事件を解決した平塚八兵衛さんみたいな名人芸のできる人がいて、そういうやり方が理想だと教え込まれていますから、そう簡単には方向転換できないかもしれませんが、現在のやり方が曲がり角にきてしまっていることは事実です。パソコン遠隔操作事件(二〇一二〜一三年)が最たる例(注　二〇一二年に警察が四人を誤認逮捕し検察官が起訴したが後刻、誤りを認めて釈放した事件。このインタビューの時点では、後に弁護人となる五人目のKさんの事件は受任していなかった)です。ああやって皆、無実の人に嘘の自白をさせてしまうのです。

覚せい剤の尿のすり替えが?

――先生の無罪判決の中で非常に興味深いのは、覚せい剤の尿のすり替えの可能性がある事件です(浦和地判平成三年一二月一〇日判タ七七八号九九頁、浦和地判平成四年一月一四日判タ七七八号九九頁)。やはり、素通りしてしまいそうな事件だったと思うのですけれど、よくこれで無罪に……。

木谷　すべての事件がそうですが、これも、被疑者・被告人の言い分に、どこまで真剣に耳を傾けるかによって結論が変わってしまう事件です。刑事裁判では、「疑わしきは被告人の利益に」の大原則があり、確定判決が出るまでは、その人は無罪だと推定して考えよ、ということになっています。でも、被告人から採取したという尿から覚せい剤反応が出たという証拠があると、被告人が「これは違います。私の尿ではありません」と言っても、「そんな馬鹿な話があるか」と一蹴してしまう人が多いのではないかと思います。そういう判断をしてしまえば、事件はそれでおしまいです。検察官提出の証拠によって「尿から覚せい剤反応が出ていることが確認されたのだから、おまえ有罪だ」と言われたら、被告人側の反証を何も調べないまま、事件はおしまいです。

だけど、それでは被告人は納得しません。だって被告人は、「覚せい剤の自己使用はしていない」と言うのだし、「自分の尿から覚せい剤が出ているはずがない」と言っているのですから、本当にそうなのかどうかは、よくよく調べてみないと分からないではないか、と私は思います。で、色々調べていくと、被告人の言い分に合うような状況が段々出てくるわけです。それで、「これはどうしてこうなるの」と警察に聞くと、その弁解がはっきりしない。警察のほうが合理的な弁解ができない。そうなると、本当は被告人の言っている通りなのではないかと疑われても仕方ないでしょう。二件ともそういう観点で行った無罪判決です。真実は神様と被告人だけが知っている。神様でも被告人でもない私は、「これが絶対真実だ」というようなことは言えませんが、「少なくとも合理的疑いは残る」と考えざるを得なかったのです。

ＤＮＡの鑑定なんかで、バチッと無実が明らかになる事件は、無実がはっきりしたという意味で当然、無罪にするべきでしょう。しかし、本来の無罪判決というのはそういうものではありません。あくまで、検察官主張の事実に合理的疑いが残らないかどうか、という観点から判断するべきで、合理的疑いを入れる余地があれば、当然、無罪にすべきなんです。まずは、被告人の言い分に、虚心坦懐に耳を傾ける、と。それは、初任の頃、樋口裁判長に習ったことが、ずっと響くのですよ。

――本件の場合でしたら、最初に被告人が言い始めた時はどんな印象だったのでしょうか。

木谷　最初は、「変なことを言うな」という感じでした。「そんなことあるのかな」と誰でも思うでしょう。

――どのようなことを最初に？

木谷　一件(A事件)では、「自分がトイレの外へ出てみたら、警察官がその尿の瓶に何かをジャブジャブ注いでいました」というのです。次の一件(B事件)では、「自分の尿を出したら、警察官がどこかに持っていってしまって、しばらくたってから帰ってきました。その間にすり替えられたに違いありません」というものでした。二件ともそういう事件で、一見すると弁解は荒唐無稽のように思われます。でも、調べてみると、両方とも捜査の仕方に重大な問題のあることが分かりました。

覚せい剤事件の捜査では、普通、採尿の瓶は被疑者から尿を提出させた直後に封印して本人に署名させ、そのまま取調室に運ぶのですけど、B事件では、被疑者から瓶を提出させた後、そこでは封印・署名をさせないで警察官がどこかに運んだ疑いが強い。被疑者は、そのことを検察官の調べに対しても主張していて、「瓶が一時、自分の視界から消えた」と述べていました。そして、「検察官から「どのくらいの時間消えたのか」と聞かれたので、付き添いの女性警察官を振り返って「二、三〇分だったでしょうか」と聞いたら、「そんなに長くはなかったと思う」と言ってくれた」と弁解しました。その後、その女性警察官を証人尋問してみると、女性警察官も、被疑者からそういう問いかけがあったことを認めた上で、「そんなに長くないと言ったかもしれません」と証言したのです。つまり、警察官も瓶が視界から消えたことを事実上、認めた訳です(笑)。

そういうことが出てくると、その他の捜査方法にもおかしな点が目につきます。「本人は絶対やっていない」と言っているのですから、本来なら、もう一度、検査してみたらいいでしょう。再度、採尿すれば問題はすぐに解決するんです。被疑者が本当に覚せい剤を自己使用していれば、その段階でも当然、反応が出るはずですから。ところが、警察はそれをしていない。していないということは、再検査すると反応が出ないということを知っていたからではないか、と私なんかは考えてしまうのです。それが合理的な考え方ではないですか(笑)。

——無罪事件ではないですけれど、判決を興味深く読ませていただいた覚せい剤事件がありますす。これは、事案自体としては明らかに有罪だが、必要性がないのにした強制採尿を量刑に考慮された、という事件です(浦和地判平成元年一二月二一日判タ七二三号二五七頁)。この事件で先生は、どうしてあえて量刑に盛り込むという判断をされたのでしょうか。

木谷　被疑者といえども、人道的に扱われる権利があると思うんです。尿道に管(カテーテル)を差し込んで尿を無理やり取るなんていうのは、痛いことも痛いし、される者の屈辱感には甚大なものがありますから、どうしても必要な場合に限って行われるべきです。最高裁の判例もそう判示しています。本件では、被疑者が出すと言っていたのに、皆で担いで医務室に連れて行って無理やり押さえつけて強制採尿した。これは、本来の捜査のあり方からすると、明らかにおかしい。そういう屈辱感、精神的な屈辱感などを事件処理の上に全然反映させないというのは、私の正義感情に反するのです。証拠能力に反映させられれば一番良いのですけど、最高裁の判例があって、そこは無理だ、ということになりました。だったら、量刑で考えざるを得ないだろう、と思った次第です。

量刑にそういう捜査の違法を反映させることができるかどうかという点については、議論があります。刑法の先生などからは、「そういうものは責任主義に関係ないから、量刑事情として考慮するべきではない」と散々、批判されました。けれども、実務家として考えた場合に、刑法の純粋理論だけではいきません。被告人の気持ちや捜査の適正化ということも、ある程度、考えてやらなければいけない。「捜査は違法だ。だけど、それは被告人の責任とは全然無関係だ」といったのでは、警察は痛くもかゆくもないわけですから、またこれをやりますよ。刑事裁判をする上で、こういう点を何とかして判決に反映できるような理論を打ち立てるのが研究者だと思うのですが、どうも研究者は、純粋理論だけで結論を出そうとするから、実務感覚に合わなくなる。

なぜ浦和で立て続けに無罪判決?

――薬物などの事件で、浦和で立て続けに無罪判決が出ると、警察の捜査のあり方について、単なる偶然的ではない問題点があるのではないか、ということを感じざるを得ない面があります。

木谷　浦和管内の当時の捜査は、あまりにもルーズだった。どうしてそうなったのかというと、裁判官が皆、捜査を追認していたからだと思うのです。裁判官がもうちょっとチェックしていれば、いくら警察だって、そんなにいい加減なことをし通せるはずはないのです。だから、やっぱり裁判所の責任は重大です。私は、そう思っているので、嫌がられながらも筋を通したのです。ずいぶん嫌がられたのですよ。

――要するに捜査批判を含む判決になりますね。実際、警察との軋轢はあったのですか。

木谷　あります。なんだかんだ言ってきますよ(笑)。たとえば、留置人出入簿というものがあるでしょう。あれには被疑者の取調べ時刻を認定する上で重要な出入房の時刻が明確に書いてあるのです。法廷で被告人が「何時頃から何時頃まで取調べを受けました」と言っても、捜査官が「そんなに長時間は取り調べていない」と証言することがあり得るのです。そういう場合、留置人出入簿があれば、その点を難なく認定できます。ですから、裁判所全体としても、当時もう既に「留置人出入簿など客観的証拠によって取調べ時間などを明確にさせる」という方向に動いてきていました。

そういうことは、私は、富士高校事件の頃から当然のこととして行っていたのですが、浦和に行ったら余りやられていないようでした。それで検事に対し「警察に留置人出入簿を出させるように」と指示したのですが、そうしたら、「なぜ、そんなものを出す必要があるのですか」と警察が飛んできます。裁判官室に面会を求めてくるのです。県警本部ではなく、所轄署の課長くらいだと思います。そういうものを裁判所から出せと言われて警察が飛んで来るということ自体がおかしいですよ。それは表面的には、裁判官に対する強談ではありませんよ。一応、表面的には丁寧な態度ですけれどね。しかし、魂胆は見え見えです。そんなことをやってこられると、裁判官はやっぱり憂鬱ですよ。面倒くさくなります。そうすると、そんなことで軋轢を起こすくらいなら、言う通りに出させないですましてしまおうかとか、余計なことしないで波風立てないでおこうか、というふうに思う裁判官が出てくると思いますね。

——先生だけでなく、そういうような訴訟指揮をされる裁判官の方には、そのたびに？

たからね。

木谷　そのたびかどうかは知りません。そういうことをしている人が他にいませんでし

——この時期に第二刑事部でも、強制採尿で違法と言わざるを得ないということで無罪を言い渡していますね。

木谷　確かにそういうことがありました。それは私が浦和を出る直前頃のことです。私はその頃、刑事部の所長代行でした。ある裁判官が私に対して、「実は自分のところにもおかしい事件がある」「木谷さんが所長代行でありながら頑張っているのだから、私もやってみようかと思う」と言うのです。所長代行が無罪判決をするかどうかなんて、個々の裁判官には関係ないことでしょう。そういうことは、本来、各裁判官が自分で判断するべきことです。私は、その裁判官がどうしてそういう考え方をしたのか、今でも分かりません。けれども、従前はなんとなくやりにくい雰囲気があったのでしょうね。「あいつ、なんか変なことやっている」と見られかねないですから。無罪判決を出すことが変わったことをやっていると見られるということです。覚せい剤の自己使用罪ですからね。そういう事件についてまともに取り組む人は多くないように思います。

——自白の任意性のように、「やったのか、どうなのか」「本人が供述していることが正しいのかどうか」ということを追求する事件と、捜査の違法性を理由に量刑を評価したり、あるいは証拠能力を否定したりという問題とは少し違うようにも思うのですけど。

木谷　そうですね。確かに、おっしゃる通り、量刑の問題は一応別ですよ。でも、物証の証拠能力や自白の任意性の問題は、手続面から正義を追求するという面があります。警察が証拠物をすり替えてしまえば、本当はやっていない人が処罰されるわけですから、問題が別であるとは思いません。

覚せい剤共同譲り受け事件

――覚せい剤事件の判決(浦和地判平成三年三月二五日判タ七六〇号二六一頁)については?

木谷　これは相当難しい事件でした。転出する一年前くらいにした判決です。覚せい剤の共同譲り受け事件ですが、被告人は、共犯者を案内して二人で譲渡人の所に行ったことは認めている。だけども、「自分は譲り受けていない」という弁解なのです。捜査の過程に結構、嫌なところがありました。この被告人は、それまで何度も警察から検挙されていましたが、そのつど弁解をして起訴を免れていたのです。警察が執念を燃やして、埼玉の警察が福島まで行って捜査しているのです。とうとう被告人が売人(譲渡人)のところへ共犯者と一緒に行っているという事実をつかんで、本人を問い詰めたけど、本人はそうやって譲り受けたことを頑強に否認する。でも、共犯者が譲り受けたいという気持ちを持っていることを知りながら、売人のところに連れて行ったことまでは事実上否定しようがないのです。それで、結局これでは共同譲り受けは無理でも幇助にはなるんではないかと、最終的には考えたのです。

共同正犯の訴因で幇助を認定する場合に、訴因(検察官が審判を求める犯罪事実)の変更が必要ないのかという法律問題がありまして、悩ましいことになりました。共同正犯の訴因で幇助を認定するのに、「訴因変更は不要である」という最高裁の判例がありますから、それにそのまま乗れば問題は簡単です。でも、共同譲り受けの成否を争っている被告人・弁護人に対し、幇助の成否を争う機会を与えなくてよいのか、訴因変更までは必要なくても、少なくとも幇助の成否を争う機会を与えなくてよいのか、要するに不意打ちの問題が出てきます。これは、例のよど号事件の場合と同じ問題です。さあ、これは悩ましいことになったと考え、最後までなかなか決断できませんでした。

ところが、検察官は論告(証拠調べが終わった後に検察官が行う最終意見陳述)の時に、ちょっと弱気になって「最低限度、幇助は成立します」と主張したのです。これで幇助の成否が一応、論点になりました。この事件の弁護人は、今は高名になった若き日の高野隆弁護士でしたから、私は、弁護人が当然、幇助の成否についても反論するだろうと思いました。ですけど、弁護人は、幇助の点について何も弁論(最終弁論)しなかったのです。そこで私は、最後に「弁護人、検察官は幇助を主張しましたが、幇助の点については、どういう反論をするのですか」と訴訟指揮をしました。弁護人の釈明は、「共同正犯の訴因に対する反論で、幇助の点も全部反論したつもりです」というものでした。そこで、私は、幇助の点について弁護人に反論の機会を与えたので不意打ちにはならない、防御は尽くさせたと考えて、判決では幇助の認定をしたのです。この事件の訴訟指揮は大変難しく、果たしてこれでよかったのかどうか、自信はありません。もちろん、批判はあり得ます。

――後に高野弁護士も反省の弁を述べられていた、ということです。

木谷　そうですね。訴因の変更までは必要なくても、不意打ちの点は残りますから、非常に微妙でした。

――この事件の場合、幇助について有罪ですが、譲り受けについては実質的に罪とならないと認定されても、いわゆる無罪判決一件とはならないのでしょうか。

木谷　無罪判決にはカウントしていません。この事件の場合、「無罪」は主文に出ないのです。主文には、いきなり「被告人を……に処する」という宣告刑が出てきます。幇助は共同譲り受けの訴因に含まれているという考え方ですね。大阪高裁で判決したひき逃げ事件のように、無罪を示唆して差し戻したものは無罪に入れていますけど、本件のような判決を無罪に含めれば、無罪判決はもっと増えます。当時の新聞にも「木谷裁判官が有罪判決」という記事が掲載されました。

――この事件は、やっぱり弁護人としては非常に心残りでしょう。自分が弁護人だったとしたら、適切に最後の弁論の段階でできたか……。

木谷　正直に言うと、私は、本件で幇助を認定するには訴因変更が必要だ、と弁護人が主張すると思っていたのです。さあ、そうしたらどうしようか、と思って色々と考えていました。ところが、「訴因変更が必要」と言わなかったので、こっちはホッとするやら拍子抜けするやら。訴因変更には時期的限界というのがあるので、「こんなにぎりぎり最後の場面で訴因を変えるなんていうのは許されない」というような主張をされたらどうしようかな、と。実は決断がついていなかったのですよ(笑)。

――不意打ちの点に関しては、調査官時代のよど号の事件の思い出があった訳ですけど、思い切って、たとえば、「訴因変更がないから幇助についても無罪だ」というふうなことは、弁護人の指摘がなくてもできないという訳ではありませんね。

木谷　そういう判決をしたら、上級審で破られます。弁護人が主張もしていない法律論で被告人を無罪にすれば、検察官は必ず控訴して反論します。そして、おそらく、いや確実に破棄されてしまう。最高裁の判例があるのですから。

――やはり高裁まで行って敗れるのは、被告人にとっても不利益になる、と?

木谷　なるでしょうね。破られることがほぼ間違いないですからね。そういう見通しの事件について、「これが自分の信念だ」と言って無罪判決をすると、被告人に糠喜びさせるだけで、けっして被告人の利益になりません。

――理屈だけではないということですね。

木谷　これは苦しいところです。共同正犯の訴因で幇助を認定する点については判例がありますからね。事案によっては判例をひっくり返すこともできない訳ではありませんが、判例変更させるにはそれにふさわしい事案でなければなりません。本件は、判例を変更させるにふさわしい事案とは思えないのですよ。ともかく、覚せい剤を欲しいと言っている人間を連れて売人のところまで行ってしまっている訳です。それで、その証拠は全部、出ていて、その事実関係は明らか、あとは法律論だけという事件でした。悩ましい事件です。

嬰児殺事件

――では、次に嬰児殺事件(浦和地判平成元年三月二二日判時一三一五号六頁)です。浦和に着任されて、まもなくの事件です。

木谷　この事件の審理は揉めました。これは、もともと第三刑事部にあった事件ですが、私が最終段階で引き継いだのです。前の裁判体は、すんなりと有罪判決をするつもりだったようです。第三刑事部の私の前任者は同期のU君でしたが、私が浦和に来ることになったため、まだ年限が来ていなかったのに、千葉へ転勤させられたのです。私の浦和転勤は、そういう余波もあった訳です。彼には気の毒なことをしました。そういう事情で、既に最終段階に入っていたこの事件も、私が引き継ぐことになったのです。審理はかなり最終段階で、鑑定なども出ていたけど、ちょっとおかしな点があるから、新たに鑑定人を調べたりしました。新たな鑑定人は我妻堯《たかし》さん、民法の我妻栄先生のご子息さんですが、産婦人科のお医者さんで、「生産児か死産児かの判別はどういう方法でするのか」とか、「仮に仮死状態で生まれた赤ちゃんを放っておくとどうなるか」とか、そういう話を聞きました。

――我妻先生の証言を聞かれて、「あれ」と思われたということですか。

木谷 それもあります。また、本件では一応、自白があるのですけど、取調官のK刑事――今でも名前を覚えていますが――、これがひどい取調べをしているんです。たとえば、出産直後の五日目から固い木の椅子に座らせて、相当な長時間、調べているのです。褥婦の健康状態からすればそんな取調べはまずいではないか、ということもあって、結局その自白の任意性、信用性には疑問があるということにしたのですけども、そうすると、もう、あんまり有罪認定できる証拠がないのです。でも、検事は粘ります。いつまでも訴因変更を請求するのです。最初は、「作為による殺人は無理でも、生まれてしまった直後に適切な処置をとらなかったことが不作為の殺人だ」ということで、そういう訴因変更を請求した。だけど、それは「もうこんな時期にそんなことを言っても、そういう訴因で有罪判決を得る可能性はないから訴因変更を認めない」と言って却下しました(浦和地決昭和六三年九月二八日判時一三〇六号一四八頁)。

そしたら、判決の言渡し直前になって、今度は「重過失致死の訴因に変更したいから弁論を再開されたい」と言ってきました。「勤務先であるデパートの休養室などで出産すれば、子どもが死んでしまうことが分かっているのに、そこで産んでしまった、そのこと自体が重大な過失だ」というのです。私たちは、この弁論再開請求も却下しました。そして、ところが、それこそ判決宣告期日の直前になって、検察官が判事室に来ました。そして、「うちの検事正が四月一〇日付で高松高検の検事長に内定している」「今の検事正に、黒星をつけたくない」「だから宣告期日を延ばしてもらいたい」と言うのです。これには驚きました。私たちは、この請求ももちろん認めずに、粛々と予定通り判決を言い渡しました。

実は、この検事正を私は良く知っているんです。私が樋口裁判長の左陪席をしていた頃の立会検事なのです。私は最初、大阪から浦和に転勤してきた時、一応、検事正に挨拶をしに行き、その際、検事正室で「お久しぶりです」ということからしばらく話をしています。ちょっと磊落《らいらく》な感じの、よく頭が回転する、なかなかの論客です。でも、このようなことを係検事から聞かされたので、私はがっかりしました。これは、検事正が係検事に命じて申し入れさせたにちがいないと考えたからです。

——結局、任意性、信用性が両方ともない、と。それは女性被告人の供述で感じられたというのではなく、調書段階、引き継ぎの文面からそう思われた、ということでしょうか。

木谷　引き継ぎの文書などはありません。ただ、記録を読めば「おかしいな」と思いますが、本人から法廷でもういっぺん聞きました。聞けば、ますますおかしい、とね。

――どんな供述だったか、ご記憶ありますか。

木谷　「自分が言ったことと違うことが調書に書いてある」ということです。書いてある内容は、やっぱり産婦人科のお医者さんから言わせると、あり得ないことでした。そんなことが出ていたと思います。結局、捜査官の作文です。実際、調書には、こういうくだりがありました。これは、笑ってしまいます。いよいよベッドの上で、赤ちゃんが生まれる直前で、本人は法廷では「最後まで出産と分からなかった」と言っているのです。ところが、調書には「だんだん子宮が開く感じがして出産だと分かった」というくだりがあるのですよ。「子宮が開く感じ」というのは、一見もっともらしいでしょう？子宮が開いて赤ちゃんが出てくるのですからね。だけど、産婦人科のお医者さんに言わせると、「そんなことは分かるはずないし、これまで聞いたことがない」と言うのですよ。また、弁護人の一人は、出産を経験した直後の若い女性弁護士（海老原夕美弁護士）でしたが、この方が「自分の経験では、ともかく痛いばかりで、子宮が開くなんてことは分からなかった。そんなこと分かるはずがない」と主張しました。これは、正規の証拠ではありませんが、事実上、心証には響きます。結局、この調書の記載は、出産経験のない男性取調官が勝手に想像して書いたのではないか、という疑いを否定できなくなりました。

――しかし、裁判官によっては一笑に付される方もいらっしゃるのでは。

木谷　それは、状況証拠からいうと、被告人は未婚の母で子どもは不倫の子だし、二回目の出産なのに出産の準備は全然していなかった訳だから、もう生まれてきても育てる気がなかったのではないか、と疑われる余地はありました。だけど、最初の子どもの出産の時は初産ですから、そんなに早く生まれなかったのです。被告人は、今回の出産について、「こんなに早く生まれるとは思っていなかった」と弁解します。色んなことがあったのですが、本人の弁解を聞いていくと、それがあながち嘘とは思えない、というようなことになりました。

近接所持の事件

――ほかに、司法研修所の教材になりそうな近接所持の事件もありました。

木谷　一九九〇年(平成二年)の判決(浦和地判平成二年三月二八日判時一三五九号一五三頁)ですね。常習累犯窃盗の単独事件でしたが、左陪席の教育もあるので合議に移してやりました。浦和の一年目は昭和六三年で、翌年が平成元年。平成二年(一九九〇年)はちょうど脂が乗ってきている頃です。被告人は盗品を窃盗被害に近接した時点で所持していたとして近接所持の理論で犯人とされたのですが、本人が持っているのが確認されたのは、被害があった日から二〇日も離れているのです。近接所持の理論というのは、盗まれた物を被害から近接した時点で持っている場合は、持っている本人が盗んだと推認してよい、そういう経験則がある、という考え方ですけど、被害の日と被告人の所持とが二〇日も離れている場合に、その経験則の射程が及ぶのか、という点が問題です。

判決にも書きましたが、犯行の直後に盗んだ物を持っていれば、それは本人が盗ったのではないかと、誰でも思います。そのわずかな間に、その物を人から入手するチャンスは余りない訳ですし、直後であれば、自分が入手した経路をちゃんと立証できるはずだ、だからそれを証明できない人は、やはり盗んだと考えてよい、という訳です。だけど、犯行から二〇日も離れてしまうと、その間に色んな方法で入手することがある訳だし、逆に、どうやって自分が入手したかということを証明しろと言われても、難しいことがある。特に被告人は公園生活者ですから、どこから入手したかということを立証できなくても仕方ないではないか、というような理由で近接所持の理論の適用を否定しました。そんな場合に、近接所持の法理があるなんて、偉そうなことといって有罪認定するのは、やっぱりおかしいのではないか、というのが根本です。

あと、もう一つ。それは、目撃証言の信用性の問題がありました。被害者が犯人の姿を目撃していたのですが、五〇メートルも離れた家の中から見ている訳です。人相やなんかはもちろん分かりませんから、そういう目撃証言もほとんど意味がないということです。さっきのパキスタン人の放火事件の時にも目撃証言の信用性の問題がありました。これも、同じような問題です。

——かなり立て続けに無罪に。

木谷　結構あるでしょう。

木谷コートの議論

——単独の事件もあれば、合議体の事件もあって、浦和地裁の中では他の裁判体もあるということですけど、部長で、右陪席、左陪席と、おそらく色んな方がいらっしゃって、ご議論等もあったと思いますが……。

木谷　左陪席は若いですし、新任判事補で、任官後初めて私のところへ来るわけですから、比較的、汚染されていません。「修習時代についた裁判長とはずいぶん違うな」と思うらしいけれども、みな喜んで私の考え方を吸収してくれました。これに対し、右陪席の中には、既に汚染されている人がいる(笑)。それまで一〇年以上も有罪判事をやっていますからね。「えー、こんなふうにやるのですか」と言ってびっくりする。少しずつ私の考え方を理解してもらいましたが、最初は戸惑うようでした。その中で、若い人でも非常にびっくりした人がいます。さっきの近接所持の事件で、私の部についた修習生です。「明日、この事件の判決をするから、君、ちょっと記録を読んでおいてくれ」と言いました。そしたら、バーッと読んで、「これは有罪ですね」と澄まして言いました。修習生ですよ。それで翌日、私が法廷で「被告人は無罪」と宣告したものだから、彼がびっくりして飛び上がってしまい、「えー、そんなことがあるのですか」と言ってね。それで、「裁判官はそんな事実認定の仕方をするのですか。だったら、僕は弁護士志望だったけど、裁判官になります」と言って、裁判官になってしまいました。現在は、関東地方の大きな裁判所で裁判長をしています(笑)。

――右陪席の方は、無罪の結論自体に異論を唱えられたり……。

木谷　やっぱり異論を述べた人はいますよ。そういう時はちゃんと議論します。

――どのような議論をなさるのですか。

木谷　具体的には忘れましたが、私のような考え方に対して、余り経験がないのです。だから、こちらの考え方をよく説明してやると、最後には、「なるほど」と言って納得してくれました。

――木谷コートの合議の特徴というのはあるのですか。

木谷　何でも率直に議論します。陪席の意見を力で押さえつけたことはありません。できるだけ意見を言いやすいように気楽な雰囲気を作ることに心がけました。場合によっては修習生も含めて議論します。修習生が常時二、三人つきますから、そういう人も含めて議論します。結構、面白かったですよ。

――研究会みたいな雰囲気ですか。

木谷　そうですね。量刑だって、できるだけフランクに話し合えるように工夫しました。意見交換した後、それぞれが自分の考えている処分を述べるのですが、順次、口頭で述べて行くと、次に述べる人はどうしてもそれに影響されてしまうので、評決を書面でしたこともあります。最終的には、その結果を裁判所法に則って刑を決めるのです。その場合、修習生にも意見を書かせて参考にしました。

――その一〇件近くの無罪判決の中で、合議の場面で全員一致ではなかったものもありますか。

木谷　最終的には、すべて全員一致です。途中で異論を述べるような場面もあったかと思うけど、最後まで反対した人はいません。

――仮に、浦和に限らず、たとえば右陪席が最後まで有罪ということで固執された場合は……。

木谷　最後は、多数決しかない。私だって散々、多数決で押し切られているのだから（笑）。

――右陪席も左陪席も有罪で、先生だけ無罪、という事例はなかったですか。

木谷　はっきりしたのではないけれども、どうもこれはちょっと危ないのではないかな、ということに危惧を抱いた事件はありました。浦和時代の事件です。やや微妙な事件でした。左陪席は「絶対、有罪に間違いない」という意見でしたが、証拠の上で若干問題はありました。しかし、確かに、無罪判決を書こうとするとかなり無理をしないと書けない事件だったので、最終的には有罪にしましたが、微妙な事件であったことは間違いありません。私だって、常に自分の考えが絶対に正しいと考えている訳ではないですから。左陪席の意見に従って、やる場合もない訳ではありません。

――今のケースの場合は、左陪席の方が主任ですね。

木谷　だいたい地裁の場合は左が主任なのです。私が東京地裁判事補や判事だった頃は、裁判長も右も単独事件を持っていない。そういう時代だったのです。そういう場合は、右も主任を務めることになるのですけど。右が単独事件を持っている普通の裁判体の場合は、合議の主任は全部、左がやることになるのです。

――部総括として合議を主宰されるようになって、どういうふうに進めるかということに関しては、過去に右陪席、あるいは左陪席として経験してこられたところで何かお考えになって決めておられたことはあるのですか。

木谷　それは、陪席が言うことを一笑に付すということは絶対にしない、ということです。必ず、何か意見があれば自由に言ってもらって、そして本当にそれがいいのかどうかについて徹底的に議論する、ということを心がけました。今まで自分の意見が一笑に付されて、つらい思いをしたことがいっぱいありますからね。

——合議は、事件によって異なるでしょうが、何回くらいですか。

木谷　量刑だけが争点の事件なら、たいてい一回で終わります。事実認定が難しい事件なら、何度もやります。終結する前から争点を詰める作業を始めていますからね。段々と共通認識が出来上がって行くのです。

——樋口コートよりも和やかだったのではないですか。

木谷　そうですね。樋口コートは怖かったですよ(笑)。

樋口さんの合議は、やっぱり厳しかった。厳しいので「殺しのカツ」の異名があったくらいです。裁判長の論理は寸分のスキもないですからね。私の議論は、樋口さんと比べるとはるかにスキだらけですから、その分陪席は言いやすかったと思います。

——先生の無罪の〝目利き〟の仕方と言いますか、無罪を見抜く〝極意〟といいますか、どういうことを心がけようと？

木谷　見抜き方なんて特にあるわけではないですけど、ともかく、さっき言ったように、被告人に十分、弁解させることが大事です。弁解を一笑に付さないで、「本当は被告人の言っている通りなのではないか」という観点から検事の提出した証拠を厳しく見て、疑問があれば徹底的に事実を調べる、と。これに尽きます。私は、これがオーソドックスな方法だと思います。だけど、実際、これを全事件で実行するのは容易なことではありません。この前に話したお寺の放火事件などを見ていると、あの程度の事件で権僧正を証人に呼び出して調べるなんてことは、普通はしないでしょう。だけど、被告人がそこまで言っているのであれば、「真相はそうなのではないか」と思って、疑問があれば証人調べをする、というのが樋口流です。私も、「疑問があればどんな人であっても調べる」という方針は貫いたつもりです。

――私みたいな者からすると、先生のお話がすごく納得できるのですけども、先生みたいな方が少数で、一般の裁判官の方は、そういうふうに耳を傾けられないのでしょうか。

木谷　私にも、それは分かりません。私は、これまで多くの裁判官と付き合って、裁判官にも色んなタイプがあると思います。

これについて私は、三分類しています。一つは「迷信型」です。つまり、捜査官はウソをつかない、被告人はウソをつく、と。頭からそういう考えに凝り固まっていて、そう思いこんでいる人です。何か被告人が弁解をすると、「またあんなウソついて」というふうに、最初から問題にしないタイプです。私は、これが三割ぐらいいるのではないか、と思います。二つめはその対極で「熟慮断行型」です。被告人のためによくよく考えて、そして最後は「疑わしきは」の原則に忠実に自分の考えでやる、という人です。これが多めに見積もって一割いるかいないか。その中間の六割強は「優柔不断・右顧左眄型」です。この人たちは、真面目にやろうという気がない訳ではない。三割の頑固な人たちとは違うので、場合によっては、「やろう」という気持ちはあるのだけど、「本当にこれでやっていいのかな」とか迷ってしまうのです。私だって迷いますよ。迷いますけど、最後は決断します。でも、この六割の人は、「こんな事件でこういう判決をしたら物笑いになるのではないか」「警察・検察官から、ひどいことを言われるのではないか」「上級審の評判が悪くなるのではないか」などと気にして、右顧左眄しているうちに、優柔不断だから決断できなくなって検事のいう通りにしてしまう。こういうように私は今までの付き合いの範囲で感じているのです。こんなこと言うと、裁判所から睨まれますね。仲間内からも「俺はどこに入るのか」などと言われそうだね(笑)。裁判官には、こういう体質的な問題がかなりあります。

無罪判決の意義

――無罪判決の意義についてのご見解は？

木谷　それは、「無実の人を処罰してはいけない」ということに尽きます。そのためには、「絶対に無実だ」というところまで心証をとらなければ無罪判決しない、ということではいけません。そこまでは行かないけども実際は無実だという人は沢山いる訳です。要するにグレーゾーンです。そういう人たちをできるだけ無罪のほうに持っていく、ということにしないと、無実の人を処罰する結果になってしまう、と。そうやって無罪判決をすれば、無実の人が処罰されることは少なくなる。これが最大の意義です。

　また、私は、裁判所は捜査官の捜査を厳しく批判するべきだ、と思っています。そういうことに裁判所が甘くなると捜査官を増長させるのです。どんなことをやったって最後は裁判所が救ってくれる、というように思わせてしまえば、捜査は良くなりません。捜査はあくまで適正に行われなければなりません。適正な手続に基づいて有罪の立証をするというのは、捜査官(警察、検察官)に課せられた義務です。裁判所は、捜査機関にその義務を尽くさせるように最大限の努力をしなければいけない、と思っています。

──しかし、先ほどの三分類にもあったように、先生みたいなタイプの裁判官に当たると、被告人は主張を容れてもらって調べてもらえる。その方はすごく幸せだと思いますが、多数の被告人は、本当はもしかしたら無実、あるいは無罪のグレーゾーンなのにもかかわらず、省みられず……。

木谷　だから、その点が問題なのです。それは困った問題ですが、今後、皆が力を合わせて「熟慮断行型」の裁判官を増やすように努力するしかありません。私は、冤罪は本当に数限りなくある、と思います。最近、いくつか有名な冤罪事件の無罪判決が報道されていますが、あれはあくまで氷山の一角ですよ。私は弁護士として事件を扱うようになってますます痛感しますけど、「なぜ、こんな証拠で有罪になるのだ」と怒りたくなる判決がたくさんあります。「相談に乗ってくれ」と言って私のところに持ち込まれる事件は、大抵そうです。本当に驚いています。「後輩たちよ、君たちはこんな判決をしているのか」と一喝したくなります。せっかく再審で無罪になる人がいても、次々と新しい冤罪が生まれていますからね。刑務所の中には冤罪者が一杯いると思わないといけません。

無罪判決を書く時の注意点

——ちょっと戻りますけど。先生が無罪判決を書かれる時は、判決文にすごく注意されたと言います。どういうようなところを、特に注意されましたか。

木谷　まず、判決文に行く前に審理を十分尽くす、ということがあります。「今の証拠では、こういう認定になるはずだ」と言って、それで無罪判決を書くこともできますが、検察官が控訴して、「この証人を調べればこの事実認定が間違っていることが明らかになる」と主張すると、高裁は、大抵、その検事の言うことを聞き入れて請求した証人を調べます。そうすると、判決で認定した事実はおかしいではないか、ということになりやすい。それは人間の心理です。自分の目の前で証言した人の言葉を信用しやすいのは当然です。だから、そういうようなことにはならないように、自分の考え方と反対の証拠がありそうであれば、そこを徹底的に検察官に立証させておいて、そして、できるだけ、反論の出る余地を少なくしておく、そういう審理の仕方が大事です。

次に、判決文のことですが、「自分の考えはこうだ」と言い切るだけでは危ない。こういう認定に対しては、こういう反論があり得る、だけどこれは、こういう訳で、やはり譲れないのだ。仮に検事が言っている通りだとしても、それにはこういう再反論がある、というような具合に、二重三重、何段構えもして、論を張ります。パキスタン人の放火事件などはその典型です。この事件の最大の証拠は自白でしたが、この自白については、違法な別件逮捕中の証拠だから証拠能力がない、逮捕が適法だとしても、余罪取調べの限界を超えている、自白には任意性もない、最後に、仮に証拠能力があったとしても信用性がない、と何段構えもの論を張っています。こう書かれると、検事も簡単には控訴できません。

——実際に、控訴されたケースは一件ですか。

木谷　東京地裁でやった富士高校事件だけです。浦和では、あれだけ無罪判決を出しても控訴は一件もされませんでした。

——無罪判決約三〇件の中で、控訴されたのは富士高校事件だけで、残りは全部、控訴されず、という結果ですね。

木谷　富士高校事件は、ゴビンダさんの事件と一緒で、警視庁(本庁)の事件です。警視庁の威信・面子がかかっているから控訴したのだろう、と思います。あれは、ゴビンダさんの事件と違って高裁がしっかりしていたので、控訴棄却になりましたけど。

――そういうのはやっぱり珍しい。

木谷　だって、検事に控訴されると無罪判決は六割、七割は破られています。

――統計的にはそういうことで、その中では異彩を放っている……。

木谷　そうなのでしょうね。余り破られていませんからね。余りというか一件も破られていませんから。

無罪判決の前の迷い

――結果として無罪判決になる前に、無罪の可能性の中で絞り込まれると思うのですけど、その時に「勇気」というものを先生は意識されているというふうにうかがっていますが、その辺を語っていただけますか。

木谷　覚せい剤自己使用事件の二件目の無罪判決（浦和地判平成四年一月一四日判タ七七八号九九頁）、女性被告人の事件ですが、この事件が、まさに最後まで迷った事件です。私の心の中に雑念が起こりましてね。なぜかと言うと、本起訴された事件はいろんな疑問があって、これはどうも警察がインチキしているのではないか、という心証が固まった。そこで、被告人を保釈したのです。ところが、保釈したらなんと何日もしないうちに、本人が再犯してしまった。覚せい剤を自己使用したということで、今度は警視庁に捕まってしまったのです。それで、検事は勝ち誇ったように、「被告人は再逮捕されました。

そのうちに追起訴されます」と報告してきます。弁護人も困ったようです。弁護人は、最初「再犯の事件は東京で分離してやってもらうつもりだ」と言っていたのですけど、最終的には、「浦和で併合してやってくれ」ということになりまして、併合した上、審理を再開したのです。こういうことになると、私もちょっとたじろぎますよ。保釈には散々苦労したのです。保釈しては高裁に取り消され、また保釈しては高裁に取り消され、ということを何度か繰り返した後、ようやく高裁が検察官の抗告を棄却してくれたんです。そしたら、釈放後すぐに再犯でしょ。「こんなやつのいうことを真に受けて無罪判決をするなんて、お前マジかよ」と言われそうな気がします(笑)。

そこで、私もだいぶたじろいだことは間違いないです。最後の最後まで迷いました。だけど、よくよく考えてみると、本人が再犯したという事実と、本件の捜査で警察がインチキをしたかどうかということは別段、関係ないではないか。本人は再犯の事実は素直に全部認めている訳ですけど、前の事件は「絶対にやっていない」と言っているのですから、そこは、一応切り分けるべきだと考えました。そういうことで、再犯の事件についいては「有罪」、本起訴の事件については「無罪」と最後は決断しました。ですけど、そういう場合、私も人間ですからやっぱり揺れますよね。

——最後は、踏ん切りをつけられるのは、やはり被告人がどう言っているか、信じるか、というところに?

木谷　そうですね。ですけど、この事件もそうだけど、被疑者が尿検査のやり方を争って否認している場合、警察が再検査をしてくれていれば問題は起こらなかったんです。それをやらないでおいて、「これは絶対に間違いない」と言い張るところが怪しいですよ。

――ということは、実際には無罪判決の裏側に何倍もの微妙な事件が……。

木谷　何倍まではないでしょうけど、迷った事件が一定数はあります。今の女性被告人の事件は、捜査が余りにもひどいから、私は腹に据えかねて判決の最後のところで、「これは権力犯罪すら疑われる」と書きました。そこまで書いたのに検事は控訴しなかった。

もう一つ、浦和の事件では、うつ病の事件(浦和地判平成元年八月二三日判タ七一七号二二五頁)があります。うつ病にかかった母親が、思春期前期の小四から中二までの子ども三人を殺してしまった事件です。自分も死のうと思ったのだけど、死に切れなかった。拡大自殺と言われるケースです。この事件では責任能力が争われた。その前提として、うつ病の程度が争点でした。検事も完全責任能力でなかったことは認めていまして、三人殺したけど心神耗弱だということで、最終的には「懲役一三年」を求刑しました。

この事件も、私が途中から関与した事件です。起訴前の簡易鑑定と公判段階でした一回目の鑑定は、検事の主張に沿うものだったのです。しかし、私が公判段階で命じた三回目の鑑定、これは当時、司法精神医学の第一人者と言われた中田修博士に依頼したのですが、責任無能力の結論を示唆するものでした。

ただ、司法精神医学の世界でも見解の対立がありましてね。中田先生は、基本的に「統合失調症やうつ病にかかっていると、それだけで責任能力がない」という考え方なのです。しかし、最高裁の判例によれば、病気にかかっているから、すぐ責任能力なしとする訳にはいかない。判例は、当時の行動とか思考内容などいろいろなことを考えて判断しろ、としています。だから私たちも、そういう基本的な判断は判例を前提にしなくてはいけない。しかし、その前提として、病気が重かったか、軽かったか、中くらいだったかという点については、どうしてもお医者さんの判断を優先せざるを得ません。こっちは医学に関しては素人なのですから。そして、公判段階で中田先生に鑑定してもらったら、中田先生は「当時の状況から見て、病気は相当重かったとみられる」という見解でした。その結論は、私たちにもよく理解できます。このお母さんは、子どもを大変、可愛がった人です。こんなに子どもを可愛がった人が子どもを三人も殺すという重大な決断をするということは、病気でなければ考えられない。だから、そういう病気の重い人に対して刑事責任を問うても意味がない、と私たちは思いました。

しかし、一方、うつ病や統合失調症にかかっていても、容易に責任能力の喪失を認めるべきでない、という見解もあります。それで、私たちが今のような見解で審理を進めようと思っていたら、案の定、検事が、中田先生の鑑定に異論を述べて再鑑定の申請をしました。検事の見解に沿う見解を述べる鑑定人は一杯いますからね。そういう鑑定人を立てて、「もう一遍、鑑定してくれ」というようなことを言ってきました。だけど、これについては、今まで捜査段階の鑑定人もいまして、こっちは両方の比較をしてその結果心証を得ています。これはもう中田鑑定しかあり得ないというふうに心証をとっていますからね。普通の事実認定の問題だと、反対立証をできるだけさせるというのが私の方針ですけど、この問題についてはいつまでも引っ張るべきではない、と考えました。

判断の材料はすべて裁判所に提出されていて、あとはそれを踏まえてどう判断するかだけが残されているのだと思うんですね。再鑑定すると、また時間がかかります。その分だけお母さんはずっと拘置所にいる訳ですから、そんな無意味なことはするべきでないと考えまして、再鑑定申請を却下しました。そうしたら検事が怒りましてね。二度目の再鑑定の申請もしつこくしてきたのです。これも却下しました。すると、検事は、最後の論告で、「もし、このまま責任能力を否定して無罪の判決をしたら審理不尽になる」ということを大きな声で主張しました。その意味は、「このまま無罪判決をしたら、ただではおかない。すぐ控訴するぞ。そうしてお前の無罪判決なんかたちまち吹き飛ばしてやる」という恫喝です。そういうことは、ピンと来ます。だけど、私たちは、そのまま無罪判決してしまった。ところが、結局、検事は控訴しませんでした。

——判決文の中でも、「これ以上、新たな鑑定意見を求めた上でなければ、被告人に無罪判決を下すことはできないとは到底考えられない」とかなり強い口調で触れておられます。

木谷　これは、私もかなり力を入れて書いたのですよ。こういう事件でお母さんを処罰しても仕方ありません。本人が一番の犠牲者なのです。治療の結果、精神状態が正常に戻ったら、自分がどうしてそういうことをしたか理解できないでしょう。それはまさに、病気がさせたとしか考えられないのです。ご主人とは離婚させられてしまった。そういう時に、刑務所に行ってきた方が本人の心の整理になるのではないですか、ということを言う人はいますけど、私はそういうものではないと思いますね。

（注　「はしがき」記載のように、この女性とは本書単行本刊行がきっかけとなって、二五年ぶりに再会することができた）

第一〇章　調布事件と少年の更生――「おかしいものはおかしい」

東京高裁時代

――今度は東京高裁です。一九九二年（平成四年）に異動されます。

木谷　東京高裁には二年八か月くらいいたのですね。

――思い出の事件といいますと……。

木谷　やはり調布駅南口事件（東京高決平成五年九月一七日判例誌未登載）ですね。これは、少年たちによる集団暴行事件です。私たちが夏休みに入る直前に来たのですが、「少年の一人が九月に成人に達する」という問題があって、処理を急がされました。仕方がないので、さっそく記録を読み、審理方針について一応の合議をした後、夏休み中に証人を何人も調べた上、何度も合議を重ねて懸命に決定を起案しました。それで、この年の夏休みは完全に潰れました。当時、ちょうどワープロが行き渡った頃で、私はまだワープロをやっていなかったのですけど、この事件でやむなくやらざるを得なくなりました（笑）。

この事件では、合議でも結構苦労しました。裁判長は吉丸真さんという方で、大変な理論家なのです。事件に対する取り組み方も真剣でした。最高裁刑事局の課長や局長をやって後に札幌高裁の長官もされた有名なエリート官僚ですが、すばらしく頭が良く、議論の先見えする人です。見当違いのことを言うと叱られてしまう。でも純粋な人で、事件にはのめり込むのですね。司法官僚は、一般に事件には真面目に取り組まず無難にこなす人が多いと言われているのですけど、この方は真面目にやられる方でした。だけど、やっぱり秩序維持意識は強いですから、そう簡単にこちらの意見には乗ってくれない。随分、議論しましてね。この時は、左陪席(後の広島高裁判事・平弘行氏)が……今も広島にいますけど、この人が私の意見を応援してくれて、最後は裁判長も折れてくれたのですけどね。

——先生のご意見というのは？

木谷　「原決定はおかしい」ということですよ。調布駅南口前で喧嘩があって、その後、暴走族の少年たちが捕まったのですけど、その状況をすぐ傍で見ていたタクシーの運転手がいました。警察は、その人を取り調べて少年たちを示したのですが、運転手は「全然違う人だ」と言いました。「この人かどうか分からない」というのではないんですよ。「この人ではない」とはっきり言っているのに、警察は、そういう調書を作っていませんでした。警察官を証人尋問した結果、そういう事実が明らかになりました。警察は、そういう調書を作成しないまま、それ以外の証拠を裁判官に提出して不当に保護処分決定(少年院送致決定)を得ていたのです。

また、タイムカードの問題もありました。犯行に関与したとされる共犯者の一人は、犯行への関与を認めているのですけど、その人の証言は、勤務先のタイムカードと矛盾している。タイムカードが正しいとすると、この共犯者は犯行現場に行けなかったのではないか、という疑いも出てくる。

そういうようなことが出てきて、「絶対おかしい」ということで、最終的には保護処分決定を取り消して差し戻しました。高裁には、家裁になり代わって自判する権限がないのです。少年に対する処分は、家裁調査官のいる家裁でやるということになっているからです。しかし、嫌疑がないことを理由とする「不処分」は、刑事裁判でいう「無罪」に当たります。だから、それを高裁ができないという理屈はないのですけど、法律はそうなっていない。だからやむなく差し戻しました。

吉丸コート．左陪席は平弘行判事

――実質は不処分ですか。

木谷　不処分、すなわち無罪です。ところが、差戻しを受けた家裁が、また有罪認定をしてしまった。それで、今度は検察官送致してしまったのですね。

――逆送ですね。

木谷　そうです。最初は保護処分で、高裁がそれはダメだと言って戻したら、家裁が今度は逆送したのですよ。これは重大な法律問題です。一旦、保護処分を受けた少年に対する事件が抗告審から差し戻された後、今度は刑事処分相当として逆送するのは、刑訴法四〇二条の不利益処分禁止規定に抵触するのではないか、ということです。起訴後の公判で、弁護人は当然、「不利益変更禁止に抵触する」と争い、第一審では、裁判所もこれを認め「公訴棄却の判決」をしました(東京地八王子支判平成七年六月二〇日判時一五三六号二七頁)。これに対して検察官が控訴を申し立てたところ、高裁は、「不利益変更に当たらない」として原判決を破棄しました(東京高判平成八年七月五日判時一五七二号三九頁)。しかし、この高裁判決は、結局、最高裁の段階で破棄され(最一小判平成九年九月一八日刑集五一巻八号五七一頁)、事件は第一審に戻されたのです。その結果、検察官は公訴を取り消し、裁判所は公訴棄却の決定(東京地八王子支決平成九年一〇月二八日判例誌未登載)をして、ひとまず一件落着したのです。

しかし、おさまらないのは被告人(元少年)たちです。手続問題でさんざんこねくり回されたあげく、無罪判決でもない公訴棄却みたいな変な決定でお茶を濁されてしまったのではたまらないということで、そこで考えついたのが刑事補償請求なのですね。元少年たちは、裁判所に刑事補償請求をして、第一審では棄却されましたが(東京地八王子支決平成一三年二月六日判例誌未登載)、抗告の結果、二審の原田國男君の部で補償が認められました(東京高決平成一三年一二月一二日判タ一三二〇号二八七頁)。決定によると、「公訴棄却の裁判をすべき事由がなかったならば無罪の裁判を受ける十分な事由」があったと認められたので、元少年たちも腹の虫が少しはおさまったかと思います。でも、こういう迂遠な途をたどらせなければならないような裁判所の対応はひどすぎます。もう少し血の通った裁判をしてもらえないものでしょうか。

――事件の発生は一九九三年(平成五年)三月で、この決定が二〇〇一年(平成一三年)ですから、最終的な解決までに八年半もかかっています。

木谷　刑事補償請求も、一審では棄却されたのですからね。公訴棄却がなければ無罪になることが「明らか」であるか、と言われたら「明らかではない」というふうに言って棄却されました。しかし、法律上、要求されているのは「充分な事由がある」ことです。第一審は、これを「明らか」と勝手に読み替えてしまったのです。

もともとの高裁決定後に警察から出された証拠は、差戻し後の捜査で警察が無理やり作り出した証拠なのです。「この人ではない」と言っていたタクシー運転手を連日呼び出して、被疑者なみに一日中調べる。そういう調べを何日もやられて、タクシー運転手は仕事にならなくなり音を上げてしまったのですよ。それで運転手は、仕方がないから捜査官に迎合して、「違うと言ったのは自信のあることではない」と捜査官の筋書きに合う供述をしたのです。そうでないと、許してもらえない。さらに何日も取り調べられたら、商売は「上がったり」になってしまう。この運転手は、家裁の再度の審判で、もう一度「この人は私が見た人ではありません」と言ったけど、信用してもらえない訳ですよ。家裁の裁判官は運転手が捜査官のところで述べたことを重視したのです。この裁判官は、さっき言った迷信型の最たるものです。裁判所には、そういう人がいっぱいいるのです。

――当初の抗告審ですけど、後の刑事補償決定の中でかなり詳しく引用(判タ一三一〇号二九一～二九八頁)されておりまして、七人証人尋問をしていますね。

木谷　はい、その多くは警察官ですが、重要な目撃証人であるこの運転手も調べました。

――極めて短期間ですね。

木谷　そう、夏休みを潰してやりましたからね。九月の何日かには少年が成人になってしまうというので、必死になってやったのです。

――ちょっと余談ですが、裁判所の夏休みはいつ頃からですか。

木谷　東京の場合、七月二一日から八月一〇日までという組と、八月一一日から八月いっぱいという組と二つに分かれています。その年、私の部の夏休みは、確か後半だったのではないかな。

――決定が九月一七日ですから、まさに夏休みを返上された。かなり詳しい抗告審の判断ですね。

木谷　そうです。これ、どこの刊行物にも出していないのですよ。その点惜しいのですけど、今でも決定書は持っています。どういう理由かよく分かりませんが、吉丸裁判長が「この決定は外部に出さない」と言われるのですよ(笑)。

――原田コートの決定の中でかなり詳しく引用されているので、どういう証拠で事実認定をされたかというのは窺い知れるのですけど、かなり緻密に組み立てられた判断をされていますね。

木谷　私が主任ですが、私の起案を吉丸さんがほとんど書き直されたのです。私の判決文がここまで書き直されたのは、樋口裁判長以来のことです。

――付添人もかなり努力されて、タイムカードにしても目撃者にしても、事実調査をされているようですね。

木谷　そうですよ。付添人は、今盛んに検察の問題で活躍している山下幸夫さん(弁護士)たちです。若かりし時代の話ですね。今や大家になってしまったけど。

――どうして、差戻し後に変な話になってしまったのでしょうか。

木谷　警察が執念を燃やしたことと裁判官が頑迷な迷信型の人だったということに尽きるでしょう。

少年事件の制度的な問題点

――先ほど抗告審で自判ができない、というお話がありましたが、少年事件の制度的な問題点というのは何かお感じになられるところはありますか。

木谷　その問題以外には、再審の規定がないということです。家裁の実務で少年法二七条の二による保護処分取消しの規定を再審的に運用していたのを、柏事件の最高裁決定が是認したので、一応、再審的な規定があることにはなったのですが、刑訴法による再審規定と比べると不備であることは疑いありません。たとえば、刑訴法の再審は刑の執行終了後も申し立てることができますが、従前の少年法二七条の二では「保護処分の継続中」という要件がありました。柏事件の判例が出た後の法改正で、執行が終了した後も取消し請求をすることができることになったのですが、刑事の再審と比べると、本人死亡後の申立てを認めないなど、まだ不備があります。

少年法については、処分の厳格化を求める法改正が重ねられていますが、今述べた再審の問題、法二七条の二の改正は、少年側に有利な唯一の改正です。それ以外にも問題はいろいろあると思いますが、私は、制度の問題もさることながら運用の問題が大きいのではないかと思います。一連の改正で、検察官の関与とか、厳罰化などが進んで、原則逆送とかいろいろな改正になってしまった。それから、被害者の問題です。

――被害者感情が世論として重視される時代に……。

木谷　そういういろいろな問題があります。被害者の問題は別としても、ちょっと厳罰化の方向へ行きすぎている気がします。私は、家裁の経験はあまりないのですけど、東京高裁の後、東京家裁へ行きました。少年部所長代行としてです。そこで経験したことを踏まえて考えてみると、戦後の司法制度の中で、家裁は少年の更生に大きな役割を果たしてきている、と思っています。それにもかかわらず、一部の凶悪な犯罪があったということを梃子にして、やたらと厳罰化の方向へ法改正が進んだというのは、ちょっとやっぱり問題ではなかったかと思います。

自分で少年事件をやってみると分かるのですが、少年は、本当に短期間で劇的に変化します。「可塑性」とよく言いますでしょ。それは言葉の上では知っていたのですけど、実際に自分で事件をやってみると、本当にびっくりするくらい変わります。もう、本当にふてくされていた少年が、審理を何回かしているうちに、短期間内に劇的に変わるのを何人も経験しました。ここでも私は、「本人の言い分は徹底的に聞く。疑問があれば何でも調べてやるよ」という方針でやっていました。そうしてやっていますと、何回かやっているうちに、少年の態度がどんどん変わってくるのです。最初は本当に反抗的だった少年が、最後はこっちに懐いてくるような態度になってきました。こういう経験をして、私は、少年事件は上手くやれば、裁判官と調査官がしっかりしていればの意味ですが、少年の更生にすごく役立つ良い制度だと思いました。

この点、八丈島のある少年が強く印象に残っています。恐喝で送致され、いろいろ弁解をしたのですけど、全部ウソだと分かって、最終的に少年院に送ったのです。それでも本人は、いろいろ調べてもらったということで納得して、不服の申立てもせず少年院に行きました。その後、私が水戸家裁の所長に行った後、少年から何度も手紙が来ました。最後は「釈放されたら、会いに行きたい」というのです。水戸家裁の所長のところにですよ。「まだ君は本当に更生した訳ではない。本当に更生したら会ってあげる」と返事をしたのですけど、なぜそんなことを言うのだと言ったら「お父さんみたいに思えるから」と言うのです。そういう少年がいました。

前に、大阪の元被告人から清涼飲料水を送ってきた、という話をしましたでしょ。贈り物まではしなくても、感謝の手紙をくれた人は何人もいます。裁判のやり方次第だと思うのです。訳もなく甘やかしてはいけませんけど、収容しないですむのだったら収容しないで更生させたほうが良いに違いない。そのために、少年法には試験観察という制度があります。補導委託という制度もありまして、そういうところで献身的に家裁に協力してくれている民間人もいます。そういう人たちには、文句なしに頭が下がりました。

本当に良くやってくれていますよ。

少年院に何度行っても良くならなかった少年が、補導委託先である横浜の仏教慈徳学園に入ると、先生も結構厳しいが、徹底的に少年につき合う。だけど、生活指導は厳しいから、新入りの少年が夜中に逃げたりするのです。鍵のかからない普通の家ですから自由に逃げられる。そうすると、先生はオートバイで追いかけるのです。最後は捕まえるのですけど、「お前はなかなか元気があって良い」と褒める。先生は、逃げるくらい元気がある子の方が良くなる、と言われます。

この学園で、子どもたちに日常させているのは石磨きです。菊花石という石を与えて一日中、磨かせる。また、廊下を乾拭きさせたり、そういう単純なことをやらせる。「将来、社会に出ても、お前たちには肉体しか頼りになるものはないのだから、体はしっかり作らなきゃいかん」と言っておいしいご飯をしっかり食べさせて、栄養つけて元気にさせて。そして精神修養は石磨きなのです。それをやっていると、また良くなる。学園は年に一回、卒業生を招いてクリスマス・パーティーをやります。私も東京家裁の所長代行時代に二回行かせてもらいました。パーティーには、卒業生らが二〇〇人くらい集まります。卒業生が結婚した可愛い女性を次々に連れてくるのです。少年たちは、「僕たちも先生の言うことを聞いて一生懸命やっていれば、あんな綺麗なお嫁さんをもらえるんではないか」と思うらしいのです。みんな一生懸命やれば良くなる、と。もちろん失敗例もありますけど、大部分は良くなる。これは凄いことですよ。刑務所ではもちろん、少年院でも絶対にできないことをやっている。そういう実績が正当に評価されないで、厳罰化の方へ行ってしまっているのは困ったことですね。

――可塑性という観点では、成人とはぜんぜん違う。

木谷　全然、違います。それは、私が水戸の家裁所長になってから経験した事件でもずいぶん感じました。家裁の所長というのは、地裁所長とは違って、事件を処理する実戦力として組み込まれているんです。つまり、所長もある程度事件を担当するという前提で裁判官の定員が決まっているのです。水戸家裁では専属の裁判官は判事一人だけでした。水戸家裁本庁で判事一人です。それ以外は、地裁の判事補や支部の裁判官に応援してもらって、後は所長です。所長自ら先頭に立って少年審判をやります。家事調停もやりました。所長室にずっと居るわけではないのです。調査官と評議をしたり、調停の時には同席したり。私は遺産分割の決定も初めて書きました。

――お忙しいですね。

木谷　そういうことやっていると楽しいのですけどね。所長の事務は面白くないですから。だけど、事件にのめり込んでいたら、所長の本来の仕事ができないから、そこの案配が難しいのですけど。家裁の時には、いくつか少年事件の決定で法律論まじりのものを書きました。家裁月報に載っています。逆送の基準についてなどです（水戸家決平成九

年五月一四日家月四九巻一〇号一二八頁)。

それ以外にも、保護観察くらいで終わった事件で、本当に最初はふてくされたような少年がしばらく試験観察をやっているうちに、見違えるような感じになって、最終審判に出てきたとか、本当に驚くべき経験を何度もしました。だから、家裁の役割をあまり蔑ろにしてはいけません。実際に自分でやってみて、そういうことを痛感しました。

――成人の年齢を一八歳に下げるという議論も一部にあります。

木谷　一八歳、一九歳はやっぱり子どもですよ。

――海外では成人という国もありますが。

木谷　日本で下げなければいけない理由はないと思いますよ。実際には甘えもあるでしょうが、それを契機にしっかり教育すれば良くなる年代だと思います。私は一八歳、一九歳の少年の事件を随分やりましたが、やっぱり可愛いものです。

――よく、一九歳一〇か月だとどうするか、などと言われます。

木谷　それは、どうしても仕方がなければ、検送(検察官送致)して刑事裁判を受けさせればいいのです。そうではなくて、一律に一八歳を超えたら成人だというのは、私は反対ですね。

――少年審判の証拠調べというのは成人の証拠調べとは違う面があります。事実関係を争っている事件、否認している事件について、少年の審判の手続は十分なのかという点について、どうお考えですか。

木谷　実際に否認事件がありましたけども、検事がいないから上手くできなかったという経験はありません。検事がいないと検事の役割を裁判所がしなくてはいけないから、裁判所が少年に信用されなくなってしまう、だから検事はいたほうがいい、というような議論があるのですけど、それは裁判所の聞き方の問題ではないかと思います。

――裁判官の力量が大きく影響するという面が……。

木谷　あります。やっぱり検事が入ると、審判廷の雰囲気がガラッと変わってしまいます。糾問的になってしまう。お互いに構えてしまいます。やっぱり同じ平面で目線を同じくして、本人の言い分を十分聞く。これまでの家裁の審理の良さというのをあまり簡単に捨ててほしくなかったのだけれど、段々そういう議論になってしまって残念です。裁判官がもっと努力しなければいけないのではないですか。

――そうすると、調布事件の差戻し審は、手続とか制度の問題というよりは、裁判官の問題だと思われますか。

木谷　そうですね。それに、あの事件では、特に補充捜査を無制限に認めてしまった。それで、警察から次々と送られてくる、少年に不利な証拠をみんな信用してしまった。これは、検事がいなかったからそうなるのではなく、検事がいても同じです。付添人はもちろん付いていている訳ですが、付いていてもそれをチェックできなかった訳でしょう。

そうするとやっぱり、問題は裁判官ですね。

――伝聞法則については、どうですか。

木谷　流山中央高校の事件の第一審のように、証人に対する反対尋問権を認めないのは問題です。伝聞法則の趣旨は、少年法でも尊重されるべきです。でも、私は、少年事件に伝聞法則を一律に適用して三二一条などを持ち込む必要はないと思います。昔の旧刑訴のように、捜査記録を裁判所が全部見られるという制度でも、しっかりした裁判所が審理すれば、冤罪は防げるのです。問題は、どういう人が審理するかですね。

当事者主義を取って伝聞法則を持ち込むと、現在の刑事訴訟のように、今度は証拠開示の問題が出てきてしまいます。現在、少年事件では、一件記録がすべて裁判所に提出されるので、付添人もこれを見ることができるのですが、当事者主義を取り入れて伝聞法則を採用すると、すべての資料が裁判所に出されなくなり、付添人が全部の証拠を見られるという現在の少年審判制度の良さが失われるおそれがあります。現在の少年法は、刑事訴訟のような証拠開示の問題が出てこない良い制度ですよ。

少年事件は時間との勝負です。短期間内にやるということでなければいけない。刑事裁判みたいにのんびりと証人尋問をすると、いくら裁判員裁判で迅速にやるとしても限度があります。少年事件に刑事訴訟のような伝聞証拠法則なんて入れても仕方ないと思います。

水戸地裁所長に

――先ほど少し話が出ましたが、一九九六年(平成八年)に家裁所長として水戸に行かれます。その翌年に今度は地裁の所長になられました。結局、水戸には一九九六年から九九年までです。水戸の思い出と言いますと、どうでしょうか。

木谷　水戸は、住むには大変良い所です。環境も良い。ただ、少し寒いですね。特に所長官舎は広くて、庭も広くて、大変快適なのですけど、光を採り入れることに努力した日本家屋の造りです。そこら中にガラスの窓がある。明るくて良いのですけど、冬の寒さは半端ではない(笑)。

私も、最初のうちは元気でした。朝四時頃に起きて、那珂川の周りを何キロも歩いて帰ってきて、冷えきった体をお風呂に入って温める。それから、ご飯を食べて尺八を吹いて、八時半くらいに役所の車が迎えに来てくれて出て行くというような生活で、非常に健康的でした。

――この頃、まだ腰は？

木谷　最初のうちは、まだ大丈夫でした。少し悪かったんですけれども、一応立ち直っていました。浦和の時にすごく悪くなったのです。実際、浦和の最後の頃は自宅から電車で通えないことが何度もありました。それで、私の最寄駅のすぐ隣の駅に左陪席の藤田広美君(現・琉球大学教授)が住んでいまして、彼が車で通勤する際に事実上、送り迎えしてくれたことが何度もあります。腰が悪いと、あの経路を電車で行くのは大変なのです。京王線で新宿へ出て山手線に乗り換え、日暮里へ出ます。そして京浜東北線で赤羽に行き、そこで東北線(宇都宮線)に乗り換えて浦和に出る。あとは役所まで歩く。徒歩の時間を入れて約一時間四〇分くらい掛かります。これは大変でしたから、左陪席の申し出には感謝しました。このように、浦和にいる頃、決定的に悪くしたのだけど、水戸へ赴任した当初は一応、小康状態で、最初のうちはわりと元気にしていました。

家裁の頃はまだ良かった。日曜日は官舎から千波湖まで歩いて行って、湖の周りを一周してね。湖のほとりに美術館がある。そこでお昼を食べたりコーヒーを飲んだりして帰ってくるという優雅な生活をしていました。千波湖畔はとても風光明媚です。梅で有名な偕楽園の方から下へ降りて、一周して帰ってくるのです。いい生活でした。所長職というのは水戸家裁が初めてです。

——家裁所長の時は、メインのお仕事は?

木谷　所長の仕事と裁判官の仕事が半々くらいでしょうか。地裁所長になると、裁判業務は一切なしです。

——地裁所長として、裁判官以外の業務はどういうものがありましたか。

木谷　人事の問題とか、職員の不祥事の後始末などです。しょっちゅう不祥事が起こります。一種のもみ消しとかね(笑)。あまりやりたい仕事ではありません。やっぱり上級庁へ報告が遅れたりすれば叱られますから。すぐ報告するとか、どういう報告するとかね。後ろ向きの仕事ですね。各裁判部にはもちろん裁判長がいますから、部の仕事に介入する訳には行きません。もっとも、各部でやった判決のうち控訴された事件は所長のところにも回ってきます。そうすると、誰がどんな判決を出しているかというのが分かる。民事の判決も見るのですけど、時には変な判決もあるんです。だけど、それにうっかり口を出してしまうと、平賀書簡問題の二の舞いになってしまいます(笑)。

——その時、見られた感じでも、さっきの裁判官の三分類は妥当しますか。

木谷　判決文だけでは分からないけど、やっぱり形式的な判断をしている人とか、一生懸命に書いているけど稚拙だと思われるものとか、これはすばらしい判決だと思うものとかいろいろあります。

——そういう時に、仮にこの人は明らかに迷信型のようだと思っても、何らかの関与というのは立場上……。

木谷　もうすんでいる事件ですから、それを一定の方向に軌道修正させることはできません。また、仮に審理中にそういうことが判明したとしても、所長が口を出すことはできません。それをやると、まさに平賀所長と同じになってしまいます。

——ただ、そういう癖はその人にずっと残っている訳で、その点をアドバイスはしにくいものなのでしょうか。

木谷　そうですね。審理終了後、一般論として言うのは構わないのでしょうけど、なかなか微妙ですよね。裁判官には職権の独立があります。また、こっちはすべてが分かる訳ではないしね。あれはどういう意味だとか、ここはどうしてこうなったのかとか、聞くくらいのことはできますけど。そういうのを聞かれるのも裁判官としてはやっぱり嫌なようですよ。

――所長は上司に当たりますからね。人事というのはどういう仕事ですか。

木谷　主として職員の人事です。管内の一般職の人事は、地裁所長がやるのですが、それだって大体、事務局の方が原案を作ってきますから、所長がそんなに介入できる訳ではありません。それから、対家裁との関係が難しい。どうしても一般職は、優秀な人をまず地裁が採ってしまう。家裁にはその下のレベルの人が行く訳です。家裁調査官は別ですよ。書記官、事務官ですね。そうなると、かなり優秀な人でも家裁に行かされると意気が上らなくなってしまうのです。そこをいかに地裁と上手に交流して、職員の意気を沈滞化させないかとかね。それは地裁と家裁の所長同士の、トップレベルの意思疎通がうまくいっていないとダメなのですね。

――よく地方の場合、地・家裁兼任の所長というのがあります。

木谷　そうですね、そうした兼務の方がむしろやりやすい面はあります。ただ、水戸くらいの規模になると、形の上でも所長はいる訳で、裁判官、職員も一定数います。地家裁兼任の所長では目が行き届かないかもしれません。

判事の人事

――判事の人事というのは一切、最高裁ですか。意見などを求められたりすることもない？

木谷　判事には勤務評定があるのですよ。あんなことやっているとは、私は知らなかった。迂闊も迂闊です（笑）。

――どのようなものですか。

木谷　「裁判官第一カード」というのがあるのですね。「第二カード」というのがあるのは私も知っていました。我々裁判官は、そのカードに自分の希望やなんかを書いて出します。それに対して、所長や長官が意見を付けるのです。「この人はもっと良いところへ置いてくれ」とか、「この人は全然ダメだ」とか書いてある。ある判事は、任官した最初のうちは結構良いコースを歩いていたのですけど、途中からバタッとダメになってしまった。だけど、実際につき合ってみると、能力はあるし、そんなにずっと現在のポスト（家裁判事）にばかり居る人ではないと思ったのです。おかしいなと思って、その人の前のカードをずっと見てみました。そうすると、ある地方にいる時に、高裁長官に滅茶苦茶に書かれている。「狷介《けんかい》な性格で」とか書いてありました。しかも、それが後に最高裁判事になったような有力な長官でした。一人がそういうことを書くと、後から皆同じように悪い評価をするのです。

——右に倣え、ですね。

木谷　そうです。それから後、評価も任地もガクンと悪くなっている。かなり僻地に飛ばされていました。

——喧嘩をされたのでしょうか。

木谷　喧嘩をするような人ではないですよ。単に嫌われたのでしょう。そういうのを見ていると、私なんか何を書かれているか分からないと思いました。本当に見てみたいですね。「第二カード」で自分の意見を書きますね。だけど、それはもう自分の方へ返って来ないんです。それで毎年書きます。そこの本人の希望に対して、所長、長官が意見を書いていくのです。「第一カード」にはさらに詳しい事情が書いてあります。

——そこに過去の所長、長官の意見も全部書いてある?

木谷　それは、毎年新しいものを送らなくてはいけなくて、資料としては古いものまで一緒に来ますから。一緒に束ねてくる訳です。

——そうでなければ、以前の勤務地のものは見られませんね。

木谷　同じカードには書いていなかったと思います。判事のカードがどのように書かれているかは、所長が見ることができるということです。ただし、自分のものはありません(笑)。

――ああ、東京高裁にある訳ですね。でも、先生も所長としての意見を書かれたのですね。

木谷 そうです。それで、何とかその人の評価を修正してもらいたいから、「十分能力はあるから東京高裁にとってくれ」と書いたら、とってくれました。だから、「所長が何か書くというのは意味があるのだな」と実感しました。私なんか所長や長官に悪いことを書かれているに違いないですよ(笑)。

大阪から東京へ戻されないで浦和へ行きました。その時は、どうしてそうなるか分かりません。今までそんな例がないのだから。

――ただ先生の前回のお話では、大阪高裁の長官も「木谷を東京へ」ということで推してくれたと。

木谷 そういう話でした。だから本当のところは分かりません。最高裁に嫌われたのではないかと思っています。

――所長職はあまり、先生としては……。

木谷 まあ、あくせくしなくてもいい、言ってみれば優雅な仕事だけど、あまり面白いものではありませんでした。

――職務として回ってきたからやるけれども、ということですね。やっぱり現場が一番ですか。

木谷　もう一遍、高裁をやりたいと思っていたけども、水戸の最後に腰が極端に悪くなってしまって、寝込んでいました。一九九九年(平成一一年)に異動しました。

時期はずれの東京転勤

――時期はずれの二月一五日付で東京高裁判事に。

木谷　そうでしたね。その前の年の一〇月くらいから所長官舎で寝込んでしまったのです。焦れば焦るほど腰が痛くて、全然立てなくなってしまって、寝ているしかなくなったのです。たまに役所まで車で連れて行ってもらっても、昼までもたない。椅子に座っているだけでも辛くて仕方がないから、休憩室に行って寝ているとか。そんな状態がしばらくあって、とうとうそれもできなくなってしまい、官舎で寝ているほかない状態になってしまった。これでは、自宅に戻らなくては仕方ないということで、家内と息子に連絡して、息子の運転する車で自宅へ連れて帰ってもらいました。

――それが東京高裁への異動の前年の一〇月ですか。

木谷　一〇月だったと思います。医者に行ったら「腰の筋肉が炎症を起こしているから、寝ている以外、方法がない。暇さえあったら横になってください」という指導でした。

炎症を起こして熱が出ているから、これが取れなければどうしようもないということで、一生懸命、来る日も来る日も横になって寝ていました。ご飯とトイレの時だけ起きて、それ以外は全部寝ている。その時はさすがに悲壮でした。良くなるという保証がないのですからね。それで一一月、一二月になっても、翌年一月になってもまだダメでした。

年が明けて間もない頃に義父が九六歳で亡くなりました。自宅でお葬式をやったのですけど、その時も弔問客がいっぱい来ているのに私は部屋の一画で寝ているわけです。挨拶する時だけは、服を着てネクタイを締めて皆さんの前へ出たのですけど、それが精一杯でした。全然ダメです。もうこのまま再起は無理なのではないか、と本当に思いました。廃人同然ですから。家内も、いつ鬱になるかと心配したと後刻言っていました。それを見かねて、高裁の大谷剛彦事務局長(後に最高裁判事)から話がありました。桜井文夫高裁長官(故人)が考えてくれたようですけど、「そんな状態では大変だから、高裁へ移ることを考えてほしい」ということでした。第五特別部という私のポストは、変なポストでしょう。第五特別部なんて、事務分配表にも載っていない。普通は第一刑事部、第二刑事部という名前です。第五特別部というのは、他の部に属しない事件などをやるという名目的な部なのです。

——第五特別部というのは馴染みのない部署ですが、常置されている部ではないということですか。

木谷　部は形式的には常置されています。だけど、普通は部総括を高裁長官が兼ねていて、陪席は各部の裁判官が兼ねています。特別部としては、他に第三がありますけどね。

――第一、第二、第三とあるわけではない。

木谷　特別部としては、第三と第五がありました。第三特別部というのは、独禁法の事件などが来たらやります。それで第五特別部というのは……何をやっていたかな、よく覚えていませんが、逃亡犯罪人引渡しに関する裁判と大審院の有罪判決に対する再審請求事件をやった記憶があります。こういう事件はたまにしか来ませんから、平素は事実上、余りすることがない。あとは「他の部に属しない事務」というのがあるだけです。そういう部があって、病気になってしまった人とか、仕事ができなくなってしまった人をそういう部に、名目的に置いておく。桜井長官は、「そこのポストで気のすむまでリハビリしてください」と言ってくれました(笑)。

一九九九年(平成一一年)の二月頃、何とか役所までは行けるようになりました。しかし、新宿の西口広場を横切って地下鉄に乗るなんてとてもできないので、新宿駅の南口から役所の車で送ってもらいました。帰りも新宿まで送ってもらって京王線に乗る。二三区内だと自宅まで車の送り迎えがあるのですけど、私の場合は市部ですから、自宅送迎はないのです。だから新宿まで出なくてはいけない。それがなかなかね。今は何ともないですけど、当時は新宿まで出るのが大変でした。新宿へ出るどころじゃなく、駅まで行くということ自体が大変なことだった。痛いし歩けないしね。ノソノソとしか歩けない。駅まで行くのにすごく時間がかかります。

――普通に歩くと何分くらいかかりますか。

木谷　一〇分くらいです。当時は倍くらいかかりました。もう本当に大変でした。それで私は身体障がい者の方の気持ちがだいぶ理解できるようになりました。大変なことですよ。その年の二月から翌年の五月まで一年何か月もその部にいました。リハビリの意味もありますから、できるだけ毎日行きます。九時半くらいまでに行って、夕方までいます。ただ、部に行っても誰もいません。大きな部屋に一人でいるのです。専属の書記官も事務官もいません。書記官室もよその部と兼用です。仕事は全くない訳ではありませんが、常時ある訳でもない。私が一人でポツンといるだけです。陪席はもちろんいない。

――机はいっぱいあるのですか。

木谷　机は立派な大きなものが一つだけあります。ソファがあって、人が来れば話はできますけど、寂しいものです。当時、同情して色んな人が訪ねてきてくれました(笑)。

第一一章　マイナリ事件、そして大学教授、弁護士

――〝冤罪の駆け込み寺〟を――

マイナリ事件

木谷　ともかく、第五特別部は、事務分配表にも載っていません。そこへ行って、一生懸命にリハビリして、いくらか腰が良くなったかなと思える時と、やっぱりダメだということの繰り返しで、全然はかばかしくいきませんでした。一年近く経っても見通しがつかないということで、大谷事務局長から「公証人になる気はありませんか」という話が来ました。それで、これは潮時だと思って裁判官を辞めることにしました。辞める直前に、例の事件が来たのです。

――マイナリ事件ですね。それまで第五特別部では全く事件はされていなかったのですか。

木谷　いや、少しはやっています。たとえば、大審院がした有罪判決に対する再審請求事件(東京高決平成一二年一月一一日判時一七一二号一八九頁)とか、そういうのがあります。

――再審の請求が何度も斥けられていた、大変興味深い事件です。請求人は、前の再審請求の時には何も証拠を付けていなかったけれども、今度は事件について取材したＮＨＫの記者の名刺、カメラマンの名刺を証拠に付けてこられた。そこで、裁判所が積極的に調査をした事件です。

木谷　詳しいことは忘れてしまいましたが、記録を読むとおかしいのですよ。本人がそれだけ納得しないで再審請求を繰り返しているということは、どこかおかしいに違いないと思って記録を読みました。そうすると、おかしい所がいっぱい見えてくる。新証拠は非常に弱いけれども、調べているうちに出てくるかもしれないと考えて、一生懸命、公務所照会をするなどして、新証拠を集めました。けれども、何しろ弁護人がついていません。本人がやっているわけですから、限界があります。だいぶやったけど、これはダメだということで、事実調べを随分した上で、棄却しました。この請求人は、それまで棄却されればすぐに再審請求をしていた人です。そういう人だったけれど、この後、再審請求が出なくなった。事実調べをした上で詳しく書いたことは、多少意味があったかなというふうに思いました。でも、残念ながら、救済はできなかった。

――これはやはり、記録自体から問題点もあると思われたのですね。

木谷　問題点がありました。大いにあると思いましたね。私がやる前の決定が船田三雄裁判長、例の「永山」事件の控訴審裁判長です。陪席は松本時夫さんと秋山規雄さんという堂々たる顔ぶれの合議体です。この構成で分厚い棄却決定を書いています。本当に色んなことを書いてあるのだけど、たくさん書いてある割には説得力がない。三人とも当代一流の刑事裁判官です。だけど、そんなことを意識しないで自分は自分の立場でやってみました。弁護人が付いていなかったのは本当に残念なことでした。ところが、佐藤博史弁護士の話によると、その事件について、最近、再審支援の問題が起こっているようです。日弁連が関与してやるかどうか。まあ、ちょっと時間が経ちすぎて難しいでしょうけど。

――裁判所が請求人本人に対して、裁判所が行った調査について説明し、「意見を出されるのであれば、意見書を出してください」という書面を送っていますね。その書面も判例誌に載っている非常に珍しい事件だと思います。先ほどもおっしゃったように、再審請求をされる方というのは、服役など刑も終わっている。それにもかかわらず再審請求をされている方に対して、先生はどういうふうに見ておられますか。

木谷　やっぱり、本当に有罪だったら、そんな面倒臭いことはしないと考えるのが常識でしょう。そこまで執念を燃やしてやっているということは、やっぱり本当にやっていないのではないかな、とまず考えます。それから、本人がそこまで言っている以上、徹底的に調べてやらなくてはいけないと思います。他の裁判官は、あまりそういうふうに考えないのですね。「疑わしい時は被告人の利益に」という原則は再審の段階でも適用されますが、昔は「疑わしい時は確定力の利益に」だったのです。足利事件のように、一発で無実が明らかになるような証拠を出せば別だけども、ちょっとした証拠ではダメだというふうに言われていまして、白鳥決定より前は、ほとんど再審は認められなかった。でも、白鳥決定が出てから、ともかく形の上では「疑わしきは」の原則が適用されるということになりました。新証拠が全然なければダメですが、ある程度の新証拠が出て、それが旧証拠を一定程度、弾劾するというものであれば、それを前提にして新旧全証拠をもう一遍、検討し直すべきだということです。これが白鳥決定の意味だということを、佐藤博史弁護士が盛んに言っているのだけども、私も全くその通りだと思います。

――冤罪の可能性というものはやっぱりあるという認識をお持ちだからこそ、そうお考えになられるということですか。

木谷　そうです。冤罪というのが本人にとっていかに苦しいものかということを、裁判官は自分をその立場に置いてシミュレーションしてみてほしいと思います。私は、最近、大崎事件の弁護団に入って、裁判所に対して、そういう趣旨の上申書を書きました。近く出す予定です(注　提出したが、一〇日後に棄却決定を受けてしまった)。

裁判官は、他人事だと思うから気楽に言うけれども、自分がやってもいない罪で処罰されたり死刑にされたりする時にどう思いますか。そんな恐ろしいことは絶対になくさなければいけない、と本当に思います。「確定審の一、二、三審で十分審理しているではないか」と言う人もいますが、いくら慎重に審理しても、また、どんなに優れた人が裁判しても、人間のする裁判には必ず間違いがある。間違いをゼロにすることはできない。その何%かの間違いを救済するのが再審なのです。刑事裁判における最後のセーフティネットではないか。そんなに門を狭くしてはダメだ、ということをこの上申書では書きました。

――足利事件もそうですけど、過去に判断をした裁判官が自分の判断した事件について再審請求をされることをどう受け止めているのか、という問題も気になります。木谷先生でしたらどうですか。

木谷　それは潔く受け止めるべきでしょう。間違っていたら謝るしかないです。いくら自分は全力投球したのだと言っても、客観的に間違っていたら、そんなことは弁解にならないと思います。もし私の判決が間違ったのなら、私は率直に謝りますよ。私の事件で再審請求が出て無罪だったら謝るしかない。そして、「無実が明らかになってよかったね」と請求人を祝福します。無実の者が処罰されてしまったという重大な現実を前にしたら、裁判官個人のメンツとかプライドなど、次元の低い問題に拘泥するべきではありません。現在の制度は、「人間というのは必ず間違いを起こす」という前提でできていると考えるべきです。もし完璧な制度の下で完璧な人間が裁判するのであれば、そもそも再審なんか要らないはずです。人間の限界の問題のほかに、制度の問題もあります。

制度の問題としては、証拠開示が非常に不完全で取調べの可視化もされていないという点が重大で、そういうことから冤罪が生まれるということは大いにある。その二つの現実を直視すれば、冤罪を再審で救済する道を狭めるというのは明らかにおかしい。もっと裁判所は再審の審理に熱意を示すべきだと思います。

勾留を求める申立てを斥ける

――いよいよ退官される直前の二〇〇〇年四月二〇日、マイナリさんについて職権で勾留するよう求める申立て(正確には「職権発動を求める申立て」)を斥けられた(東京高決平成一二年四月二〇日判タ一〇三二号二九八頁)。前日の一九日に高検が申立てをしてきたのですか。

木谷　私はその一九日、腰の具合が悪くて自宅で休んでいました。そうしたら、裁判長会議で、どの部が担当するかということが議論されて、さっきの事務分配規定がものを言って、「他の部に属さない事件というのは第五特別部でやるというふうに書いてあるではないか」という意見が出たそうです。そして、結局「これは木谷さんにやってもらおう」ということになったそうです。それで、その日の夕刻に連絡が入って、私は慌てて裁判所に飛んで行きました。

――上訴(控訴)記録が来ていないから係属部が決まらないということですね。四月一八日に東京地検が東京地裁に控訴および「職権発動を求める申立て」をし、翌一九日に東京地裁が「勾留せず」を決定しました。それで、同じ日に東京高検が東京高裁に「職権発動を求める申立て」をした、と。その日のうちに裁判長会議があって、先生にやってもらおうという話になった、と。こういう経過ですね。

木谷　そうです。痛い腰をさすりながら、裁判所へ行った記憶があります。決定の当日ではなくて、前日です。

——この事件は、木谷先生と本間榮一裁判官と村木保裕裁判官の合議体を形成しているのですけど、単独でやるか合議体でやるかという事は、高裁だから合議体でやるということですか。

木谷　高裁ですから当然、合議体です。

——その他のお二人は「第五」の所属ではないのですか。

木谷　名目的には「第五特別部所属」なのです。兼務で第四刑事部と第五刑事部が第五特別部の要員になっています。私がいなければ、これは第四刑事部か第五刑事部の人が裁判長をやっていたでしょう。だけど、たまたま私が部総括として特別部にいましたから、私がやることになったのです。合議体を形成して、合議しました。

——合議は決定の当日ではなく、前日ですか。

木谷　いや、決定の当日です。私は、決定前日に高裁で申立書を見て、「これはもう勾留なんかできるはずがない」と考えていました。当たり前です。刑事訴訟規則九二条二項には、上訴中の事件の身柄に関する措置は、事件記録が上訴裁判所に到達する前は原裁判所が判断する、という趣旨のことが書いてある。記録も来ていない段階で、高裁が勾留決定なんかできるはずがない。結論はもう明々白々だと思いました。

翌日、本間、村木両氏に来てもらって合議をしましたが、結論は簡単に決まりました。それでも、どこまで書くかという問題がありました。私は当初は形式論(刑訴規則九二条による高裁の判断権)だけでいいと思ったのだけど、やっぱり、実質論にもある程度、立ち入る方がいいと考え直しました。刑訴法には無罪判決によって勾留が失効すると書いてあるのに、何もしないで一審無罪の人の再勾留を認めるのでは、刑訴法のこの規定の意味がなくなってしまう。だから、そんな形式的な解釈はおかしいと考えました。また、本件では、どうしても勾留しなければならないような事情もないだろう。

もっとも、この見解に対しては、「身柄を拘束しておかないと、被告人が帰国してしまって検事が控訴しても意味がなくなってしまう」という反論があり得ます。でも、最初からそんなことは分かっているので、検事は一審で全力投球して、一審に勝負をかけるしか方法がない。そういう事件なのだ。そういうことは最初から分かっているのだから、今更、勾留がどうのというのはおかしい。現在でも本当にそう思います。それを何だか後から第四刑事部、第五刑事部がいつでも勾留できるというようにしてしまい(東京高決平成一二年五月一九日判タ一〇三二号三〇〇頁)、最高裁まで三対二の僅差ながらこれを維持してしまった(最一小決平成一二年六月二七日刑集五四巻五号四六一頁)から、あんな問題になってしまったのでしょう。おかしいですよ。

もちろん、一審の無罪判決も人間の判断ですから、絶対に間違いがないとは言えません。ただ、一旦、一審の無罪判決によって勾留が失効した以上、当然には再勾留できない。もちろん、判決が明らかに間違っている場合は別ですよ。勾留は無罪判決の場合でなくても、執行猶予判決でも失効しますが、たとえば、執行猶予の要件がないのに一審が執行猶予にしてしまった場合、こういう場合は誰が見ても判決は間違っているのですから、そういう事件について再勾留できないというのはおかしいでしょう。また、その後、控訴審が事実の取調べをした結果、無罪判決破棄の心証を固めたような場合も別です。だけど、そうではなくて、証拠の評価が微妙で、一審が「合理的な疑いがある」といっているのを、何も審理していない高裁がもう一遍勾留するというのは、それこそ勾留状を失効させるとした法の規定を形骸化・空文化してしまうのではないか。そんな無茶な解釈はない。今でもそう思っています。

――陪席の方々のお考えはどうでしたか。

木谷　異論はなかったように記憶しています。

――ということは、合議に要した時間というのは……。

木谷　午前中、朝一番に合議をして、私が起案をしました。最初は決定の前半部分(記録が到着していないという部分)だけでやるつもりだったのですが、形式論だと言われかねないと考え、昼休みに追加合議をして実質的にも勾留するべきでないという後半部分を書き加えることにしました。後半を書き加えたら、やっぱり時間が掛かって夕方から夜になったかもしれません。

——四月二〇日のことですね。

木谷　そうです。一日で書きました。合議自体はまあ、一時間くらいだったかもしれません。もう全然、問題化せず、両陪席はあっさりと起案に賛成してくれました。村木君は可哀そうに、後から第五刑事部の異議棄却決定で左陪席に入った。職権不発動決定と勾留決定に対する異議棄却決定の両方で構成員になってしまった。

検察庁・検察官の問題点

——マイナリ事件を通して、検察庁・検察官と裁判所・裁判官の問題点というのを含めて詳しくうかがっていきたいと思います。まず、検察側の問題点についてなのですけど、マイナリ事件の再審開始に至るまでの検察側のやり方について、どのようにお考えになりますか。

木谷　通常審の方も含めてですか。

――はい、再審開始決定が出るまでについてです。

木谷　検察のやり方は、非常に率直でない。フェアーでない。証拠開示に関する刑事訴訟の規定が不備であることを逆手にとって、改正前の訴訟法で開示を義務づけられている証拠以外は一切開示する必要がないということで、自分に不利な証拠を隠してしまった。そこに一番の問題があります。どうしてああいう立証方針を採ったのか、今から考えると不思議な気さえするのですが、トイレにあったコンドーム内の精液のＤＮＡが本人と一致した、ということに目を奪われすぎて、被害者の体から採取された客観的証拠を蔑ろにしてしまった。これが一番の直接証拠なのにです。

検事がそれを証拠として申請しなかったこともあって、裁判所(特に控訴審)はトイレの精液に引きずられた判断をしてしまった。一審は「大変疑わしいけど、合理的な疑いは残る」と冷静な判断をしました。それで一審では無罪になったのですけど、控訴審は、被害者がつけていた手帳にゴビンダさんの弁解にピッタリする記載がないという点を重視して逆転有罪にしてしまった。しかし、手帳には弁解にピッタリではないにしても、ある程度それを支持する記載があったのです。

それ以上に、私は、高裁が、トイレに遺留された精液の古さについて、「犯行当時に遺留されたものと考えて矛盾しない」という、実験に裏付けられていない鑑定人の意見(想像)を重視して有罪認定の根拠にした点を問題にしたい。被害者が殺害された部屋には、ゴビンダさんとも被害者ともDNAが一致しない陰毛が三本遺留されていたので、その関係では、その陰毛を落とした人物も当然、犯人の資格があったわけですが、裁判所は、トイレの精液に目を奪われる余り、これらの人に対する嫌疑を否定してしまった。結局、本件は、控訴審が、本来重視するべきでない証拠を重視した結果、せっかく第一審がした正しい無罪判決を破棄して有罪判決(無期懲役)をしてしまった訳で、まことに残念な事件であったと思います。

控訴審がもし逆転有罪の可能性ありと考えたのであれば、遺留精液の古さ(それが一〇日前のものか二〇日前のものか)について、正式な鑑定を実施するべきだったと思います。それを実施していれば、再審段階で開示された新証拠がなくても、無罪判決は確定していたはずです。

再審段階では、裁判所の積極的な訴訟指揮によって、多くの新証拠が開示され、それらについてDNA鑑定が実施された結果、ゴビンダさんの無実が明らかになりました。中でも、一・二審段階で検事が隠していた久保田鑑定は大きかった。検事は、被害者の乳房の辺りから採取された唾液について血液型の鑑定をしていたというんです。それは、再審段階で明らかになった「三七六の男」の血液型に合うもので、ゴビンダさんの血液型とは合わなかった。そういう鑑定の存在を検事は通常審ではおくびにも出さず、再審請求審の最終段階で裁判所に言われてようやく出した。そういうふうに、検事が証拠を隠し続けたというのが、一番の悲劇です。高裁のやり方もおかしかったけれども、検事がフェアーなやり方をしていたら、まさか逆転有罪はなかったでしょう。

――まず、証拠開示の問題ですね。ちょっと戻りますけど、先生のご経験なさった事例の中で、同種の検察の姿勢が現れるようなご経験というのは、どうでしょうか。

木谷　たとえば、私の裁判官生活の中では初期の裁判ですけど、富士高校の事件でも任意性の問題についてかなり詳しく調べました。それで、検事に取調べメモというのを出させたのです。そういうものを出させて、できるだけ客観的な証拠を集めようという姿勢は最初からありました。ゴビンダさんのような事例があったかどうかは、今すぐには思い出せませんが、いわゆる労働公安事件では、検察官は、証人の住所氏名しか開示せず、いきなり証人尋問請求してきていましたから、公判では「全証拠を開示せよ」と求める弁護側と「一切開示できない」という検察側が不毛の対立を続けていました。

――検察が隠していたという体質を……。

木谷　そこまで見抜いたやつがあったとは思われませんが、それは十分あり得ることと考えるべきなのでしょう。

――証拠隠しと見ることができますね。

木谷　そう、証拠隠しですよ。検事が持っている証拠は国民の税金で集めた証拠なのですからね。それを検事が独占してしまうというのは明らかにおかしい。これは最高裁にも大いに責任があります。それは、昭和三四年決定(最三小決昭和三四年一二月二六日刑集一三巻一三号三三七二頁)と言われる判例があるからです。大阪地裁に、検事に対し「全部の証拠を一括して開示しろ」という命令を発した偉い裁判長がいたのです。それに対して検察官が特別抗告の申立てをしたら、そんなこと(証拠の全面開示)を命じる権限が裁判所にあるという規定は刑訴法にはどこにもないという形式論だけで、最高裁がポーンとこれを取り消してしまったのです。これが証拠開示問題の重大なネックになりました。刑訴法二九九条は、検事に対し「取調べを請求する証拠を見せろ」と言っているだけです。それ以外の証拠は見せなくてよいように書いてあるんです。請求する証拠だって、最初から証人や鑑定人を請求すれば、証人の供述調書とか、鑑定書なんて一切見せる必要はないように読めるんです。証人の氏名・住所を知らせればいいと言っているのですから。検事にそういう方法を取られると、弁護人は、その証人が取調べに対しどう供述をしていたかについて知ることができません。そんな状態で公判をやったって、有効な反対尋問はできない。まず主尋問だけやって、それから公判調書が出来上がって、それを見た後でその次に反対尋問をする。非常に間延びした公判になります。そうすると、証人だって前にどう言ったか忘れてしまいます。「あなたは、この前の公判ではこう言ったでしょう」、「いや、そんなこと言いましたかね」というようなやりとりになってしまいますから、もう話になりません。従前は、そういう審理を延々とやっていた訳です。

今は調書の問題を言いましたが、証拠物の関係だって本当は問題だったのです。現在の公判前整理手続では、そういう証拠物は必ず見せるということになりましたけど、実際に全部見せているという保証はありません。検事が強制権限を持って集めてきた証拠物まで独占してしまって、被告人に有利な証拠を隠されたら、どうにもならないでしょう。有名な例では、松川事件の「諏訪メモ」の件があります。あれは、謀議があったとされている時間帯に、その謀議に参加したとされる被告人の一人が使用者側との団体交渉に参加し発言していた、ということが使用者側のメモに残っていたわけです。そういうメモがあるということは、一・二審では分からず、上告審の段階で初めて発覚した。これはマスコミが、そういうのがあるらしいということに気づいたことが契機で、最高裁が検事に開示させて、異例な形ですが最高裁で事実の取調べをした。その上で「破棄差戻し」となりました。松川事件は死刑四人、被告人二〇人という大事件です。そういう大事件が、そのメモの一件から崩れていったのです。検察はそういうことを平気でやる組織なのだと、裁判所はもっと認識しなくてはいけない。

――先ほど先生のお話の中でもありましたけども、検察官が高圧的といいますか、威圧的といいますか、そういうような態度を取るケースというのは多々あると思うのですけど、今だから言えるというようなご経験はありますか。

木谷　やっぱり検事は皆、強気です。陽性の人と、陰湿な人といていろいろですが、強気という点では共通しています。あの浦和の時のうつ病の事件は一番しつこかった。それから、嬰児殺しの時も結構しつこかったですね。

——やはり無罪になりそうだからですか。

木谷　無罪になりそうになると、検事は粘るのですよ。あれは、私が行って間もなくだったから、そんなに粘っても最後まで粘りきれるはずはないのだけど、転任間際だったら、この裁判長を見送ってしまえば展望が開ける、と思うでしょう。良くないことですよ。

裁判所・裁判官の問題点

——次に、裁判所・裁判官の問題点についてです。マイナリ事件では、三週間くらい経った五月八日に、高木裁判長の第四刑事部が勾留状を発布しました。これについてのお考えは？

木谷　本人を帰してしまったら有罪判決をしても意味がなくなるということに、ちょっととらわれすぎたのではないかと思います。勾留して身柄を確保しておかないと意味がなくなってしまうと思うと、有罪無罪に関係なく、ともかく一旦勾留するということになりやすい。だけど、勾留してしまうと、どうしたって自分のその判断にとらわれてしまいます。無罪判決をすれば、前にした自分の勾留裁判が間違ったのだ、ということになってしまう。そうすると、最初にそういう決定をしてしまったということが大きな足かせになります。それはやっぱり良くなかったのではないか、というふうに思います。さっき言ったように、無罪判決があった時は勾留が失効するとしている刑訴法の規定を、もっと尊重するべきではなかったかと考えます。

また、より根本的には、第一審で無罪判決が出て勾留が失効した場合に、入管が直ちに退去強制処分をするという現在の扱いを変える必要があります。入管法の規定は、刑事手続が全部終了してから退去強制するという意味に解釈できるはずなので、入管が従前の解釈を変えることを検討するべきだと思います。

――裁判長の属人的要素についてはどうでしょうか。

木谷　私は高木さんと、最高裁の調査官当時、隣の席に座っていて、一緒に山登りも楽しんだりした間柄で、個人的にはとっても仲が良かったのです。日頃から親密に付き合っていました。だけど、やっぱり考え方は違うんですね。この時の右陪席だった飯田喜信君(後に東京高裁部総括)が、高木さんの一周忌の時に書いた追悼文があります。この文章に私が出てくる。高木さんは私のことを悪く言っていません。私に関して「友情」とか、「敬愛の念」を抱いたと書いてあります。だから、私は個人的に悪く言うつもりは全然ないんですけど、高木さんは、やっぱり検事の主張に引きずられすぎたと思います。

――制度というか仕組みと言いますか、最初に第五特別部で勾留請求を斥けて、検察が結局、勾留請求を三回した訳です。もし斥けられたら、また別の刑事部がやっていくのですか。

木谷　それはできないでしょう。身柄の問題を判断するのは「本案の係属した裁判所」と、事務分配で決まっています。他の部には判断権限がありません。しかし、実はそこに問題があったんです。

――結局、第四刑事部で勾留状が発付されます。一二月には再び高木さんの第四刑事部で有罪判決がありました。

木谷　先ほど言ったように、身柄の問題は本案が係属した部で判断すると事務分配が決まっています。

――そうしたら、違う判断をしにくいですね。

木谷　だから、そこに問題がある。そこに事務分配の問題があるのです。今度のことを契機に、裁判所も身柄の問題について、本案が係属した部ではなくて他の部がやるというように変えた方がいいと思います。

――事務分配というのは？

木谷　裁判所の中のとり決め、事務分配規程です。これは、それぞれの裁判所で作っています。裁判官会議で決めるものですから、自由に変えられる。どこの裁判所でも、そういうふうになっています。一審判決の訴訟記録が高裁に送付されるのには、普通一か月も二か月もかかります。今回の件では、検事が特別に早く送るよう地裁に働きかけたのです。私が「高裁に記録がない状態では職権発動できない」と判断したために、検事が特別に早く送るよう裁判所に申し入れたのでしょう。私に対し検事は、「ともかく早く決定してください。早く決定してくれないと、本人(マイナリさん)が帰ってしまいますから」と盛んに私を恫喝していたんです(笑)。

――それは、四月二〇日のことですか。

木谷　そうです。それで、「勾留しない」と決定したら、帰すのかなと思っていたのに帰さない。いつまでも置いておいて、今度は地裁に「早く記録を送れ。早く」と働きかけた。それで、一〇日くらいで記録を送らせて、その作戦に第四刑事部がまんまとのせられてしまったということです。

――さっきの検事が早く決定を出してくれというのは、前日四月一九日の話ですか。

木谷　いや、合議の当日です。朝一番で電話がかかってきました。

――合議の前に「早く決定してくれないと」と言うのですか。それは自分たちに有利な決定になるように？

木谷　もちろんです。検事は、当然、勾留してくれると考えていたようです。

なぜ有罪判決九九・九%

——先ほどのお話の裏返しになるかと思うのですけど、裁判所の問題点です。有罪判決が九九・九%という……これは、なぜか。これまでと重複するところがあると思うのですけど、先生のお考えをお聞かせください。

木谷 いくつかあります。まずは、裁判官が有罪の事件ばかり扱って、有罪に慣れてしまっているという問題がある。また、証拠開示の問題など制度的な不備もあります。

——具体的には?

木谷 だから、証拠開示の問題は、従前最大の問題点だったのです。検事が強制力を使って集めた証拠を独占してしまって、被告人側に見せない、取調べ請求する証拠以外は見せなくてよいということになっていたのですから、これで冤罪が発生しなければ不思議です。

あとは取調べが可視化されていないから、実際の裁判で捜査官の言い分が鵜呑みにされてしまう、自白の任意性がどんどん肯定されてしまう、という問題があります。それは制度を動かさなくても、実際の運用を厳格にすればすむわけなのですけど、どうも任意性を否定して無罪判決をしようと思うと大変な労力が必要なのです。仮に無罪判決をしても、検事に控訴されると七割くらいは破棄されてしまう。そうすると、やっているうちにバカらしくなってしまうんですね。「こんなふうにやったって、どうせ高裁で取り消されるのではないか」と考えてしまって。それで、検事の控訴が多かったり、高裁の破棄が多かったりすると、勤務評定にも影響するのではないか、というような心配もあるんでしょう。まあ、それが実際どこまで影響するか私も知らないけども、一般の裁判官はそう思うのでしょうね。

——勤務評定に影響があるとされているのですか。

木谷　裁判官はみんな、一般にそう信じています。「あの人は検事控訴が多いです」なんて言いますからね。

——裁判官仲間で、ですか。

木谷　「高裁で破られています」とか、よく陰で言っています。良くないですね。

——そういうリスクを自分で持つのは避けるという意識が働くという。結局、先生の理由をいろいろ伺うと、制度のこともあるけど、裁判官の意識が「九九・九％」を生んでいたりというふうに見えるのですけど。

木谷　そうですね。それとさっきの裁判官の体質です。迷信型、優柔不断型、熟慮断行型の割合ですよ。私の分析によるとそうなる。

——その迷信型ですけど、検察に迎合する姿勢といいますか、先生の言うように同僚意識ですか。

木谷　それは迎合しているのか、本当にそう信じているのかというと、もう本当にそう信じ込んでいる迷信型の人が、かなりいると思います。迎合というのは六割の優柔不断型の方であって、迷信型はもっと突き抜けてしまっている。それをはっきり示しているのが布川事件の上告棄却決定(最一小決昭和五三年七月三日判時八九七号一一四頁)です。これを読むと、本当によく分かります。被告人とされた櫻井さんと杉山さんは、二〇歳やそこらで捕まった。最初は別件逮捕でしょ。それで本件について短期間内に自白しているわけです。最高裁の決定には、「極刑も予想されるような重大な犯罪で、こんなに短期間で虚偽の自白をするということは通常考えられない」と書いてある。「自白が変遷しているではないか」という主張に対しては、「実際は真犯人が後の公判を考えて、虚偽の弁解をするということもあり得る」と書いてある。最高裁の決定自体が完全な迷信型です。そういう考え方でやられたら、被告人はどんなことやっても助かりません。あの事件を担当した裁判官は、一審も二審も三審も全部が迷信型だったのです。だから、あの事件は再審が難しかった。最高裁が、事実は間違いないと詳しい理由を書いている事件について、最下級審である地裁の支部がそれに盾つくような判断をするというのは大変なことです。あの一審の裁判官は本当によくやったと思います(水戸地土浦支決平成一七年九月二一日判例誌未登載)。

――いわゆる検察官司法という批判がありますけども、これについてのご見解は？

木谷　これは、私が法政大学法科大学院の最終講義で詳しく話したところですけど、日本の刑事裁判では、検事がすべてを握ってしまっているということです。検事自身も、「どうせ検事の主張と違うことをやっても、上(高裁)へ行ったらみんな取り消されるのだから、裁判所は俺たちの言う通りにやっていればいいんだ」と考えていて、中にはそういうことをあからさまに言う人だっているわけです。言わなくても、みんな心の中ではそう思っているのです。だから、裁判官はバカにされている。中には、そうではない裁判官もいるけど、多くの裁判官は検事の言う通りにやっています。これはちょっと弊害が大きすぎますね。

――それはやっぱり迷信型だからこそ、なのでしょうか。

木谷　うーん。それがあるし、それと検事と違うことをやると面倒くさいことになって、あまり身のためにならない、というふうに思う人がいるのではないですか。

――歴史的な背景というのはどうなのでしょうか。

木谷　それも恐らくあるのではないでしょうか。戦前、検事は法廷の壇上で裁判官と並んでいました。戦後、所属官庁が司法省から法務省と最高裁と分かれたけれど、そういう雰囲気はやっぱり連綿として続いている。一遍に今がある訳ではないですからね。戦前の経験のある人が後輩を指導して、それがまた後輩を指導して、と順次来ている。そういう精神、考え方というか感じ方というのは、何十年経ってもなかなか完全には変わらないのではないですか。

——昔は検察官、司法省が上にあって、裁判所は下だという……。

木谷　だから裁判官も、やっぱり今の判検交流みたいなもので、検事になって司法省に行くというのが出世コースだったようです。今は判検交流もあるけども、主流は最高裁事務総局です。事務総局へ行くと出世コースだと言われています。戦前は司法省だったのですね。もっと厳しかったですね。

——先生がお若い頃は、その頃の名残の方たちが？

木谷　それはおられましたよ。昔、司法省に行っていた人とかがおられました。また、昔は予審というのがありまして、予審判事をやった人も結構いました。予審判事は何をやるかというと、昔は検事調書というのは証拠能力がなかったんです。検事調書は公判では証拠に使えないので、それを予審判事がもう一遍聴き取って、予審判事の調書にした。そうして、証拠能力を得たものが受訴裁判所に出てくるということだったのです。そういうやり方だったものですから、予審制度を上手く運用すれば、検事のやっていることをかなりチェックできたはずです。しかし、結局みんな検事調書の上塗りをするようになってしまって、予審判事の調書は検事調書と同じようなものができていたようです。今の新刑訴法になって予審がなくなり、代わりに検事調書が一定の証拠能力を持つことになってしまった。なかなかその辺がうまくいかないのですよ。

――それで、予審判事の少なくない方たちが戦後、裁判官として、戦前の習慣、習性を温存された、と。

木谷　そうです。検事の調書やなんかを詳しく見て、詳細に読み込んで、心証を形成する、という訳です。昔の人は調書を読んだり書いたりするのが上手でした。それが今の裁判所において悪い意味で温存されているのではないかと思います。

依願退官、公証人に

――先生は、二〇〇〇年(平成一二年)五月二三日に六二歳で依願退官されます。裁判官生活三七年余りということですね。腰のことが退官の原因ですか。

木谷　そうです。腰痛で職に耐えないということで決めました。

――ところが、退官をマイナリ決定と関連づける見方もあったとか。

木谷　はい、そういうふうに一部で受けとった人がいたようです。まあ、そう思われても仕方のない面はあります。決定の一か月後に辞めているし、その間に高裁第四、第五刑事部と最高裁で逆の決定が出ている訳です。だけど、実際はそうではありません。公証人のポストが前から決まっていた訳ですから。

――公証人については、いつ頃、打診がありましたか。

木谷　年を越えるか越えないかくらいでしょうか。平成一一年の暮れか翌一二年の一月頃に打診があったと思います。当時、高裁の事務局長だった大谷剛彦さん（後の最高裁判事）からです。

――ところが、打診の後、退官前にたまたまマイナリ決定があった、と。

木谷　そうなのです。あんなものが来るとは思っていなかったから、静かに去れるな、と考えていました。そうしたら退官当日に、写真週刊誌『フライデー』の取材がありました。私は当日、大きな花束をもらって帰宅したのですけど、記者とカメラマンが自宅の前で待ち受けていて、「事情を聞かせてくれ」というんです。彼らは、退官をマイナリ決定と関連づける見方を信じこんでいました。それで、自宅近くの喫茶店で話をしました。「そうではないのだ」と、いくら言っても納得しませんでした。

――公証人に関してですが、あまり知られていない仕事内容を、選出の仕方を含めて教えていただけますか。

木谷　公証人というのは、公正証書を作成するなど、公正中立な立場で手続の適正を保証し証明する立場の人です。これは外国、特にヨーロッパでは非常に古い歴史があって、公証人の社会的地位はものすごく高い。法曹有資格者はみんな公証人になりたがり、なれない人が普通の弁護士になるとか、そんなことらしいです。いろんな小説で、たとえば『モンテ・クリスト伯』などでも、公証人が重要な場面で登場します。私は、外国では公証人はこんなふうに仕事をするんだな、と思って読みました。日本では公証人は五〇〇人ほどでしょうか。私は、霞が関の公証人役場に行きました。「そこの人が辞めて、ポストが空く予定だけどどうですか」と言われたんです。

――公証人になるのは、裁判官出身の方と検事出身の方だけですか。

木谷　いや、一般の人も多少はいるのですが、そこは一寸問題なのです。裁判官、検事の天下りポストになっているということで、一部の国民から批判されています。

――半分以上は裁判官出身ですか。

木谷　いや、検事の方が多いと思います。

――お仕事的にはどういう？

木谷　霞が関というところは、公正証書の作成の依頼はあまり多くなかった。代わりに「認証」の依頼が多かった。この「認証」というのは、「この文章は公証人の前で本人が署名したものだ」と、本人の署名が適正に行われたことを保証するものです。外国との取引ではそれが求められる。外国と取引する場合には、公証人の「認証」というのは絶対的な要件なのです。日本では印鑑証明書で全部やっていますが、外国では、印鑑登録とか印鑑証明の制度がなくすべてサインでする訳ですから、そのサインが本人のものであるということを公的に証明してもらう必要があります。まあ、仕事自体は難しくありません。目の前で本人が署名して、「はい、確かに私の目の前で署名しました」と証明するだけですから。依頼者は一般の会社などです。霞が関という官庁街でしたが、役所の仕事はあまりありませんでした。

――たまたま霞が関にあるだけですか。

木谷　認証の仕事は他の役場にも来ますが、霞が関にはとりわけ多かったようです。また、昔は役所の人から公正証書の作成を依頼されることが、わりとあったと聞いています。役所から住宅ローンの資金を借りる場合、私の時代には誰かに連帯保証人になってもらえばそれですんだのですけど、昔はそういうのはみんな公正証書にしたらしいのです。そういう時代には、公証人がものすごく潤ったと聞きました。私の頃はそんなのはなかった。ただ、公正証書作成の手数料は金額によって決まるわけですから、大きな公正証書の作成が入ると、かなり高額な手数料収入があります。昔のように月収ウン百万円などという訳には行かないけれど、それでも仕事のわりに収入は保証されていますよ。

――というふうに聞きます。結構、高所得だと。

木谷　実際している仕事は大したことありません。その仕事の内容からしたら、相当良い収入ですよ。裁判官の時に負けないくらいだったかな。

――千万単位ということですか。

木谷　そうです。年収にしたら、もっと行っています。ボーナスはないですけどね。各役場が収入をあげるでしょ。そのうち半分をその役場でまず取るんです。残りの半分を東京公証人会に拠出して、そしてそれを平分化して、人数単位で中央から各役場にまた、いわば交付金をくれるのです。そうすると、出したよりもたくさん返ってくる役場と、出した分のかなりの部分を取られてしまう役場が出てくる。前者を「貰い役場」と後者を「出し役場」と称していました(笑)。

――事務所経費などはどこが負担するのですか。

木谷　事務所経費は自分の所で負担します。それを引いた残りを分配する訳です。

――そうしないと東京なんかは経費がいっぱい掛かりますものね。

木谷　いや、今、申し上げた分配の仕組みは東京公証人会に関することです。すべての地方でそうやっている訳ではありません。公証役場によって差があるのです。いっぱい働いて大いに稼いでいる役場とそうでないところ。行って初めて分かりました。

――最初は公証人になられた時点では、ずっとやるかと？

木谷　そうです。だってもう体が悪かったですからね。他の仕事はできないだろうと。それで最後のお勤めはここにしようと思っていました。

ロー・スクール教授に

木谷　ところが、二〇〇一年のことです。法政大学の福井厚先生が、東京で刑法学会の東京部会を開くから、「裁判官生活を振り返って」というタイトルで報告してほしい、ということを言って来られたんです。それまで福井先生と面識はありませんでした。

――知らない先生から、いきなり電話が公証人役場に掛かってきた？

木谷　福井先生は霞が関の役場に見えました。その時は法政大学の「ほ」の字も言われません。もちろん法政大学の先生であることは言われましたけど。ともかく、ツバを付けに来られたのですね(笑)。

――その〝下準備〟の第一弾として学会報告をしてほしい、と。

木谷　刑法学会での報告がすんでしばらくしたら、また福井先生が見えて、「二〇〇四年から、法政大学に法科大学院が発足するから教員として来てもらえないか」と言われました。公証人の方は一年ほど前に言わないと、補充の問題があるから辞めることもできなくなってしまいます。それで、私は引き受けることにして辞職願を出しました。だけど、後から聞くと、その段階では教授会を通っていなかったそうです(笑)。結構、福井先生も度胸がいい。私は、福井先生の話から、承諾すれば当然、採用されるという前提でOKしたのですが、必ずしもそうではなかったということが後から分かりました。

――何月頃に辞表を出されたのですか。

木谷　公証人の辞表は、法政大学への着任の一年前、二〇〇三年春に出しています。辞表というのは「一年後に辞めます。三月三一日付で辞めます」という内容で、それを東京法務局に出しました。それで、正式にいつ決まったのか、その辺はよく分からないのですけど、正式に教授会をなんとか通ったらしい。だけど、福井先生の話によると、刑事法関係の教員の会で私の就任に反対した人もいたらしいのです。後日談ですよ。ヒヤヒヤします。福井先生は、その人が外遊中に刑事法関係の教員の会を通してしまったそうです。危ない橋を渡らないでほしいですよ。本当にヒヤヒヤものです(笑)。

――最初、教員の話を聞かれた時はどういうふうに思われましたか。

木谷　これは、あまりやったことのない仕事だし、もうしばらく刑事法から離れてしまっているし、自信はありませんでした。しかし、私は若い人が好きだから、「いい仕事かな」と思いました。公証人の仕事自体は、待遇は良いけど、実際そんなに面白いものではないから、まだ大学の方が良いのではないか、と。収入は減ってしまうし、七〇歳まで務めた場合にもらえる月一〇万円の年金(公証年金)はもらえなくなってしまいますがね。

――収入は半分以下くらいですか。

木谷　半分以下とまではいきませんが、半分くらいですね。でも、家内が「収入は減っても、その仕事の方があなたらしくていいわ」と言ってくれたので、決断ができました。

――体調はどうだったのですか。

木谷　その頃は、まだ自信がなかったのです。今みたいに元気ではありません。腰をかばいながらおそるおそるの船出でした。ようやく少し慣れてきたと思った二〇〇七年

(平成一九年)正月に家内の病気が発覚して、翌二〇〇八年一〇月には亡くなってしまった。看病の無理もあったのかもしれませんが、家内が亡くなる半年前、二〇〇八年の三月、四月くらいに私の腰もまた悪化してしまい、家内と一緒に枕を並べて寝ていたことがあります。長女が自宅近くに住んでいるのですけど、「二人一遍に介護するとなると、どうなるのだろう」と思って途方に暮れたと言っています。その年は四月いっぱい休講してしまいましたが、何とか立ち直って授業をこなすことができました。

――担当科目は?

木谷　二年生に対する「刑事訴訟実務の基礎」というのが一つあって、三年生の夏学期に「刑事法演習」というのがある。「刑事法演習」の授業は、刑法と刑事訴訟法の融合した問題を作って、その都度、学生に答案を出させて添削・採点して評定、コメントを付けて返す。そして授業で講評する、というやり方です。これが結構ハードなんです。第三期の当初は学生も多かった。一時は一学年で一〇〇人くらいいたこともあります。第三期の学生は一学年九六人いました。一クラスに二四、五人いる。四クラスを持って、答案提出は一回に大体二〇人ちょっとくらい。一週間でそれを見て……。まず問題を作るのが大変です。学生の答案を見て採点してコメントして、講評書を作ります。これを一学期一五コマ(×四)やるというのは結構、大変でした。これを八年間やりました。最初は通年三コマがノルマだったのですけど、途中からノルマが四コマになりました。

私は、学部で一コマ、ゼミを持っていたのです。これが唯一のオアシスでした。その中から司法試験に受かって弁護士になる学生が何人か出ました。最初は法政のロー・スクールに入れないような学生が、よその大学に行って、それでも頑張って受かった。最近は「もっと上のローへ行きたい」と言って、早稲田や中央に行っています。だんだん学生の質が上がってきました。最初の頃は、私の知名度が低かったから、学生は私のことを誰も知りません。だから、よそのゼミを受けて落ちたような人が来ていました。三、四年経つと、「あそこのゼミに行くと、勉強をさせてもらえるらしい」という評判が立って、将来、司法試験を受けたいとか、真面目に勉強したいというような感じの学生が多くなって、最終的にはそういう人が大勢を占めるようになりました。ゼミでは夏の合宿もやり、楽しい時間を持ちました。

――「刑事法演習」の授業は研究者の先生とご一緒に？

木谷　いや、一人でやりました。「刑法」も自分でやらなければいけないから大変だったのですけど。研究者教員は、刑法も刑訴もいましたが、刑法の先生は「刑法」を教える、刑訴の先生は「刑訴」を教える。私は一応、両刀使いだということで、「「刑事法演習」は木谷先生が全部やれ」ということになって、四クラス分全部をやったのです。それで、当時はそれが必修でした。私が退職するに当たって、そのコマをどうするかという問題が出てきました。しかし、結局、「刑法演習」と「刑訴法演習」のコマを必修にして、「刑事法演習」は選択にしてしまったのです。そうしたら、履修人数がうんと減った。今は門野博さん(元・東京高裁部総括)がやっていますけど、「あれは木谷先生でなければできない授業だった」と言われてしまいました(笑)。

――余人をもって代え難し、というふうに。

木谷　そういうふうになってしまったのですね。

――八年間のロー・スクール時代の一番の思い出は何でしょうか。

木谷　まずプライベート生活のことで申し訳ありませんが、二〇〇八年(平成二〇年)秋に、四六年半連れ添った糟糠の妻を癌で失ったことが最大の痛恨事です。妻は、二〇〇七年一月に体調の異変に気づいて自宅近くの病院で検査を受けたのですが、即座に「進行した子宮癌」と宣告され、大学病院で受けた診察の結果も変わりませんでした。放射線と抗癌剤の治療を受け懸命に闘病しましたが、結局、翌年一〇月に遂に返らぬ人となりました。この時の悲しみは、両親との永別の場合とは比較になりません。

次に公的な生活では、司法試験の成績に終始一喜一憂していました。ロー・スクールの教授なのですから、「一人でも多くの院生を合格させたい」と考えて私なりに懸命に努力したのですが、なかなか思ったようには合格してくれません。「まさか」と思った人が合格する場合もあるけど、「まさか」と思った人が何人も落ちることがあり、思ったように人数が増えなかったのです。

――ロー・スクールは特に最初の頃は、社会人経験者を含めて色々な方がいたと思いますが、教える時にはどういうふうに接されていたのですか。

木谷　同じです。社会生活を経験して入ってきた人はいいのだけど、長年、受験している人、旧試(旧司法試験)から流れてきた人は、かなり固まっていますから可塑性がない。知識量はものすごくある。だけど、固まってしまっていますから、私が指導しても簡単には乗ってこなかったですね。自分の考え方に固執するといいますかね。こっちがちょっと言っても、そんなことには乗ってこなくて、自分がこれまで予備校や受験本で勉強してきたことを金科玉条として書いてくるから、見たところいかにも落ちそうな答案だなというのがいっぱいありました。

――先生は司法試験の採点に携わっておられたことはありますか。

木谷　それはないですね。「旧試の憲法の委員をやってくれ」と言われたことはあります。法政のローへ行ってからですが。刑法ではなくて憲法。それで、私は断ったのです。憲法なんて、こっちは一から勉強しなくてはいけないし、貴重な夏休みを潰して一〇〇通も答案を見るのは嫌だと言って断りました。

どういう経緯かは知りません。司法研修所から言ってきました。香城敏麿さんが考査委員を辞めることになってその後釜ということで私の方に言ってきたのです。香城さんは憲法の大家だからいいけれど、こっちは憲法の問題はその都度、場当たり的にやっているだけですから。いちいち勉強していたら大変です。なにしろ余命いくばくもない身ですから(笑)。

採点は嫌いです。普段の期末試験の答案を見るだけでも大変ですから。私は期末試験の答案を見ても一回では済まないのです。一回最後まで見て点数をつけておいても、最初と最後で基準が変わってしまう。それでもう一遍、採点する。二回の採点が事実上、一致していれば、それで行くのですけど、かなり違った点数が出ることもある。そういう場合は、もう一回採点しなければいけない。もう自信がなくなってしまいます。

旧試の考査委員の件ですが、私の、浦和の頃の陪席だった水野智幸君が、当時、司法研修所の教官をやっていました。最初は上席教官から話があったのですが、私がすぐに良い返事をしないものだから、上席に言われて水野君が電話してきました。「部長、大丈夫ですよ、あんなの。どうせ答案はみんな金太郎飴なのだから簡単に採点できます」なんて言う。でも、人の運命を決めるのにそんな簡単に採点できるはずはないでしょう。私の性分では、もしそれを引き受けたら、またのめり込んでしまって、夏中、採点ばかりしなくてはいけなくなる。だから、これはもう御免被る。「まだ腰も十分良くなっていないし」ということで断ったのですが、これは正解でした。

――ローに八年間いらっしゃいました。今、法科大学院の制度の問題が指摘されていますが、ご経験された結果、印象などは？

木谷　法科大学院は、理想は良かったと思います。しかし、一つは学校の数が多くなりすぎた。ローに期待されている役割というのは、旧司（旧司法試験）合格者とは違う広い視野に立った法曹を育成する、旧司の受験勉強ではできない幅広い勉強をさせるのだ、というもので、その理想はよかった。でも、その理想に従った教育をしていたら試験に受からない。今みたいな試験制度では、どうしても試験科目に特化した教育にならざるを得ない。だから、司法試験の制度を残したままロー・スクールをやるということ自体に無理があったのではないか、という気がします。もっとローの数、学生の人数を絞ってローに責任を持たせて、アメリカみたいに、ローを出れば事実上、自動的に弁護士資格を与えるとか、そういう制度にしないと、実際上、難しいのではないでしょうか。

――ただ、もうできてしまっています。どういうふうに改善すれば？

木谷　今の制度でもかなりやれることがあるとは思います。まず先生の問題があります。こういうことを言うとまた憎まれますけど、研究者の先生の中には、法学部の授業のやり方、旧態依然とした授業のやり方をしている方が結構おられるようです。授業参観というのがあって、授業を公開してくれる人はまだいいのですが、「自分の授業は絶対に見せない」という人もいるのです。見せないというのは、検事が手持ち証拠を開示しな

法政大学法科大学院，最終講義の様子

いというのと同じで、まことに良くないですよ。見せてくれた人はそれなりの授業をしておられました。だけど、学生に聞くと、「研究者の先生の授業で、意味があったと思うのは二、三人だけでした」とはっきり言います。本当に良い法曹を育てようという意欲や能力があるのか、疑問に思います。

——先生は、後輩の法曹を育成することに、かなり熱意を持って臨んでおられたと思いますが、思うようにできた部分と、なかなかできなかった部分と、おありになるのではないですか。

木谷　やっている授業が受験対策的です。判例を根本的に読むとか、事実認定に踏み込んだ授業をすれば面白かったと思いますけど、受験に役立つということを最初に考えるから、限界がありました。もちろん、私の授業は受験にも役に立ったとは思いますけど。

毎年、司法試験合格者を対象にして「事実認定研究会」というのをやっていました。

去年(二〇一二年)が第七回くらいでしょうか。私は退職した後の去年の会にも出席しました。その都度、面白い判例を選んで、学生の合格者にレポートさせて、その結果を法政大学法科大学院紀要(『法政ローレビュー』)に、合格者の論文として載せます。あの研究会は、おそらくかなり役に立っていると思います。それに、それまで答案以外の文章を書いたことのない人たちですから、そうやって拙いながらも作品が活字になるということは、すごく励みになる。それまで判例を金科玉条のものとして覚え込んでいるわけですけど、判例にもいろいろある、こんなおかしい判例もあるのだということに、この研究会を通じて合格者たちは気づくことになります。

布川事件の上告審決定を読ませると、「これはおかしい」と学生は言います。判例にはおかしいものがいっぱいあるのだということを理解させて、どうやったら正しい事実認定ができるようになるのか、ということを考えさせる意味で大変役に立ったと思います。正規の授業よりも、私はそれが一番役に立ったのではないかと思います。

後は余計なことですけど、アフターケアです。一つは、オフィスアワーというのがあるでしょう。オフィスアワーが開店休業の先生もいます。だけど、私のところには学生がいっぱい来ました。色んなことを聞きに来たり、議論や質問を持ってきたり。日によっては並んでしまうこともありました。次々と来るのですけど、前の質問者が持ってきた問題を検討する際に次の人にも入ってもらって一緒に考えたりして、それは非常に役に立ったようです。こちらも一コマが完全に潰れますけど、そういう時間は楽しみでした。

それともう一つ、全く余計なことなのですけど、「結婚式に来てくれ」というのが多いのです。そういう依頼が次々と来る。学部のゼミ生からもあるし、ロー・スクールの学生からも去年も二つあったかな。毎年います。今年も夏と秋に決まっています。うれしい悲鳴です。暇なら喜んでいくのですけど、時間がないので大変なんですよ。

"冤罪の駆け込み寺"を

——先生は二〇一二年、法政のロー・スクールを退職されて、今度は弁護士になられます。佐藤博史弁護士の事務所(新東京総合法律事務所)に入られました。弁護士をやろうという抱負と、佐藤先生の事務所に入られた経緯をうかがいたいと思います。

木谷　先にも述べましたが、平成二〇年(二〇〇八年)に家内が亡くなりました。それで独りになった。大学にいるうちは良いけど、大学を退職して独りで毎日家にいても仕方ないだろう、と思いました。ですから、家内が亡くなった後からは、退職後弁護士登録をしよう、と思っていたのです。

法政を辞める前年に、佐藤弁護士が法政の私の研究室に訪ねてこられた。「木谷先生は、来年、定年だと聞いていますけど、どこか行くところは決まっているのですか」と言うから、「いや決まっていません」と答えたら、「私の事務所に来ませんか」と言われるのですよ。私は、佐藤さんの顔を東大の判例研究会で知っていまして、その後も足利事件の再審請求が宇都宮地裁で棄却された時(二〇〇八年二月一三日)に私が激励したことがあって、ときどき話をしていました。もちろん今ほどつき合いがあった訳ではありませんが。

でも、その話があった時は即答できませんでした。自信がない。どうせ弁護士になっても大した仕事はできないだろうと思っていましたから、天下の佐藤博史の事務所で働いても迷惑をかけるばかりじゃないか、とね。そうしたら、後から佐藤さんがメールで、熱く勧誘してくる。自分には、「壮大なロマンがある」と言うんです。「今、冤罪事件については、再審の段階になると日弁連が支援をして、救済するという制度があるけれども、本当は通常審の段階で頑張らなければいけないのだ。それなのに通常審の段階でどんどん誤判冤罪が生まれてしまっている。これでは仕方ない。冤罪の駆け込み寺を作ろうではありませんか」と言われるわけです。そういうメールが来まして、その一言で〝落城〟しました。

ところが、後から聞くと「冤罪の駆け込み寺」という言葉は、ご本人は忘れているのです(笑)。「先生、言いましたよ。証拠は残っていますよ」と言うのですけどね。

――ちょっと戻りますけど、東大の判例研究会。これまでお話に出ていなかったのですが、おいくつくらいの時から参加されているのですか。

木谷　これは、歴史の古い研究会です。戦前、小野清一郎先生が創立されたのではないかと思います。戦後も小野先生、団藤先生、平野先生、松尾先生という方々が代々責任者でやってきた、研究者と実務家の合流した研究会なのです。最高裁の判例を評釈するというもので、戦後ずっと、判例研究の結果を『刑事判例評釈集』にまとめて出版していました。これは民事における『判例民事法』に匹敵するものです。もっとも、『刑事判例評釈集』は、現在は出されていませんが、会自体は今でも続いているのです。今は二か月に一回くらいの割で開かれています。私も案内状をいただいています。

――いつ頃から参加されていたのですか。

木谷　調査官の頃でしょうか。調査官の先輩で、佐藤文哉さん(後の仙台高裁長官)から、「ぜひ出たほうがいい」と言われました。それで、私も行くようになりました。当時、東大の赤門のところに学士会館の分館がありまして、今はなくなってしまいましたが、そこでやっていたのです。

――佐藤博史弁護士はいつ頃から参加されたのですか。

木谷　佐藤さんは、私が行きはじめた時にはもう出ていました。この人は理論家としても有名な方で、研究者からも一目置かれていました。佐藤さんとは、年末にあるこの会の納会で話をする機会があったかと思いますが、あまり交流はありませんでした。顔を知っていた程度です。

――ということは、法政に来られた段階では、そんなに親しいという感じは？

木谷　そうです。ただ、その後、足利事件の関係もあったし、何らかの時に話はしています。

――『自由と正義』に佐藤弁護士が書かれたものを読んだことがあります。足利事件のことで佐藤先生が非常に疲れた顔をしていたら、木谷先生が激励のメールを送られたという話でした。

木谷　そうなんです。あの精力的な佐藤さんが憔悴しきった顔をしてテレビに映っていた。あの宇都宮地裁の決定では、がっくりきますよね。新証拠として提出したDNA鑑定の資料(菅家さんの毛髪)が本人の毛かどうか分からないから明白性がないなんて言われたらたまりません。そんなことで棄却するなんて信じられませんからね。

――その時、木谷先生がメールを送られて励まされた。

木谷　だから、その前からメールアドレスは知っていたんですね。

――いよいよ最後に近づいて来ました。今も人生の大先輩であるにもかかわらず、お元気で弁護士業務に取り組まれておられます。今後の抱負をお聞かせ願えれば。

木谷　今やっていることを続けてやるしかないでしょうね。いよいよ人生の最終盤に差し掛かっているわけですからね。人生の最終盤をどう過ごすかというのは、それぞれの人が考えるでしょう。私の大学時代の友だちは、ほとんどみんなリタイアしてしまって、健康な人は旅行をしたりゴルフをしたりして楽しんでいます。私は、家内も亡くなってしまったし、再婚するには年を取りすぎています。そうすると、今のような生活で精一杯やれるところまでやって、そして倒れたらそこでおしまいというようなのが、私の生き方としては一番相応しいのではないかというふうに思っています。

キーワードは「冤罪の駆け込み寺」です。だから、今あちこちから声が掛かって、実はうれしい悲鳴を上げているのですよ(笑)。

――要するに、声が掛かりすぎているということですね。

木谷　そうです。だって、これほとんどボランティアですからね。

大阪の元枚方市長の中司さんの事件は(これは、ボランティアではありませんが)絶対に冤罪なのですけど、最高裁で上告棄却されてしまったのです。その再審をやるという打ち合わせで大阪へ行きました。それで帰ってきて、翌日、那覇に日帰り出張です。那覇の事件は、私が法政にいる最後の頃に、那覇の岡島実弁護士が私のところに来て依頼されたものです。最初は私が弁護士登録していなかったから「意見書を書いてくれ」と言われたのです。だけど、事実認定に関する意見書なんて書いても裁判所は問題にしませんから断った。しかし、そのうちに私は弁護士登録をしましたので、結局その事件の弁護人になってしまった訳です。最初は弁護団会議も別の事務所でしていたのですけど、佐藤博史さんが「それだったらうちの事務所でやってくれ」と言うし、事情を聴いたらDNAが問題になっている事件だということで、「だったら俺も弁護団に入る、報酬なんかいらないから」と言われて、着手金なしで佐藤さんも入ったのです。それで今、この事務所は若手の新人も含めて全員ボランティアで弁護団に入ってしまった。

――最後のご質問です。ご著書のタイトルにもある「刑事裁判の心」。これが先生の、最も重要な言葉だと思うのですけど、最後にそのお思いを語ってくださるとありがたいです。

木谷　そうですね。これまで散々言ってきたことと同じなのですけど、刑事裁判官というのは被告人が言っていることを、ちゃんと聞いて理解して、そしてその上で判断しなければダメだということですね。聞く耳を持たない人、調べる気がない人。これはもう全然話になりません。そういう人は、刑事裁判官をやる資格がないと思っています。被告人の話を虚心坦懐によく聞いて、本当はこの人が言っていることが真実なのではないかという目で証拠を再検討して、疑問があれば徹底的に調べる。その上で下す判断でなければ、被告人は絶対に納得しません。それだけでなく、間違った判断をしてしまいます。間違って有罪判決をするくらい恐ろしいことはないので、そういうことは絶対にあってはならないと思いますね。

「間違って真犯人を取り逃がしていいのか」という反論がありますけど、それはある程度やむを得ないと割りきらなければ、刑事裁判はできません。取り逃がす不正義と冤罪者を処罰する不正義とでは、全然質が違うのです。弁護士になって、ますますその思いを強めています。

――本当にありがとうございました。

（追記）本文中でも一部記載したが、筆者は佐藤博史弁護士の事務所を健康上の理由によって二〇一八年に退所し、現在は渋谷区桜丘町所在の法学館法律事務所で執務させていただいている。

あとがき

いった。

「なんて市民感覚にあふれた裁判官だろう」

木谷明さんの第一印象である。その感想は、インタビューを重ねるに従い、深まって

二七年間勤めた読売新聞を退社し、大学教員に転身して初めての「大仕事」は、憲法判例の形成過程の一端を明らかにすることと決めた。二〇一二年春のことである。

どの裁判官、あるいは元裁判官に話をうかがうか。

東電ＯＬ殺人事件（ゴビンダ・マイナリ事件）に東京高裁判事として関与し、二〇〇〇年に退官後も事件に関して積極的な発言をされていた木谷さんに強い関心を持った。木谷さんは、裁判官時代に三〇件以上の無罪判決を下しただけではなく、最高裁事務総局に勤めたり、最高裁調査官として三〇件近い判例に〝黒衣〟として携わったりしている。

興味深い話を聞けそうだ。

オーラル・ヒストリーのインタビューを申し込むと、快く承諾してくださった。そして、質問票を送付するなど事前のやり取りを踏まえ、二〇一二年秋から聞き取りを始め

た。場所は、木谷さんの勤める東京・赤坂の新東京総合法律事務所である。

オーラル・ヒストリーの常道として、一回のインタビューは二時間程度とされているようだが、弁護士として多忙な木谷さんのご都合などを考慮し、聞き取りの回数を減らすため思い切って一回約四時間でお願いした。

喜寿に近いお歳であるにもかかわらず、お元気な木谷さんは、毎回のインタビューで、実に興味深い話を次々としてくださった。時折、当時の資料を見ながらも、正確な記憶力をもとにした明晰なお話ぶりは、舌を巻くばかりだった。判決に至る思考過程も、市井の人の常識にかなう共感を抱くものが多かった。それが本書を世に出す原動力になったと言える。

結局、計四回のインタビュー(第一回・二〇一二年一一月一五日、第二回・同年一二月一三日、第三回・二〇一三年一月二三日、第四回・同年二月一九日)は、盛り沢山な内容となった。当初の趣旨だった憲法判例の形成過程だけではない。無罪判決の舞台裏や司法をめぐる問題、少年事件に対する思いなどを記録にとどめることができた。

共同インタビュアーは、弁護士の嘉多山宗さんである。一年半以上にわたる準備・聞き取り・編集において、質問事項の精査や資料の整理、原稿のチェックなどに尽力していただいた。まさに「相棒」である。

また、いわゆるテープ起こしは、編者が指導する創価大学法学部山田ゼミの杵渕輝さん、多井中智広君、加藤昌啓君の三人が担当してくれた。

岩波書店から公刊するに当たっては、拙著・岩波新書『名誉毀損』でお世話になり、その後、一般書の編集長になられた小田野耕明さん、実際の編集を担当してくださった伊藤耕太郎さんに大変お世話になった。深謝の意を表する。

末筆ながら、新天地で私を支えてくれている糟糠の妻、千秋に本書を捧げたい。

二〇一三年一一月

山田隆司

解説

門野　博

本書『「無罪」を見抜く』は、元裁判官で、私の大先輩に当たる木谷明さんのオーラル・ヒストリーとして書かれたものであり、全編、木谷さんへインタビューという異色の構成でつづられる。その生い立ちからはじまり、修習生時代を経て、裁判官として活躍されたこと、その後、法科大学院の教授を経て、現在弁護士として活動しておられるところまでを、余すところなく生き生きと述べられる。しかし、その中心は何といっても、三七年間にわたる裁判官時代である。木谷さんは刑事裁判官として、三〇件もの無罪判決を書かれたことで知られるが、それを含めて全ての取り組みがまさに全力投球といってよく、そのひたむきな姿勢、生き方は、私たちの心を揺り動かさないではおかない。

はからずも、本書の「解説」を書くという大役を引き受けることになったのであるが、はたして、そのあとを追いかけるばかりであった私でよかったのか。さらには、この大著にあえて「解説」を加える必要があったのか。今になって、そんな不安に襲われている。だが、そんな泣き言を言っている余裕はない。全力投球で取り組まなければ、それこそ木谷さんに笑われてしまう。

木谷さんの生き方が私たちの心を揺り動かすのは、なぜであろうか。それを解き明かすことこそが、本書の解説として最もふさわしいのではないか。そうこうするうち、そのように考えるに至った。

まずは、木谷さんが、主に、刑事裁判官としてどのように歩んでこられたのか。その時代背景を捉えながら、少しく振り返ってみたい。

時代は少しさかのぼるが、戦後刑事訴訟法は、職権主義から当事者主義へと大きく変容を遂げたといわれる。しかし、旧刑訴法のかなりの部分がそのまま残された上、それが旧刑訴法に慣れ親しんだ裁判官によって運用されたため、真の改革というには程遠かった。身柄を拘束しての取調べは相変わらずであり、自白調書などが幅を利かす公判手続にも大きな変化は見られなかった。人は、これを調書裁判と揶揄したりしたが、公判廷は、これらの書面の受け渡しの場であり、被告人は言いたいことがあってもなかなか聞いてもらえず、検察のえがいたストーリーにしたがった裁判が行われた。

木谷さんが東京地裁に新任判事補として赴任された頃はまさにそのような裁判が日常化していた頃であった。当初配属された令状部から公判部に移られるが、当該公判部の山崎裁判長について、「中身に踏み込まないで、被告人の主張をバンバン排斥する。大して事実調べもしないで、ドンドン有罪の認定をするやり方」であったと話されている。まさにそのとおりの裁判が行われていたのだろう。同期として、東京地裁に任地が決まった新任判事補のほとんどが民事部を希望し刑事部を希望する者が約一名と極めて少なかったことも、刑事裁判が総じて当時の若い裁判官に人気がなかったことも、納得できるというものである。

ところが、次に裁判長として赴任してこられた樋口裁判長と運命的な出会いを果たされる。被告人の述べることをとことん聞き、ちょっとでも疑問があれば証拠調べを行うという樋口裁判長の姿は極めて新鮮に映ったのであろう。人の縁とは不思議なものである。これが、その後冤罪に立ち向かい被告人の話をとことん聞くという訴訟スタイルを確立される木谷さんの生き方を決めてしまった。

その後、紆余曲折はあるが、札幌時代に所長の裁判への介入として知られるあの平賀書簡問題で一時期衝突したことがある渡部保夫氏(当時、札幌地裁刑事部所長代行)に嘱望されて、最高裁判所調査官を拝命される。その前後頃、最高裁は、ホステス殺人事件、鹿児島夫婦殺し事件、大森勧銀事件、山中事件等々の著名な刑事事件において、今につながる重要な判断を行っているが、その他にもたくさんの問題の多い事件を抱えていた。木谷さんは、このような渦中に身を投じられ、獅子奮迅の活躍を見せられる。その活躍ぶりは本書のハイライトの一つを為すが、「四畳半襖の下張」「月刊ペン」「佐世保エンタープライズ」「鹿児島夫婦殺し」「よど号ハイジャック」「柏の少女殺し」「流山中央高校」「石油カルテル」等々の実に多くの事件に関わられ、並みいる調査官の中でも異例の多さで判例を作られた。

強く記憶に残る事件として、ご自身、「よど号ハイジャック事件」、「流山中央高校事件」を挙げられているが、いずれも、当事者主義の根幹にかかわる問題を抱えていた。そこでのアンフェアーな公判手続を目にして、なんとかいい方向へ判例を作れないかと懸命になられた。しかし、結局それを達成することはできず、そのいきさつとともに悔しい思いをしたことが明かされている。また、「鹿児島夫婦殺し事件」は、事実認定が正面から問題となった事件であるが、ここでは捜査の在り方に厳しい疑問を投げかけられた。ところで、本書ははからずも、当時の最高裁や調査官室等の知られざる実態をも明らかにしている。木谷さんの持ち前の快活さから、思ったより調査官の活動は自由であったように見える反面、目に見えぬ統制を感じさせる場面も見え隠れする。木谷さんの清新な魂が最高裁という厚い壁とぶつかり合ったエピソードの数々は、本書の大きな見どころである。

さて、裁判現場における実情はと言えば、調書裁判という根幹に変化はなく、事実認定適正化の動きは全くもって停滞する。この点を厳しく指摘したのが当時刑事法学の第一人者であった平野龍一氏で、この現状を憂えて、「わが国の刑事裁判はかなり絶望的である」と断じられた。日本では、裁判は裁判所ではなく、捜査機関において行われ、裁判所はそれを確認するところにすぎない、これは、「検察官司法」ではないかと指摘されたのである。この論文が発表されたのは一九八五年のことであるが、このころ、木谷さんは、最高裁を離れ、裁判現場の真っただ中で、この「検察官司法」と格闘しておられた(大阪高裁、そして浦和地裁)。そして、そこで多くの無罪判決に関わられる。トータルして、約三〇件もの無罪判決を書かれたというが、これは、実に驚くべき数である。被告人の言うことによく耳を傾け、必要とあらば、労をいとわず証拠調べを実施し、決して検察の言いなりにはならないという木谷流裁判の成果ではあるが、その過程において、幾多の検察の不条理を身を持って体験されたのではないだろうか。木谷さんの検察に対する厳しい姿勢はおそらくここでも醸成されたに違いない。

話は一気に進むが、その後、東京高裁判事、東京家裁所長代行、水戸家裁、同地裁所長、東京高裁裁判長等を経て、二〇〇〇年(平成一二年)五月二三日、腰痛の悪化により退官される(この間にも、調布駅南口事件、ゴビンダ事件など目を見張る活躍の数々がある)。そして、その後、二〇〇九年(平成二一年)に裁判員制度が実施され、ここにおいて、長きにわたって行われてきた調書裁判を打破する糸口ができるが、木谷さんはその大変革を、法政大学法科大学院の教授として迎えられる。そして、法科大学院を退職されたのちに、弁護士となられ、再審事件等多くの刑事事件に関わられることとなり、今に至っておられる。

駆け足で、木谷さんの足跡をたどってきた。木谷さんが、裁判官として活躍された時代は、まさに、本当の意味での当事者主義が確立されず、それに伴って、近代刑事訴訟法の代名詞ともなっているデュープロセスがなかなか根付かず、刑事司法がもがき苦しんだ時代であった。そういう時代に、真正面から、そのような不条理と断固闘ってこられたのである。これは誰もができるようなものではなかった。このような木谷さんの生き方の根底にあったものは一体何であったのだろうか。それこそが、私たちの心を揺り動かすのであろう。

私は、二つのことを挙げたいと思う。それは、結局は、ただ一つの言葉、すなわちヒューマニズムという言葉であらわされるものに行き着くのではないかと思われるが、一つは、不正なこと、不条理なことを絶対許さないという木谷さんの強い信念、心意気である。今一つは、木谷さんの人に対する優しさ、弱者に対する温かいまなざしである。

第一の点は、手続面においては、アンフェアーな審理を許さないということにつながり、実体面においては、冤罪を絶対に許さないということにつながる。この冤罪を絶対に許さないという点は木谷さんの最も木谷さんらしい信条の核心をなすものであろう。

本書の題名である『「無罪」を見抜く』は、まさにそのことを表明しているのではないかと思われる。ここは、「無実を見抜く」ではなく「無罪を見抜く」でなければならない。細かな説明はいらないであろう。無罪であるべき者を無罪とすることこそが冤罪を防ぐことになるからである。約三〇件もの無罪判決を書かれる中で、木谷さんの信念は、更に強いものへとなっていったに違いない。そして、八〇歳をすでに二年前に過ぎられた今も、弁護士として、無辜の救済のために、北から南まで、腰痛を抱えながら飛びまわっておられる。その姿がそれを如実に物語っている。

第二の点は、こういうことである。例えば、丁寧に被告人質問を行う、その話を丁寧に聴くなどということは、人に対するほんまものの信頼や優しさがなければそうたやすくできるものではない。それを直感したからこそ、被告人は法廷で、真実を語り、納得のいく裁判を受けられたとして、結果いかんにかかわらず、次の人生に進むことができたのではないだろうか。本書の「はしがき」に触れられたうつ病から我が子に手をかけてしまった女性と二五年ぶりに再会されその後の生きざまを聞かれた話、木谷さんをお父さんだと思って手紙を出し続けた少年の話、服役後真人間になることができ、焼き肉屋を開いたので食べに来てほしいと言ってきた元暴力団組長の話などは、まさにそのあらわれであろう。これらのエピソードの数々は、私たちの胸を熱くする。罪を犯したとしても、捜査機関でぞんざいな扱いしか受けていなかった者にとって、裁判所で人として公平に丁寧に扱われたことがどんなに心に響くのか。人を公平に扱い、人の尊厳を大切にする審理は、人の一生を左右する。冤罪を絶対に許さないという強い信念も、このような人に対する優しさから出ているに違いない。

結論を急がなければならない。最初の問いに対する答えは、もう出てしまったようである。木谷さんの以上のようなほんまもののヒューマニズムと、それに基づくひたむきな実践こそが、私たちの心を強く揺さぶるのである。その源が、幼少期のいじめられっ子であった体験やお兄さんとのちょっとしたけんかであったりすることは、本書の中で種明かしされているが、もちろんそれだけではあるまい。

本書は、検察官司法と言われる戦後司法の不条理と敢然と立ち向かい、そして今なお闘い続けておられる木谷さんの実像を自らの率直な言葉で語りかけるものである。木谷さんの思索や生き生きとした感情のすべてがひしひしと伝わってくるのはインタビュアーの問題意識の高さに与るところも大きいと思われる。冒頭でこのインタビュー方式を異色と言ったが、この方式がそれに寄与したことも言わずもがなである。

裁判員制度は確かに検察官司法を打破する糸口を与えてくれた。しかし、それがほんまものになるという保証は全くない。またそれはそれで新たな問題を生じさせている。そのような困難な時代を生きる者に、本書は限りない勇気を与えてくれるであろう。本書を手にした者にとって、その立場は様々であっても、その違いを越えて、まだまだ続く困難に敢然と立ち向かい弱者のために闘うこと、そして、それを次の時代に引き継いで行くこと、これこそが、木谷さんをはじめ本書を作り上げた方々に報いる唯一無二の方法ではないだろうか。最後に、そのような提言をさせていただいて、この解説の締め括りとしたい。

（かどの　ひろし／弁護士・元裁判官）

本書は二〇一三年一一月、岩波書店より刊行された。

木谷 明 年譜

1937年	12月	神奈川県平塚市にて，父木谷實，母美春の二男として出生(姉和子，兄健一．後に，妹礼子，同智子，同信子，弟正道出生)
1944年	4月	平塚市立第一国民学校入学
1945年	5月	山中湖畔へ疎開．山中村の国民学校へ転校
同年	8月	敗戦
同年	10月	平塚市に戻る．平塚市立第四国民学校花水分校へ転入
1950年	3月	平塚市立花水小学校(上記花水分校の後身)卒業
同年	4月	平塚市立浜岳中学校入学
1953年	3月	同校卒業
同年	4月	神奈川県立平塚江南高校入学
1956年	3月	同校卒業
同年	4月	東京大学教養学部文科一類入学
1958年	4月	同大学法学部(一類，私法コース)進学
1960年	10月	司法試験合格
1961年	3月	東京大学法学部卒業
同年	4月	司法修習生(東京修習)
1962年	5月	高岸とも子と婚姻
1963年	4月	修習終了．判事補任官(東京地裁)
同年	5月	長女誕生
1966年	1月	長男誕生
同年	4月	最高裁事務総局刑事局付
1968年	4月	職権特例
1969年	4月	札幌地裁判事補．同高裁判事職務代行
1972年	4月	東京地裁判事補
1973年	4月	東京地裁判事
1975年	4月	名古屋地裁判事
同年	12月	父實没
1978年	4月	名古屋高裁判事職務代行
1979年	4月	最高裁調査官

1984年	4月	大阪高裁判事
1988年	4月	浦和地裁判事・部総括
1991年	6月	母美春没
1992年	3月	東京高裁判事
1994年	12月	東京家裁判事・部総括(少年部所長代行)
1996年	4月	水戸家裁所長
1997年	6月	水戸地裁所長
1999年	2月	東京高裁判事・部総括(第五特別部)
2000年	5月	判事退官
同年	6月	公証人拝命(霞が関)
2004年	3月	公証人退職
同年	4月	法政大学法科大学院教授．処女出版『刑事裁判の心 ── 事実認定適正化の方策』(法律文化社)上梓
2005年	7月	第2作『事実認定の適正化 ── 続・刑事裁判の心』(法律文化社)上梓
2008年	2月	編著『刑事事実認定の基本問題』(成文堂)上梓
同年	10月	妻とも子没．
2009年	8月	第3作『刑事事実認定の理想と現実』(法律文化社)上梓
2012年	3月	法政大学法科大学院定年退職
同年	4月	弁護士登録(第二東京弁護士会，新東京総合法律事務所)
2013年	8月	第4作『刑事裁判のいのち』(法律文化社)上梓
2013年	11月	第5作『「無罪」を見抜く 裁判官・木谷明の生き方』(岩波書店)上梓
2018年	3月	法学館法律事務所へ移籍

「無罪」を見抜く——裁判官・木谷明の生き方

2020年 3 月 13 日　第 1 刷発行
2021年 12 月 6 日　第 2 刷発行

著　者　木谷《きたに》 明《あきら》

聞き手　山田隆司《やまだりゅうじ》
編　者　嘉多山《かたやま》 宗《つかさ》

発行者　坂本政謙

発行所　株式会社 岩波書店
〒101-8002 東京都千代田区一ツ橋 2-5-5
案内 03-5210-4000　営業部 03-5210-4111
https://www.iwanami.co.jp/

印刷・精興社　製本・中永製本

ISBN 978-4-00-603320-0　　Printed in Japan

岩波現代文庫創刊二〇年に際して

二一世紀が始まってからすでに二〇年が経とうとしています。この間のグローバル化の急激な進行は世界のあり方を大きく変えました。世界規模で経済や情報の結びつきが強まるとともに、国境を越えた人の移動は日常の光景となり、今やどこに住んでいても、私たちの暮らしは世界中の様々な出来事と無関係ではいられません。しかし、グローバル化の中で否応なくもたらされる「他者」との出会いや交流は、新たな文化や価値観だけではなく、摩擦や衝突、そしてしばしば憎悪までをも生み出しています。グローバル化にともなう副作用は、その恩恵を遥かにこえていると言わざるを得ません。

今私たちに求められているのは、国内、国外にかかわらず、異なる歴史や経験、文化を持つ「他者」と向き合い、よりよい関係を結び直してゆくための想像力、構想力ではないでしょうか。

新世紀の到来を目前にした二〇〇〇年一月に創刊された岩波現代文庫は、この二〇年を通して、哲学や歴史、経済、自然科学から、小説やエッセイ、ルポルタージュにいたるまで幅広いジャンルの書目を刊行してきました。一〇〇〇点を超える書目には、人類が直面してきた様々な課題と、試行錯誤の営みが刻まれています。読書を通した過去の「他者」との出会いから得られる知識や経験は、私たちがよりよい社会を作り上げてゆくために大きな示唆を与えてくれるはずです。

一冊の本が世界を変える大きな力を持つことを信じ、岩波現代文庫はこれからもさらなるラインナップの充実をめざしてゆきます。

（二〇二〇年一月）

S260
世阿弥の言葉
―心の糧、創造の糧―
土屋恵一郎

世阿弥の花伝書は人気を競う能の戦略書である。能役者が年齢とともに試練を乗り超えるためのその言葉は、現代人の心に響く。

S261
戦争とたたかう
―憲法学者・久田栄正のルソン戦体験―
水島朝穂

軍隊での人間性否定に抵抗し、凄惨な戦場でも戦争に抗い続けられたのはなぜか。稀有な従軍体験を経て、平和憲法に辿りつく感動の軌跡。いま戦場を再現・再考する。

S262
過労死は何を告発しているか
―現代日本の企業と労働―
森岡孝二

なぜ日本人は死ぬまで働くのか。株式会社論、労働時間論の視角から、働きすぎのメカニズムを検証し、過労死を減らす方策を展望する。

S263
ゾルゲ事件とは何か
チャルマーズ・ジョンソン
篠﨑務訳

尾崎秀実とリヒアルト・ゾルゲはいかに出会い、なぜ死刑となったか。本書は二人の人間像を解明し、事件の全体像に迫った名著増補版の初訳。〈解説〉加藤哲郎

S264
あたらしい憲法のはなし 他二篇
―付 英文対訳日本国憲法―
高見勝利編

日本国憲法が公布、施行された年に作られた「あたらしい憲法のはなし」「新しい憲法 明るい生活」「新憲法の解説」の三篇を収録。

S265
日本の農山村をどう再生するか
保母武彦
過疎地域が蘇えるために有効なプログラムが求められている。本書は北海道下川町、島根県海士町など全国の先進的な最新事例を紹介し、具体的な知恵を伝授する。

S266
古武術に学ぶ身体操法
甲野善紀
桑田投手が復活した要因とは何か。「ためない、ひねらない、うねらない」、著者が提唱する身体操法は、誰もが驚く効果を発揮して各界の注目を集める。〈解説〉森田真生

S267
都立朝鮮人学校の日本人教師
―一九五〇―一九五五―
梶井陟
朝鮮人の子どもたちにも日本人の子どもたちと同じように学ぶ権利がある！　冷戦下、廃校への圧力に抗して闘った貴重な記録。〈解説〉田中宏

S268
医学するこころ
―オスラー博士の生涯―
日野原重明
近代アメリカ医学の開拓者であり、患者の心を大切にした医師、ウィリアム・オスラー。その医の精神と人生観を範とした若き医学徒だった筆者の手になる伝記が復活。

S269
喪の途上にて
―大事故遺族の悲哀の研究―
野田正彰
かけがえのない人の突然の死を、遺された人はどう受け容れるのか。日航ジャンボ機墜落事故などの遺族の喪の過程をたどり、悲しみの意味を問う。

2021.11

S270
時代を読む
―「民族」「人権」再考―
加藤周一
樋口陽一

「解釈改憲」の動きと日本の人権と民主主義の状況について、二人の碩学が西欧、アジアをふまえた複眼思考で語り合う白熱の対論。

S271
「日本国憲法」を読み直す
井上ひさし
樋口陽一

日本国憲法は押し付けられたもので時代にそぐわないから改正すべきか？　同年生まれで敗戦の少国民体験を共有する作家と憲法学者が熱く語り合う。

S272
関東大震災と中国人
―王希天事件を追跡する―
田原洋

関東大震災の時、虐殺された日本在住中国人のリーダーで、周恩来の親友だった王希天の死の真相に迫る。政府ぐるみの隠蔽工作を明らかにするドキュメンタリー。改訂版。

S273
NHKと政治権力
―番組改変事件当事者の証言―
永田浩三

NHK最高幹部への政治的圧力で慰安婦問題を扱った番組はどう改変されたか。プロデューサーによる渾身の証言はNHKの現在をも問う。各種資料を収録した決定版。

S274-275
丸山眞男座談セレクション(上・下)
丸山眞男
平石直昭編

人と語り合うことをこよなく愛した丸山眞男氏。知性と感性の響き合うこれら闊達な座談の中から十七篇を精選。類いまれな同時代史が立ち上がる。

2021.11

岩波現代文庫[社会]

S276
ひとり起つ
―私の会った反骨の人―
鎌田 慧

組織や権力にこびずに自らの道を疾走し続けた著名人二二人の挑戦。灰谷健次郎、家永三郎、戸村一作、高木仁三郎、斎藤茂男他、今も傑出した存在感を放つ人々との対話。

S277
民意のつくられかた
斎藤貴男

原発への支持や、道路建設、五輪招致など、国策・政策の遂行にむけ、いかに世論が誘導・操作されるかを浮彫りにした衝撃のルポ。

S278
インドネシア・スンダ世界に暮らす
村井吉敬

激変していく直前の西ジャワ地方に生きる市井の人々の息遣いが濃厚に伝わる希有な現地調査と観察記録。一九七八年の初々しい著者デビュー作。〈解説〉後藤乾一

S279
老いの空白
鷲田清一

〈老い〉はほんとうに「問題」なのか? 身近な問題を哲学的に論じてきた第一線の哲学者が、超高齢化という現代社会の難問に挑む。

S280
チェンジング・ブルー
―気候変動の謎に迫る―
大河内直彦

地球の気候はこれからどう変わるのか。謎の解明にいどむ科学者たちのドラマをスリリングに描く。講談社科学出版賞受賞作。〈解説〉成毛 眞

2021.11

S281
ゆびさきの宇宙
福島智・盲ろうを生きて
生井久美子

盲ろう者として幾多のバリアを突破してきた東大教授・福島智の生き方に魅せられたジャーナリストが密着、その軌跡と思想を語る。

S282
釜ヶ崎と福音
―神は貧しく小さくされた者と共に―
本田哲郎

神の選びは社会的に貧しく小さくされた者の中にこそある！　釜ヶ崎の労働者たちと共に二十年を過ごした神父の、実体験に基づく独自の聖書解釈。

S283
考古学で現代を見る
田中琢

新発掘で本当は何が「わかった」といえるか？　考古学とナショナリズムとの危うい関係とは？　発掘の楽しさと現代とのかかわりを語るエッセイ集。〈解説〉広瀬和雄

S284
家事の政治学
柏木博

急速に規格化・商品化が進む近代社会の軌跡と重なる「家事労働からの解放」の夢。家庭という空間と国家、性差、貧富などとの関わりを浮き彫りにする社会論。

S285
河合隼雄の読書人生
―深層意識への道―
河合隼雄

臨床心理学のパイオニアの人生に影響をおよぼした本とは？　読書を通して著者が自らの人生を振り返る、自伝でもある読書ガイド。〈解説〉河合俊雄

S286
平和は「退屈」ですか
―元ひめゆり学徒と若者たちの五〇〇日―
下嶋哲朗

沖縄戦の体験を、高校生と大学生が語り継ぐプロジェクトの試行錯誤の日々を描く。社会人となった若者たちに改めて取材した新稿を付す。

S287
野口体操入門
―からだからのメッセージ―
羽鳥操

「人間のからだの主体は脳でなく、体液である」という身体哲学をもとに生まれた野口体操。その理論と実践方法を多数の写真で解説。

S288
日本海軍はなぜ過ったか
―海軍反省会四〇〇時間の証言より―
澤地久枝
半藤一利
戸髙一成

勝算もなく、戦争へ突き進んでいったのはなぜか。「勢いに流されて――」。いま明かされる海軍トップエリートたちの生の声。肉声の証言がもたらした衝撃をめぐる白熱の議論。

S289-290
アジア・太平洋戦争史(上・下)
―同時代人はどう見ていたか―
山中恒

いったい何が自分を軍国少年に育て上げたのか。三〇年来の疑問を抱いて、戦時下の出版物を渉猟し書き下ろした、あの戦争の通史。

S291
戦下のレシピ
―太平洋戦争下の食を知る―
斎藤美奈子

十五年戦争下の婦人雑誌に掲載された料理記事を通して、銃後の暮らしや戦争について知るための「読めて使える」ガイドブック。文庫版では占領期の食糧事情について付記した。

S292
食べかた上手だった日本人
―よみがえる昭和モダン時代の知恵―
魚柄仁之助

八〇年前の日本にあった、モダン食生活のユートピア。食料クライシスを生き抜くための知恵と技術を、大量の資料を駆使して復元!

S293
新版 報復ではなく和解を
―ヒロシマから世界へ―
秋葉忠利

長年、被爆者のメッセージを伝え、平和活動を続けてきた秋葉忠利氏の講演録。好評を博した旧版に三・一一以後の講演三本を加えた。

S294
新島襄
和田洋一

キリスト教を深く理解することで、日本の近代思想に大きな影響を与えた宗教家・教育家、新島襄の生涯と思想を理解するための最良の評伝。〈解説〉佐藤優

S295
戦争は女の顔をしていない
スヴェトラーナ・アレクシエーヴィチ
三浦みどり訳

ソ連では第二次世界大戦で百万人をこえる女性が従軍した。その五百人以上にインタビューした、ノーベル文学賞作家のデビュー作にして主著。〈解説〉澤地久枝

S296
ボタン穴から見た戦争
―白ロシアの子供たちの証言―
スヴェトラーナ・アレクシエーヴィチ
三浦みどり訳

一九四一年にソ連白ロシアで十五歳以下の子供だった人たちに、約四十年後、戦争の記憶がどう刻まれているかをインタビューした戦争証言集。〈解説〉沼野充義

S297
フードバンクという挑戦
—貧困と飽食のあいだで—
大原悦子

食べられるのに捨てられてゆく大量の食品。一方に、空腹に苦しむ人びと。両者をつなぐフードバンクの活動の、これまでとこれからを見つめる。

S298
いのちの旅
「水俣学」への軌跡
原田正純

水俣病公式確認から六〇年。人類の負の遺産「水俣」を将来に活かすべく水俣学を提唱した著者が、様々な出会いの中に見出した希望の原点とは。〈解説〉花田昌宣

S299
紙の建築 行動する
—建築家は社会のために何ができるか—
坂茂

地震や水害が起きるたび、世界中の被災者のもとへ駆けつける建築家が、命を守る建築の誕生とその人道的な実践を語る。カラー写真多数。

S300
犬、そして猫が生きる力をくれた
—介助犬と人びとの新しい物語—
大塚敦子

保護された犬を受刑者が介助犬に育てるという米国での画期的な試みが始まって三〇年。保護猫が刑務所で受刑者と暮らし始めたこと、元受刑者のその後も活写する。

S301
沖縄 若夏の記憶
大石芳野

戦争や基地の悲劇を背負いながらも、豊かな風土に寄り添い独自の文化を育んできた沖縄。その魅力を撮りつづけてきた著者の、珠玉のフォトエッセイ。カラー写真多数。

2021.11

S302
機会不平等
斎藤貴男

機会すら平等に与えられない〝新たな階級社会の現出〟を粘り強い取材で明らかにした衝撃の著作。最新事情をめぐる新章と、森永卓郎氏との対談を増補。

S303
私の沖縄現代史
―米軍支配時代を日本（ヤマト）で生きて―
新崎盛暉

敗戦から返還に至るまでの沖縄と日本の激動の同時代史を、自らの歩みと重ねて描く。日本〈ヤマト〉で「沖縄を生きた」半生の回顧録。岩波現代文庫オリジナル版。

S304
私の生きた証はどこにあるのか
―大人のための人生論―
H・S・クシュナー
松宮克昌訳

私の人生にはどんな意味があったのか？　人生の後半を迎え、空虚感に襲われる人々に旧約聖書の言葉などを引用し、悩みの解決法を提示。岩波現代文庫オリジナル版。

S305
戦後日本のジャズ文化
―映画・文学・アングラ―
マイク・モラスキー

占領軍とともに入ってきたジャズは、アメリカそのものだった！　映画、文学作品等の中のジャズを通して、戦後日本社会を読み解く。

S306
村山富市回顧録
薬師寺克行編

戦後五五年体制の一翼を担っていた日本社会党は、その誕生から常に抗争を内部にはらんでいた。その最後に立ち会った元首相が見たものは。

S307
大逆事件
―死と生の群像―
田中伸尚

天皇制国家が生み出した最大の思想弾圧「大逆事件」。巻き込まれた人々の死と生を描き出し、近代史の暗部を現代に照らし出す。〈解説〉田中優子

S308
「どんぐりの家」のデッサン
漫画で障害者を描く
山本おさむ

かつて障害者を漫画で描くことはタブーだった。漫画家としての著者の経験から考えてきた、障害者を取り巻く状況を、創作過程の試行錯誤を交え、率直に語る。

S309
鎖塚
―自由民権と囚人労働の記録―
小池喜孝

北海道開拓のため無残な死を強いられた囚人たちの墓、鎖塚。犠牲者は誰か。なぜその地で死んだのか。日本近代の暗部をあばく迫力のドキュメント。〈解説〉色川大吉

S310
聞き書 野中広務回顧録
御厨貴
牧原出 編

二〇一八年一月に亡くなった、平成の政治をリードした野中広務氏が残したメッセージ。五五年体制が崩れていくときに自民党の中で野中氏が見ていたものは。〈解説〉中島岳志

S311
不敗のドキュメンタリー
―水俣を撮りつづけて―
土本典昭

『水俣―患者さんとその世界―』『医学としての水俣病』『不知火海』などの名作映画の作り手の思想と仕事が、精選した文章群から甦る。〈解説〉栗原彬

2021.11

S317
全盲の弁護士　竹下義樹
小林照幸

視覚障害をものともせず、九度の挑戦を経て弁護士の夢をつかんだ男、竹下義樹。読む人の心を揺さぶる傑作ノンフィクション！

S318
一粒の柿の種
―科学と文化を語る―

渡辺政隆

身の回りを科学の目で見れば…。その何と楽しいことか！　文学や漫画を科学の目で楽しむコツを披露。科学教育や疑似科学にも一言。〈解説〉最相葉月

S319
聞き書　緒方貞子回顧録
野林健
納家政嗣編

「人の命を助けること」、これに尽きます――。国連難民高等弁務官をつとめ、「人間の安全保障」を提起した緒方貞子。人生とともに、世界と日本を語る。〈解説〉中満泉

S320
「無罪」を見抜く
―裁判官・木谷明の生き方―

木谷明
山田隆司
嘉多山宗聞き手・編

有罪率が高い日本の刑事裁判において、在職中いくつもの無罪判決を出し、その全てが確定した裁判官は、いかにして無罪を見抜いたのか。〈解説〉門野博

S321
聖路加病院　生と死の現場
早瀬圭一

医療と看護の原点を描いた『聖路加病院で働くということ』に、緩和ケア病棟での出会いと別れの新章を増補。〈解説〉山根基世

2021.11